AF799967

Materialien

zu den

Allgemeinen Deutschen Seeversicherungs-Bedingungen

Im Auftrage
der
vereinigten Handelskammern
herausgegeben
von

Dr. iur. **E. Bruck**
ord. Professor a. d. Universität Hamburg.

*

Hamburg 1919
Verlag von L. Friederichsen & Co.

Ackermann & Wulff Nachflg.
Grosardt & Gowa
Hamburg 11
* *

Zweiter Band.

Anlagen.

Inhaltsübersicht.

Gegenüberstellung der Paragraphen-Zahlen aus

A. D. S. V. B., A. S. V. B., B. S. V. B., H. G. B., V. V. G., M. E., E. 10, Z. E. Dez. 12, Z. E. Jan. 13, Z. E. April 13, Z. E. Dez. 13, E. 14.

★

A. D. S. V. B.	A. S. V. B.	B. S. V. B.	H. G. B.	V. V. G.
1	1, 2, 58	49	778, 779	53
2	4 Abs. 4, 155	—	895	68 Abs. 1
3	155, 156, 159	67	895, 896	68 Abs. 1
4	154 Abs. 1, 157, 159	67	894 Abs. 1, 896	68
5	8	—	785	2
6	9 Abs. 1, 16	27 Abs. 6	786 Abs. 1, 793	57
7	17	28	794	—
8	15, 95, 114 Abs. 1 u. 3 121 Abs. 2, 141	—	792, 843, 859 Abs. 1 u. 3, 866 Abs. 2, 881	56, 63 Abs. 2, 66 Abs. 3
9	9 Abs. 2 u. 3, 155, 156, 159	70	786 Abs. 2 u. 3, 895, 896	51
10	10-12, 14, 155-159	69	787	59
11	13	69	788	60
12	57	—	789	58
13	—	41 Abs. 1	—	—
14	7	—	784	3, 4 Abs. 2
15	—	—	—	5
16	59	2 Abs. 1	812	35
17	160 Abs. 2	—	—	38, 39, 36
18	154 Abs. 2	67	894 Abs. 2	—
19	29 Abs. 1	42 Abs. 1	806 Abs. 1	16 Abs. 1
20	31, 32, 34	42 Abs. 2	808, 809, 811	16 Abs. 2 u. 3, 17, 20-22, 31, 32
21	31 Abs. 2, 32, 34, 36, 38, 41, 42 Abs. 2, 43, 44, 49, 50	42, 43, 50 Abs. 1-5, 51	—	18
22	29 Abs. 2	41 Abs. 2	806 Abs. 2	19
23	37, 60, 61, 77 Abs. 2 u. 3, 134 Abs. 2 u. 3	32, 42 Abs. 1, Nr. 3	813, 814	23 Abs. 1, 29, 137 Abs. 1
24	60, 61	32	813, 814, 816, 828 Abs. 2	24-28, 137 Abs. 1, 142 S. 1, 143 Abs. 1
25	60 Abs. 4	—	—	— (S. 1
26	60 Abs. 4, S. 2	—	—	23 Abs. 2, 25 Abs. 2, S. 2, 27 Abs. 2, 142 S. 2, 143 Abs. 2, S. 2
27	33, 34	—	810, 811	30
28	69	1	820	129
29	84, 86 Abs. 1, 87 Abs. 1	8, 9	733, 834 Nr. 1 u. 2, 835 Abs. 1, 836	133
30	85, 86, 88, 89	—	835, 837, 839	133
31	—	—	—	—
32	69 Abs. 3, 84 Nr. 3, 153	66 Abs. 1	834 Nr. 3 u. 4	63, 66, 144
33	70 Nr. 4	56	821 Nr. 4 u. 5	61, 130, 131 Abs. 1
34	83, 97, 98	10, 11	845, 846	—
35	101	21	849	—
36	69 Abs. 2, Nr. 3	—	—	—
37	92	66 Abs. 1	840	50, 63, 66, 144
38	93, 94	—	841, 842	145
39	79	—	830	7
40	65	54	818	33, 146
41	66-68	53	819	62
42	143 Abs. 1 u. 2	54, 71	882 Abs. 1	33
43	144, 146, 148	55, 63	882, 884, 885	34

R. E.	E. 10	Z.E. Dez. 12	Z.E. Jan. 13	Z.E. April 13	Z.E. Dez. 13	E. 14
1, 14 Abs. 1, 42	1	1	1	1	1	1
2	2	2	2	2	2	2
139-141	3	3	3	3	3	3
139	4	4	4	4	4	4
8	5	5	5	5	5	5
9 Abs. 1, 10	6	6	6	6	6	6
11	7	7	7	7	7	7
26, 73, 89 Abs. 1 u. 3, 96 Abs. 2, 127	8	8	8	8	8	8
9 Abs. 2 u. 3	9	9	9	9	9	9
21, 22, 25	10	10	10	10	10	10
23	11	11	11	11	11	11
24	12	12	12	12	12	12
29 Abs. 1	13	13	13	13	13	13
7	14/15	14/15	14/15	14/15	14/15	14
—	16	15	15	15	15	15
43 Abs. 1 u. 3	17	16	16	16	16	16
142 Abs. 2	18, 19	17	17	17	17	17
139 Abs. 3	20	18	18	18	18	18
29 Abs. 2	21	19	19	19	19	19
31, 32, 33, 43 Abs. 4	22	20	20	20	20	20
31 Abs. 2, 34-41	23	21	21	21	21	21
29 Abs. 3	24	22	22	22	22	22
44, 45, 46	25	23	23	23	23	23
44, 45 Abs. 1, 46	25, 26 Abs. 1	24 Abs. 1 u. 2	24 Abs. 1 u. 2	24 Abs. 1 u. 2	24 Abs. 1 u. 2	24
47 Satz 1 u. 2	26 Abs. 2	24 Abs. 2	24 Abs. 3	24 Abs. 3	24 Abs. 3	25
47 S. 3	27	25	25	25	25	26
33	28	26	26	26	26	27
54 Abs. 2, 55 Nr. 1 u. 4	29	27	27	27	27	28
75 Nr. 1 u. 2, 77, 80	30 Abs. 1 u. 2, 32, 33	28	28	28	28	29
76, 78, 79, 81	33 Abs. 2, 34	29	29	29	29	30
—	33 Abs. 1	30	30	30	30	31
54 Abs. 4, 75 Nr. 3	35	31	31	31	31	32
55 Nr. 3c u. 4c	36	32	32	32	32	33
66 Abs. 1, Satz 2, Abs. 2, 104	37, 41	33	33	33	33	34
67	38	34	34	34	34	35
54 Abs. 2, Nr. 3	—	35	35	35	35	36
70	39	36	36	36	36	37
71, 72	40	37	37	37	37	38
64	42	38	38	38	38	39
51	43	39	39	39	39	40
52, 53	44	40	40	40	40	41
129	45	41	41	41	41	42
130, 131, 132	46, 47	42	42	42	42	43

A. D. S. V. B.	A. S. V. B.	B. S. V. B.	H. G. B.	V. V. G.
44	142, 143 Abs. 3, 152	66 Abs. 2	892	94 Abs. 2
45	27, 71	57	804, 822	67, 148
46	27, 71	57	804, 822	67, 148
47	160	—	898	13
48	163	71 Abs. 2	905	12
49	161	—	899	69-73, 142, 143
50	162	—	900	—
51	—	—	—	—
52	4 Abs. 1-3, 6	—	781, 783	74, 80
53	149, 150	41 Abs. 4	886	75
54	149	41 Abs. 3	887	76
55	150	41 Abs. 4	888	77
56	151	41 Abs. 3	890	78
57	30	41 Abs. 2	807	79
58	70 Nr. 1	36 Abs. 1	821 Nr. 1	132 Nr. 1
59	70 Nr. 2, 129 Nr. 2b	37, 58 Nr. 5c	821 Nr. 2	132 Nr. 2
60	70 Nr. 1	42 Nr. 5, 43	—	—
61	77 Abs. 3	—	—	—
62	107 Abs. 3	—	—	—
63	84 Nr. 2	9	834 Abs. 2	—
64	Zus. z. § 69	—	—	—
65	—	—	—	—
66	72, 77 Abs. 1	4 Abs. 1 u. 2	823, 828 Abs. 1	138
67	72	4 Abs. 3	—	—
68	80	6 Abs. 2 u. 3	831	139
69	76	—	827 Abs. 1	—
70	18	31	795, 796	141 Abs. 1
71	109, 113, 114 Abs. 1 u. 2	24	795, 796, 854, 858, 859 Abs. 1 u. 2	141 Abs. 1
72	116-118, 121 Abs. 1	64	861-863	—
73	116	—	861	—
74	127-129	58, 63	709 Abs. 1, 872	64 Abs. 1
75	127 Abs. 1, 130	58 Nr. 9, 59	709 Abs. 2, 710, 872	—
76	130	59 Abs. 7	872	—
77	131 Abs. 1 u. 2, 132	36 Abs. 2-4, 58 Nr. 5c, 59 Abs. 9, 63	873	—
78	69 Abs. 2, Nr. 7	—	820 Abs. 2, Nr. 7	129 Abs. 2, Satz 2
79	—	—	—	—
80	48	26	—	—
81	69 Abs. 2, Nr. 5	—	820 Abs. 2, Nr. 5	—
82	105, 108	17	—	—
83	50	—	—	—
84	49	45	—	—
85	107	44	—	—
86	70 Nr. 3, 106	19	821 Nr. 3	131 Abs. 2
87	Zus. z. § 27	—	—	—
88	73 Abs. 1, Zus. z. 73, 77, Zus. z. 77, 134 Abs. 2	3, 39	824 Abs. 1 u. 2, 828 Abs. 1	134 Abs. 1 u. 2
89	73 Abs. 3	—	824 Abs. 3	136

M. E.	E. 10	Z.E. Dez. 12	Z.E. Jan. 13	Z.E. April 13	Z.E. Dez. 13	E. 14
137	48	43	43	43	43	44
27, 56	49	44	44	44	44	45 Abs. 1 u. 3
27, 56	49	45	45	45	45	45 Abs. 2
142 Abs. 1	50	46	46	46	46	47
145	51	47	47	47	47	48
143	52	48	48	48	48	49
144	53	49	49	49	49	50
—	—	—	—	—	—	51
4-6	54	50	50	50	50	52
133 Abs. 1 u. 2	55	51	51	51	51	53
133 Abs. 3-5, 134	56	52	52	52	52	54
135	57	53	53	53	53	55
136	58	54	54	54	54	56
30	59	55	55	55	55	57
55 Nr. 1a	61 Abs. 1 u. 5	57	57	57	57	58
55 Nr. 2, 110 Nr. 2b	61 Abs. 2	58	58	58	58	59
35	61 Abs. 3 u. 4	59	59	59	59	60
55 Nr. 1b	—	60	60	60	60	61
106 Abs. 1	62	61	61	61	61	62
75 Nr. 2	30 Abs. 3	62	62	62	62	63
—	63	63	63	63	63	64
—	64	64	64	64	64	65
57 Abs. 1 u. 2, 63 Abs. 1	65	65	65	65	65	66
57 Abs. 3-5	66	66	66	66	66	67
65	67	67	67	67	67	68
61, 62	68	68	68	68	68	6
12	69	69	69	69	69	7
83, 88, 89	70	70	70	70	70	71
93-95	71	71	71	71	71	72
93	72	72	72	72	72	73
102, 108-110	73	73	73	73	73	74
111-114	74	74	74	74	74	75
114	75	75	75	75	75	76
115-117	76	76	76	76	76	77
55 Abs. 2, Nr. 7; Abs. 3	60	56	56	56	56	78
—	—	77	77	77	77	79
40	77	78	78	78	78	80
55 Abs. 2, Nr. 5	78	79	79	79	79	81
107	79	80	80	80	80	82
—	23 Abs. 3, Nr. 3 u. 4	81	81	81	81	83
41	23 Abs. 3, Nr. 2	82	82	82	82	84
106	80	83	83	83	83	85
55 Nr. 3, 84 Abs. 2, 103 Abs. 2	81	84	84	84	84	86
27 Abs. 3, 49	82	—	—	—	84a	87
58, 63 Abs. 2	83	85	85	85	85	88
—	84	86	86	86	86	89

A. D. E. B. D.	A. E. B. B.	B. E. B. B.	H. G. B.	B. B. G.
90	22	27 Abs. 1-7	799	140 Abs. 1 u. 2
91	109 Satz 1, 113, 114, 116, 119-126	24, 64 Abs. 1 u. 7, 65	854, 858, 859	–
92	135, 141	–	876, 881	–
93	133 Abs. 1-5 u. 7	27 Abs. 8, 60 Abs. 1, 61	875 Abs. 1 u. 2, 881	140 Abs. 3
94	–	–	–	–
95	63, 134 Abs. 2	–	–	–
96	134 Abs. 1, 136	–	877	–
97	64	–	817	187 Abs. 2
98	64	–	817	187 Abs. 2
99	–	–	–	–
100	16 Abs. 3, 25	–	793, Abs. 2, 802	–
101	24 Abs. 2	27 Abs. 3	801 Abs. 2	–
102	–	–	–	–
103	111, 115, 138 Abs. 1	–	856, 859 Abs. 1, 860	–
104	24 Abs. 3	30	801 Abs. 3	–
105	40 Abs. 2, 70 Nr. 1 u. 3, 74 Abs. 3, 107 Abs. 3	44, 62 Abs. 9	821 Nr. 1 u. 3, 825 Abs. 3	–
106	74 Abs. 1	5	825 Abs. 1	–
107	16 Abs. 5, 20 Abs. 2	62 Abs. 2-7	797 Abs. 2, 793 Abs. 4, 798 Abs. 3, 878 Abs. 2	–
108	–	–	–	–
109	74 Abs. 2 u. 3, 140	–	825 Abs. 2	–
110	26, 112, 139, 140	–	803, 857-880	–
111	26 Abs. 2, 42 Abs. 1	50	803 Abs. 2	–
112	75	–	826	–
113	87 Abs. 2, 103	23	–	–
114	87 Abs. 2, 104	15, 16	851, 853	–
115	87 Abs. 2, 103	–	–	–
116	104	–	852	–
117	99, 105 Abs. 2	12, 14	847	–
118	105 Abs. 3	13, 14	–	–
119	100	20	848	–
120	102	22	850	–
121	54	25	–	–
122	–	–	–	–
123	–	24	–	–
124	Zus. z. 73	–	–	–
125	–	–	–	147
126	–	–	–	–
127	–	–	–	36

M. E.	E. 10	Z.E. Dez. 12	Z.E. Jan. 13	Z.E. April 13	Z.E. Dez. 13	E. 14
16	86	88	88	88	87	90
84 Abs. 1, 88, 89, 91 Abs. 2, 93-101	87	89	89	89	88	91
—	88	90	90	90	89	92
118, 119, 122 Nr. 1, 127 Satz 2	89	91	91	91	90	93
—	90	92	92	92	91	94
49	85	87	87	87	92	95
63 Abs. 2, S. 1, 120, 121, 122 Nr. 2	91	93	93	93	93	96
50	92	94	94	94	94	97
50	93	95	95	95	95	98
—	94, 104 Abs. 1	96	96	96	96	99
10 Abs. 2, S. 2, 18	95	97	97	97	97	100
17	96	98	98	98	98	101
—	97	99	99	99	99	102
86, 90, 124	98	100	100	100	100	103
17	99	101	101	101	101	104
35, 55 Nr. 1 u. 3, 106 Abs. 3	100	102	102	102	102	105
59 Abs. 1-3	101	103	103	103	103	106
14 Abs. 2, 15	102	104	104	104	104	107
14 Abs. 1, S. 2	105	105	105	105	105	108
59 Abs. 3, 4 u. 5, 126	106-108	106, 107	106	106	106	109
20, 87, 125	109	108	107	107	107	110
20 Abs. 2, 38	110	109	108	108	108	111
60	111	110	109	109	109	112
76 Abs. 3	112	111	110	110	110	113
103	113	112	111	111	111	114
76 Abs. 3	114	113	112	112	112	115
—	115	114	113	113	113	116
104	116	115	114	114	114	117
105	117	116	115	115	115	118
—	118	117	116	116	116	119
69	119	118	117	117	117	120
68	120	119	118	118	118	121
—	121	120	119	119	119	122
92	122	121	120	120	120	123
—	—	122	121	121	121	124
—	123	123	122	122	122	125
—	124	124	123	123	123	126
—	19	125	124	124	124	127

Allgemeine

Seeversicherungs-Bedingungen

von 1867.

Auf Grundlage des Allgemeinen
Deutschen Handelsgesetzbuchs,
nach Beratungen von Sachverständigen in
den norddeutschen Seestädten.

Auf den Wunsch der Beteiligten
von der Handelskammer in Hamburg
veranstaltete Ausgabe.

Fünfte Auflage,
mit den von den Hamburger Versicherern nachträglich beschlossenen
und den Polizen beigefügten Zusätzen und Abänderungen.

Inhalt.

Erster Abschnitt.

Allgemeine Grundsätze.

Zweiter Abschnitt.

Anzeigen bei dem Abschluß des Vertrags.

Dritter Abschnitt.

Verpflichtungen des Versicherten aus dem Versicherungsvertrage.

Vierter Abschnitt.

Umfang der Gefahr.

Unterabschnitte.

1. Allgemeine Begrenzung. § 69—71 (Art. 824—826).
2. Anfang, Fortgang und Ende der Gefahr:
   - A. Bei Versicherungen auf einzelne oder auf mehrere Reisen. § 72—78 (Art. 827—833).
   - B. Bei Versicherungen auf Zeit. § 79, 80 (Art. 834, 835).
   - C. Bei Reisen mit verschiedenen Bestimmungsplätzen. § 81, 82 (Art. 836, 837).
   - D. Separierung der einzelnen unter mehreren Reisen. § 83.
3. Haftung für große Haverei und außerordentliche Rettungsaufwendungen. § 84—91 (Art. 838—843).
4. Inwiefern der Versicherer über die gezeichnete Summe hinaus haftet und unter welchen Umständen er sich durch deren Zahlung frei machen kann. § 92—95 (Art. 844—847).
5. Unwirksamkeit späterer Unfälle auf eine bereits existent gewordene Verbindlichkeit des Versicherers. § 96 (Art. 848).
6. Beschränkende Bedingungen und Klauseln. § 97—108 (Art. 849—857).

Fünfter Abschnitt.

Umfang des Schadens.

Unterabschnitte.

1. Der Totalverlust. (§ 109—115 (Art. 858—864).
2. Der Abandon. § 116—126 (Art. 865—875).
3. Die Partialschäden:
   - A. An Schiffen. § 127—132 (Art. 876—878).
   - B. An Gütern. § 133—136 (Art. 879—881).
   - C. An Frachtgeldern. § 137 (Art. 882).
   - D. An imaginärem Gewinn, Provision u. dergl. § 138 (Art. 883).
   - E. An Bodmerei- und Havereigeldern. § 139 (Art. 884).
   - F. An Überfahrts- (Passage-) Geldern. § 140.
   - G. Allgemeine Bestimmungen. § 141 (Art. 885).

Sechster Abschnitt.

Bezahlung des Schadens.

Unterabschnitte.

1. Begründung, Andienung und Beweis der Schadensforderung. § 142—149 (Art. 886—892).
2. Retentionsrecht und Kompensationsrecht. § 150, 151 (Art. 893—896).
3. Fälle, in welchen der Versicherer Abschlagszahlung leisten oder Vorschuß erteilen muß. § 152, 153 (Art. 897, 898).

Siebenter Abschnitt.

Aufhebung der Versicherung und Rückzahlung der Prämie.

Achter Abschnitt.

Verjährung.

Erster Abschnitt.

Allgemeine Grundsätze.

Erster Unterabschnitt.

Was versichert werden kann.

§ 1.

Jedes in Geld schätzbare Interesse, welches Jemand daran hat, daß Schiff oder Ladung die Gefahren der Seeschiffahrt bestehe, kann Gegenstand der Seeversicherung sein.

§ 2.

Es können insbesondere versichert werden:

das Schiff;
die Fracht;
die Überfahrts- (Passage-) Gelder;
die Güter;
die Bodmereigelder;
die Havereigelder;
andere Forderungen, zu deren Deckung Schiff, Fracht, Überfahrtsgelder oder Güter dienen;
der von der Ankunft der Güter am Bestimmungsort erwartete Gewinn (imaginäre Gewinn);
die zu verdienende Provision;
die von dem Versicherer übernommene Gefahr (Rückversicherung).

In der einen dieser Versicherungen ist die andere nicht enthalten, und muß deshalb der Versicherungsnehmer dafür Sorge tragen, daß das Interesse, welches versichert werden soll (der Gegenstand der Versicherung), in dem Versicherungsvertrage richtig bezeichnet werde. Eine Versicherung, bei welcher der Gegenstand derselben unrichtig bezeichnet worden, ist für den Versicherer unverbindlich.

§ 3.

Die Heuerforderung des Schiffers und der Schiffsmannschaft kann nicht versichert werden. (S. § 53.)

Zweiter Unterabschnitt.

Wer Versicherung nehmen kann, und von der Versicherung für eigene oder fremde Rechnung.

§ 4.

Der Versicherungsnehmer kann entweder sein eigenes Interesse (Versicherung für eigene Rechnung) oder das Interesse eines Dritten (Versicherung für fremde Rechnung) und in dem letzteren Falle mit oder ohne Bezeichnung der Person des Versicherten unter Versicherung bringen.

Es kann im Vertrag auch unbestimmt gelassen werden, ob die Versicherung für eigene oder für fremde Rechnung genommen wird (für Rechnung „wen es angeht"). Ergibt sich bei einer Versicherung für Rechnung „wen es angeht", daß dieselbe für fremde Rechnung genommen ist, so kommen die Vorschriften über die Versicherung für fremde Rechnung zur Anwendung.

Die Versicherung gilt als für eigene Rechnung des Versicherungsnehmers geschlossen, wenn der Vertrag nicht ergibt, daß sie für fremde Rechnung oder für Rechnung „wen es angeht" genommen ist.

Eine Versicherung ist nur so weit gültig, als derjenige, für dessen Rechnung sie genommen wurde, ein Interesse an dem versicherten Gegenstande hat. Wett-Assekuranzen und sogenannte Polices d'honneur sind ungültig. (§ 9.)

§ 5.

Die Versicherung für fremde Rechnung ist für den Versicherer nur dann verbindlich, wenn entweder der Versicherungsnehmer zur Eingehung derselben von dem Versicherten (sei es ausdrücklich, sei es den Umständen nach stillschweigend) beauftragt war, oder wenn der Mangel eines solchen Auftrags von dem Versicherungsnehmer bei dem Abschluß des Vertrags dem Versicherer angezeigt wird.

Ist die Anzeige unterlassen, so kann der Mangel des Auftrags dadurch nicht ersetzt werden, daß der Versicherte die Versicherung nachträglich genehmigt.

Ist die Anzeige erfolgt, so wird die Verbindlichkeit des Versicherers als fortbestehend behandelt, wenngleich eine nachträgliche Genehmigung des Vertrags seitens des Versicherten schon hätte erfolgt sein können, aber noch nicht erfolgt ist. Jedoch ist der Versicherer zu keiner Zahlung aus dem Vertrage verpflichtet, bevor dieser von dem Versicherten genehmigt worden ist.

Der Versicherer, für welchen nach den Bestimmungen dieses Paragraphen der Versicherungsvertrag unverbindlich ist, hat, selbst wenn er die Unverbindlichkeit des Vertrags geltend macht, gleichwohl auf die volle Prämie Anspruch.

§ 6.

Ist die Versicherung von einem Bevollmächtigten, von einem Geschäftsführer ohne Auftrag (negotiorum gestor), oder von einem sonstigen Vertreter des Versicherten in dessen Namen geschlossen, so ist im Sinne dieser Allgemeinen Seeversicherungs-Bedingungen weder der Vertreter Versicherungsnehmer, noch die Versicherung selbst eine Versicherung für fremde Rechnung.

Im Zweifel wird angenommen, daß selbst die auf das Interesse eines dem Versicherer namhaft gemachten Dritten sich beziehende Versicherung eine Versicherung für fremde Rechnung ist.

Dritter Unterabschnitt.

Beurkundung der Versicherung.

§ 7.

Es bedarf, um einen rechtsverbindlichen Versicherungsvertrag zu Stande zu bringen, der schriftlichen Vollziehung desselben nicht.

Der Versicherer ist übrigens verpflichtet, eine von ihm unterzeichnete Urkunde (Police) über den Versicherungsvertrag dem Versicherungsnehmer auf dessen Verlangen auszuhändigen.

Vierter Unterabschnitt.

Inwiefern der Umstand Wirksamkeit ausübt, wenn zur Zeit des Vertragsabschlusses ein Schaden schon eingetreten oder ausgeschlossen ist.

§ 8.

Auf die Gültigkeit des Versicherungsvertrags hat es keinen Einfluß, daß zur Zeit des Abschlusses desselben die Möglichkeit des Eintritts eines zu ersetzenden Schadens schon ausgeschlossen, oder daß der zu ersetzende Schaden bereits eingetreten ist.

Waren jedoch beide Teile von dem Sachverhältnis unterrichtet, so ist der Vertrag als Versicherungsvertrag ungültig.

Wußte nur der Versicherer, daß die Möglichkeit des Eintritts eines zu ersetzenden Schadens schon ausgeschlossen sei, oder wußte nur der Versicherungsnehmer, daß der zu ersetzende Schaden schon eingetreten sei, so ist der Vertrag für den anderen, von dem Sachverhältnis nicht unterrichteten Teil unverbindlich. Im zweiten Falle hat der Versicherer, selbst wenn er die Unverbindlichkeit des Vertrages geltend macht, gleichwohl auf die volle Prämie Anspruch.

Im Falle der Vertrag für den Versicherungsnehmer durch einen Vertreter abgeschlossen wird, kommt die Vorschrift des zweiten Absatzes des § 29, im Falle der Versicherung für fremde Rechnung die Vorschrift des § 30, und im Falle der Versicherung mehrerer Gegenstände oder einer Gesamtheit von Gegenständen die Vorschrift des § 33 zur Anwendung.

Fünfter Unterabschnitt.

Der Versicherungswert im allgemeinen.

§ 9.

Der volle Wert des versicherten Gegenstandes ist der Versicherungswert.

Die Versicherungssumme kann den Versicherungswert nicht übersteigen.

Soweit die Versicherungssumme den Versicherungswert übersteigt (Überversicherung), hat die Versicherung keine rechtliche Geltung.

Sechster Unterabschnitt.

Konkurrenz mehrerer Versicherungen. Doppelversicherungen. Die Ratenverbindlichkeit der Partialversicherer.

§ 10.

Übersteigt im Fall einer gleichzeitigen Abschließung verschiedener Versicherungsverträge der Gesamtbetrag der Versicherungssumme den Versicherungswert, so haften alle Versicherer zusammen nur in Höhe des Versicherungswerts, und zwar jeder einzelne für so viele Prozente des Versicherungswerts, als seine Versicherungssumme Prozente des Gesamtbetrags der Versicherungssummen bildet (§ 15). Hierbei wird im Zweifel vermutet, daß die Verträge gleichzeitig abgeschlossen sind.

Mehrere Versicherungsverträge, worüber eine gemeinschaftliche Police erteilt ist, ingleichen mehrere Versicherungsverträge, welche an demselben Tag abgeschlossen sind, gelten als gleichzeitig abgeschlossen.

§ 11.

Wird ein Gegenstand, welcher bereits zum vollen Werte versichert ist, nochmals versichert, so hat die spätere Versicherung insoweit keine rechtliche Geltung, als der Gegenstand auf dieselbe Zeit und gegen dieselbe Gefahr bereits versichert ist (Doppelversicherung).

Ist durch die frühere Versicherung nicht der volle Wert versichert, so gilt die spätere Versicherung, insoweit sie auf dieselbe Zeit und gegen dieselbe Gefahr genommen ist, nur für den noch nicht versicherten Teil des Wertes.

§ 12.

Die spätere Versicherung hat jedoch ungeachtet der Eingehung der früheren Versicherung rechtliche Geltung:

1. wenn bei dem Abschluß des späteren Vertrags mit dem Versicherer vereinbart wird, daß demselben die Rechte aus der früheren Versicherung abzutreten seien;
2. wenn die spätere Versicherung unter der Bedingung geschlossen wird, daß der Versicherer nur insoweit hafte, als der Versicherte sich an dem früheren Versicherer wegen Zahlungsunfähigkeit desselben nicht zu erholen vermöge, oder die frühere Versicherung nicht zu Recht bestehe;
3. wenn der frühere Versicherer mittelst Verzichtsanzeige seiner Verpflichtung insoweit entlassen wird, als zur Vermeidung einer Doppelversicherung nötig ist, und der spätere Versicherer bei Eingehung der späteren Versicherung hiervon benachrichtigt wird. Dem früheren Versicherer gebührt in diesem Falle, obschon er von seiner Verpflichtung befreit wird, gleichwohl die volle Prämie

§ 13.

Im Falle der Doppelversicherung hat nicht die zuerst genommene, sondern die später genommene Versicherung rechtliche Geltung, wenn die frühere Versicherung für fremde Rechnung ohne Auftrag genommen ist (§ 5), die spätere dagegen von dem Versicherten selbst genommen wird, sofern in einem solchen Falle der Versicherte entweder bei Eingehung der späteren Versicherung von der früheren noch nicht unterrichtet war, oder bei Eingehung der späteren Versicherung dem Versicherer anzeigt, daß er die frühere Versicherung zurückweise.

Die Rechte des früheren Versicherers in Ansehung der Prämie bestimmen sich in diesen Fällen nach den Vorschriften der §§ 155 und 156.

§ 14.

Sind mehrere Versicherungen gleichzeitig oder nacheinander geschlossen worden, so hat ein späterer Verzicht auf die gegen den einen Versicherer begründeten Rechte keinen Einfluß auf die Rechte und Verpflichtungen der übrigen Versicherer.

§ 15.

Wenn die Versicherungssumme den Versicherungswert nicht erreicht oder wenn sie im Falle einer taxierten Police (s. § 16) nur einen Teil des Taxbelaufes ausmacht, so haftet der Versicherer im Fall eines eintretenden, ihm zur Last kommenden Schadens für den Betrag desselben nur nach Verhältnis der Versicherungssumme zum Versicherungswert, resp. zur Policentaxe. Siehe auch § 10.

Siebenter Unterabschnitt.

Die Policentaxe.

§ 16.

Wird durch Vereinbarung der Parteien der Versicherungswert auf eine bestimmte Summe (Taxe) festgestellt, (taxierte Police), so ist die Taxe unter den Parteien für den Versicherungswert maßgebend.

Der Versicherer ist jedoch befugt, eine Herabsetzung der Taxe zu fordern, wenn er beweist, daß dieselbe wesentlich übersetzt sei. Das durch das Verhältnis der Versicherungssumme zur Taxe bestimmte Maß der Verbindlichkeit des Versicherers (s. § 15) bleibt im Falle einer Herabsetzung der Taxe unverändert.

Ist imaginärer Gewinn taxiert, so hat der Versicherer im Falle der Anfechtung der Taxe zu beweisen, daß dieselbe den zur Zeit des Abschlusses des Vertrages nach kaufmännischer Berechnung möglicherweise zu erwartenden Gewinn überstiegen habe. Dies gilt gleichmäßig in Fällen versicherter Provision sowie sonstiger Vorteile, welche von Gegenständen, die der Seegefahr ausgesetzt sind, erwartet werden.

Eine Police mit der Bestimmung „vorläufig taxiert" wird, solange die Taxe nicht in eine feste verwandelt ist, einer nicht taxierten Police (offenen Police) gleichgeachtet.

Bei der Versicherung von Fracht hat die Taxe nur die Bedeutung, den Umfang der Verbindlichkeit des Versicherers zu bestimmen (§ 15). Der Versicherte hat, ungeachtet der geschehenen Taxierung, im Falle eines Schadens (§§ 110, 137) über die Größe der bedungenen, eventuell der üblichen Fracht (§ 20 Abs. 2) sich auszuweisen.

Soll der Versicherte von dieser Pflicht befreit werden, so ist dies besonders zu bedingen (§ 148).

§ 17.

Wenn in einem Vertrage mehrere Gegenstände oder eine Gesamtheit von Gegenständen unter einer Versicherungssumme begriffen, aber für einzelne derselben besondere Taxen vereinbart sind, so gelten die Gegenstände, welche besonders taxiert sind, auch als abgesondert versichert.

Achter Unterabschnitt.

Bestimmungen über den Versicherungswert der zu versichernden Gegenstände im einzelnen.

§ 18.

Als Versicherungswert des Schiffes gilt, wenn die Parteien nicht eine andere Grundlage für die Schätzung vereinbart haben, der Wert, welchen das Schiff mit seinem Zubehör (HGB. Art. 443 *) in dem Zeitpunkt hat, in welchem die Gefahr für den Versicherer zu laufen beginnt.

Diese Bestimmung kommt auch dann zur Anwendung, wenn der Versicherungswert des Schiffes taxiert ist.

§ 19.

Die Ausrüstungskosten, die Heuer und die Versicherungskosten können zugleich mit dem Schiff oder besonders versichert werden, insoweit sie nicht bereits durch die Versicherung der Bruttofracht versichert sind. Dieselben gelten nur dann als mit dem Schiff versichert, wenn es vereinbart ist.

§ 20.

Die Fracht kann bis zu ihrem Bruttobetrage versichert werden, insoweit sie nicht bereits durch die Versicherung der Ausrüstungskosten, der Heuer und der Versicherungskosten versichert ist (§ 19).

Als Versicherungswert der Fracht gilt der Betrag der in den Frachtvertrages vorauszuzahlen hat, ohne daß eine Rückzahlungsnicht bedungen ist, oder insoweit Güter für Rechnung des Reeders verschifft sind, der Betrag der üblichen Fracht (HGB. Art. 620 *).

Solche Teile der Fracht, welche der Befrachter auf Grund des Frachtvertrages vorauszuzahlen hat, ohne daß eine Rückzahlungspflicht des Verfrachters für den Fall eintritt, wenn keine Fracht

* Siehe Anhang I

verdient werden sollte, sind nicht in den Versicherungswert der Fracht hineinzurechnen.

§ 21.

Ist bei der Versicherung der Fracht nicht bestimmt, ob dieselbe ganz oder ob nur ein Teil derselben versichert sei, so gilt die ganze Fracht als versichert.

Ist nicht bestimmt, ob die Brutto- oder Nettofracht versichert sei, so gilt die Bruttofracht als versichert.

Ist vereinbart, daß die Nettofracht versichert sein solle, so gelten als solche in Ermangelung einer anderen Verabredung zwei Dritteile der Bruttofracht.

Wenn die Fracht der Hinreise und die Fracht der Zurückreise unter einer Versicherungssumme versichert sind, und nicht bestimmt ist, welcher Teil der Versicherungssumme auf die Fracht der Zurückreise falle, so werden ein Dritteil derselben auf die Fracht der Hinreise, zwei Dritteile auf die Fracht der Zurückreise gerechnet.

§ 22.

Als Versicherungswert der Güter gilt, wenn die Parteien nicht eine andere Grundlage für die Schätzung vereinbart haben, derjenige Wert, welchen die Güter am Ort und zur Zeit der Abladung haben, unter Hinzurechnung aller Kosten bis an Bord einschließlich der Versicherungskosten.

Die Fracht sowie die Kosten während der Reise und am Bestimmungsort werden nur hinzugerechnet, sofern es vereinbart ist.

Die Bestimmungen dieses Paragraphen kommen auch dann zur Anwendung, wenn der Versicherungswert der Güter taxiert ist.

§ 23.

Sind die Ausrüstungskosten oder die Heuer, sei es selbständig, sei es durch Versicherung der Bruttofracht, versichert, oder sind bei der Versicherung von Gütern die Fracht oder die Kosten während der Reise und am Bestimmungsort versichert, so leistet der Versicherer für denjenigen Teil derselben keinen Ersatz, welcher infolge eines Unfalls erspart wird; jedoch ist in solchem Falle die Prämie für denjenigen Betrag, der an Kosten erspart wurde, zur Hälfte zu ristornieren.

§ 24.

Bei der Versicherung von Gütern ist der imaginäre Gewinn oder die Provision, selbst wenn der Versicherungswert der Güter taxiert ist, als mitversichert nur anzusehen, sofern es im Vertrage bestimmt ist.

Ist im Falle der Mitversicherung des imaginären Gewinns der Versicherungswert taxiert, aber nicht bestimmt, welcher Teil der Taxe auf den imaginären Gewinn sich beziehe, so wird angenommen, daß zehn Prozent vom Versicherungswerte der Güter als imaginärer Gewinn versichert sind. Wenn im Falle der Mitversicherung des imaginären Gewinns der Versicherungswert nicht taxiert ist, so werden als imaginärer Gewinn zehn Prozent des Versicherungswerts der Güter (§ 22) als versichert betrachtet.

Die Bestimmungen des zweiten Absatzes kommen auch im Falle der Mitversicherung der Provision mit der Maßgabe zur Anwendung, daß anstelle der zehn Prozent zwei Prozent treten.

§ 25.

Ist der imaginäre Gewinn oder die Provision selbständig versichert, der Versicherungswert jedoch nicht taxiert, so wird im Zweifel angenommen, daß die Versicherungssumme zugleich als Taxe des Versicherungswerts gelten soll.

§ 26.

Die Bodmereigelder können einschließlich der Bodmereiprämie für den Bodmereigläubiger, jedoch nicht mit Zuziehung der Versicherungsprämie, versichert werden.

Ist bei der Versicherung von Bodmereigeldern nicht angegeben, welche Gegenstände verbodmet sind, so wird angenommen, daß Bodmereigelder auf Schiff, Fracht und Ladung versichert seien. Wenn in Wirklichkeit nicht alle diese Gegenstände verbodmet sind, so findet ein Ersatzanspruch des Versicherten an den Versicherer nur insoweit statt, als auch die nicht mit verbodmeten Gegenstände unzureichend gewesen sein würden, die Bodmereiforderung zu decken. Der Versicherte hat über diesen Umstand Beweis zu liefern. (S. übrigens § 41.)

Neunter Unterabschnitt.

Eintritt des Versicherers, welcher Schaden vergütet hat, in die entsprechenden Rechte des Versicherten.

§ 27.

Hat der Versicherer seine Verpflichtungen erfüllt, so tritt er, insoweit er einen Schaden vergütet hat, dessen Erstattung der Versicherte von einem Dritten zu fordern befugt ist, jedoch unbeschadet der Bestimmungen im zweiten Absatze des Artikels 778 und im zweiten

Absatze des Artikels 781 des HGB.,* in die Rechte des Versicherten gegen den Dritten.

Der Versicherte ist verpflichtet, dem Versicherer, wenn er es verlangt, auf dessen Kosten eine beglaubigte Anerkennungs-Urkunde über den Eintritt in die Rechte gegen den Dritten zu erteilen.

Der Versicherte ist verantwortlich für jede Handlung, durch welche er jene Rechte beeinträchtigt.

(Siehe Formular der See-Versicherungs-Police auf Güter.)

§ 28.

Ist eine Forderung versichert, zu deren Deckung eine den Gefahren der See ausgesetzte Sache dient, so bildet für den Umfang der Ersatzpflicht des Versicherers der Versicherungswert der als Sicherheit dienenden Sache, nicht die etwa weiter reichende Größe der Forderung, das Maß.

Hat der Versicherer im Falle eines Schadens seine Verpflichtung gegen den Versicherten erfüllt, so gebührt ihm der dem letzteren gegen den Schuldner zustehende Anspruch bis zu dem Belauf derjenigen Summe, welche er dem Versicherten gezahlt hat. Der Versicherte ist verpflichtet, je nach dem Verlangen des Versicherers, entweder diesem seine Rechte an den Schuldner bis zum Betrage der geschehenen Ersatzleistung, unter Erteilung der erforderlichen Auskunft und Zustellung der bezüglichen Belege, abzutreten, oder in Gemäßheit des Schlußsatzes des § 71 zu verfahren.

Der Versicherte haftet für die Wahrheit der Forderung und hat auf Verlangen des Versicherers demselben gegen Empfang der Zahlung Kaution wegen dieser Verbindlichkeit zu leisten.

Sollte in Folge des Umstandes, daß die Forderung des Versicherten durch die der Seegefahr ausgesetzten Gegenstände nur teilweise gedeckt worden wäre, der Versicherer in der Rechtsverfolgung gegen den Schuldner mit dem Versicherten konkurrieren, so gebührt dem letzteren, falls der Schuldner seiner Verbindlichkeit nicht vollständig nachkommt, für den nicht gedeckten Teil das Vorgangsrecht an dem zu erlangenden Ergebnisse.

---

* Siehe Anhang I.

Zweiter Abschnitt.

Anzeigen bei dem Abschluß des Vertrags.

Erster Unterabschnitt.

Anzeigepflicht im Allgemeinen.

§ 29.

Der Versicherungsnehmer ist sowohl im Falle der Versicherung für eigene Rechnung als im Falle der Versicherung für fremde Rechnung verpflichtet, bei dem Abschluß des Vertrags dem Versicherer alle ihm bekannten Umstände, sowie alle ihm zugekommenen Nachrichten, resp. anzuzeigen und mitzuteilen, welche wegen ihrer Erheblichkeit für die Beurteilung der von dem Versicherer zu tragenden Gefahr geeignet sind, auf den Entschluß des Letzteren, sich auf den Vertrag überhaupt oder unter denselben Bestimmungen einzulassen, Einfluß zu üben. Die Mitteilung von Nachrichten der vorgedachten Art darf auch dann nicht unterlassen werden, wenn der Versicherungsnehmer dieselben für unbegründet oder unzuverlässig hält.

Wenn der Vertrag für den Versicherungsnehmer durch einen Vertreter desselben abgeschlossen wird, so sind nach Maßgabe des Vorstehenden auch die dem Vertreter bekannten Umstände und zugekommenen Nachrichten anzuzeigen.

(Siehe Formular der See-Versicherungs-Police auf Güter [zu § 51].)

§ 30.

Im Falle der Versicherung für fremde Rechnung müssen dem Versicherer bei dem Abschluß des Vertrags auch diejenigen Umstände und Nachrichten angezeigt werden, welche dem Versicherten selbst oder einem Zwischenbeauftragten bekannt oder zugekommen sind.

Die Kenntnis des Versicherten oder eines Zwischenbeauftragten kommt jedoch nicht in Betracht, wenn der Umstand oder die Nachricht ihnen so spät bekannt wird, daß sie den Versicherungsnehmer ohne Anwendung außergewöhnlicher Maßregeln vor Abschluß des Vertrags nicht mehr davon benachrichtigen können. Ob vorkommenden Falles die Benutzung des Telegraphen zu den gewöhnlichen oder außergewöhnlichen Maßregeln zu rechnen ist, hängt von den jedesmaligen Umständen ab.

Die Kenntnis des Versicherten kommt auch dann nicht in Betracht, wenn die Versicherung ohne Auftrag und ohne Wissen desselben genommen ist.

§ 31.

Wenn die in den beiden vorstehenden Paragraphen bezeichnete Verpflichtung nicht erfüllt wird, so ist der Vertrag für den Versicherer unverbindlich. (S. § 32, Absatz 2.)

Diese Vorschrift findet jedoch keine Anwendung, wenn der nicht angezeigte Umstand dem Versicherer bekannt, oder zu der Zeit, zu welcher die Anzeige hätte erfolgen müssen, an dem Orte des Versicherungsabschlusses allgemein-notorisch oder doch börsen-notorisch war, so daß der Versicherte annehmen mußte, daß auch dem Versicherer der Umstand bekannt sei. Die bloße Tatsache, daß eine Nachricht in den Schiffahrtsberichten der Zeitungen mitgeteilt oder in einem öffentlichen Geschäftslokale durch Anschlag bekannt gemacht worden ist, genügt nicht, um Kenntnis des Versicherers von derselben oder Notorietät anzunehmen.

§ 32.

Wird von dem Versicherungsnehmer bei dem Abschluß des Vertrags in bezug auf einen erheblichen Umstand (§ 29) eine unrichtige Anzeige gemacht, so ist der Vertrag für den Versicherer unverbindlich, es sei denn, daß diesem die Unrichtigkeit der Anzeige bekannt war

Die Unverbindlichkeit der Versicherung tritt nach Maßgabe des § 31 und der vorstehenden Bestimmung ein, gleichviel ob die Unterlassung der erforderlichen Angabe oder resp. die Mitteilung der unrichtigen Anzeige wissentlich oder aus Irrtum, ob sie mit oder ohne Verschulden geschehen ist.

§ 33.

Wird bei einer Versicherung mehrerer Gegenstände oder einer Gesamtheit von Gegenständen den Vorschriften der §§ 29—32 in Ansehung eines Umstandes zuwidergehandelt, welcher nur einen Teil der versicherten Gegenstände betrifft, so bleibt der Vertrag für den Versicherer in Ansehung des übrigen Teils verbindlich. Der Vertrag ist jedoch auch in Ansehung dieses Teils für den Versicherer unverbindlich, wenn erhellt, daß der Letztere denselben allein unter denselben Bestimmungen nicht versichert haben würde.

§ 34.

Dem Versicherer gebührt in den Fällen der §§ 29—33, selbst wenn er die gänzliche oder teilweise Unverbindlichkeit des Vertrags geltend macht, gleichwohl die volle Prämie. Wegen des unter besonderen Umständen stattfindenden Ristorno s. §§ 154—156.

Zweiter Unterabschnitt.

Unrichtige Angaben des Versicherungsnehmers. Verpflichtung zu besonderen Anzeigen.

§ 35.

Für den Zweck des Versicherungsabschlusses hat der Versicherungsnehmer außer dem Belauf, für welchen er Versicherung zu erhalten beabsichtigt, und dem Maß, in welchem der Versicherer sich beteiligen soll, ob für den gesamten Belauf des gefährdeten Wertes oder für eine Quote desselben und für welche (§ 15), anzugeben:

den Gegenstand der Versicherung;
den Namen des Schiffes;
den Namen des Schiffers;
den Abgangs- resp. Abladungsort;
den Bestimmungsort.

Eine wissentlich unrichtige Angabe und jede absichtliche Verschweigung in betreff irgend eines der vorstehenden fünf Punkte macht die Versicherung für den Versicherer unverbindlich und die Prämie verfallen.

§ 36.

Eine unwissentlich unrichtige Angabe über einen der folgenden vier Punkte:

den Gegenstand der Versicherung;
den Namen des Schiffes;
den Abgangs- resp. Ablabungsort;
den Bestimmungsort;

macht die Versicherung für den Versicherer unverbindlich und die Prämie verfallen, indessen kann den Umständen nach Ristorno eintreten (§ 155).

Eine unwesentliche Ungenauigkeit in der Bezeichnung des Schiffes präjudiziert der Versicherung nicht. Übertragungen des Namens des Schiffes in andere Sprachen werden in der Regel als unwesentliche Ungenauigkeiten angesehen.

In der Angabe des Namens des Schiffers liegt die Erklärung, daß der Genannte das Schiff geführt habe, oder dazu bestimmt gewesen sei, dasselbe zu führen, so daß erst nach der Order-Erteilung eine etwaige Veränderung eingetreten, resp. bekannt geworden sein könne. (S. auch § 62.)

Unter besonderen Umständen kann übrigens der Versicherung durch irrtümliche Angabe des Namens des Schiffers präjudiziert werden.

§ 37.

Hat das Schiff Freiheit, auf seiner Reise nach dem angegebenen Bestimmungsorte (oder den angegebenen mehreren Bestimmungsorten) andere Häfen oder Reeden an- oder einzulaufen, so muß dies (abgesehen von den im § 60 Abs. 5 berührten Fällen des Anlaufens gewisser Häfen, um Order zu erhalten) bei der Versicherungsnahme angezeigt werden, widrigenfalls das Risiko mit dem Zeitpunkt endet, in welchem das Schiff nach einem dieser anderen Häfen oder Reeden seinen Kurs nimmt (§ 60), ohne daß ein Ristorno stattfindet.

Die vorstehende Bestimmung gilt bei der Versicherung auf Schiff oder Fracht in allen Fällen; bei Versicherungen auf andere Gegenstände findet das Präjudiz derselben dann keine Anwendung, wenn der Schiffer dem Versicherten gegenüber kontraktlich verpflichtet war, die Reise direkt in Ausführung zu bringen, auch nicht etwa der Versicherte oder eine der demselben betreffs der Anzeigepflicht gleich zu achtenden Personen (§§ 29, 30), von der beabsichtigten Abweichung Kunde erhalten hatte.

Gänzlich dispensiert ist der Versicherungsnehmer von der Anzeige des angegebenen Umstandes bei Versicherungen, welche in Friedenszeiten auf in Dampfschiffe verladene Güter oder Contanten genommen werden. Hierbei genügt die Angabe des Abgangs- und des Bestimmungsorts und ist es unpräjudizierlich, wenn von dem Umstande, daß das Schiff andere Plätze anlaufen dürfe, keine Anzeige gemacht wird.

§ 38.

Wenn bei der Versicherung auf Schiff oder Fracht dem Versicherer nicht angezeigt ist, daß das Schiff

von Eisen, gleichviel ob ganz von Eisen oder mit eisernem Umschlag, oder von Föhrenholz, selbst wenn die Planken von Eichen-, die Inhölzer aber größtenteils von Föhrenholz sein sollten, oder auf Klink gebauet sei, oder in Ballast, mit Salz, losem Getreide, loser Saat, losem Reis, Knochen, Knochenschwärze, losem Guano, sonstigem Dünger, Heu, Torf, Erz, Steinen, Schiefer, Kohlen, Gips, Kreide oder raffiniertem Petroleum fahre oder fahren werde, so bezahlt der Versicherer im Schadensfalle nur die Hälfte von dem, was er ordentlicher Weise, nach Maßgabe der Versicherung und der eintretenden Umstände, zu bezahlen gehabt haben würde.

Ein Schiff wird schon dann als mit einem der in diesem Paragraphen genannten Gegenstande fahrend betrachtet, wenn das davon verladene Quantum ein Drittel seiner Tragfähigkeit ausmacht.

§ 39.

Wenn bei der Versicherung auf Schiff oder Fracht dem Versicherer nicht angezeigt ist, daß in dem Schiff gebrannter Kalk, rohes Petroleum, Schießpulver oder irgend eine sonstige der Explosion ausgesetzte Substanz (Nitroglyzerin oder dergl.) verladen sei oder werde, oder daß es bis auf mehr als ein Drittel seiner Tragfähigkeit mit Roheisen, Blockeisen oder Eisenbahnschienen fahre oder fahren werde, so ist die Versicherung für den Versicherer unverbindlich und die Prämie verfallen. — Diese Bestimmung findet jedoch dann keine Anwendung, wenn der Umstand, daß von den vorbezeichneten Gegenständen überhaupt etwas, resp. bis zu dem angegebenen Quantum, verladen worden sei oder resp. werden sollte, ohne Wissen des Schiffes stattgefunden hatte und dem Versicherten, sowie den demselben betreffs der Anzeigepflicht gleich zu achtenden Personen (§§ 29, 30), ungeachtet der aufzuwendenden gehörigen Sorgfalt unbekannt geblieben war.

§ 40.

Bei der Versicherung auf Fracht für leicht verderbliche Ladung muß der Umstand, daß das Schiff solche Ladung führt, angezeigt werden, widrigenfalls der Versicherer den durch diese Beschaffenheit der Ware entstandenen Verlust nicht zu ersetzen hat.

Bei der Versicherung auf Fracht für Güter, welche dem Schmelzen unterliegen, wird angenommen, daß die Fracht für das ausgelieferte Maß geschlossen sei, wenn nicht angezeigt sein sollte, daß sie für das eingenommene Maß bedungen worden.

§ 41.

Wird bei der Versicherung auf Bodmerei nicht angezeigt, daß dieselbe auf ein Schiff in Ballast gegeben, oder daß der Bodmereibrief für eine ältere vor Antritt der versicherten Reise entstandene Schuld gezeichnet worden ist, so ist die Versicherung für den Versicherer unverbindlich und die Prämie verfallen.

§ 42.

Wird bei der Versicherung von Havereigeldern nicht angezeigt, daß dieselben die Ladung allein oder doch diese mit betreffen, so wird angenommen, daß solche lediglich Schiff und Fracht angehen.

Fährt das Schiff in Ballast, so ist dies bei der Versicherung von Havereigeldern anzuzeigen, widrigenfalls die Versicherung für den Versicherer unverbindlich und die Prämie verfallen ist.

§ 43.

Wenn dem Versicherer nicht ein Anderes angezeigt worden ist, so wird in den Fällen, in welchen der Ort des Versicherungsabschlusses nicht zugleich der Abgangsort des Schiffes und resp. der versicherten Güter ist, angenommen, daß der Auftrag oder die Benachrichtigung vom Abgangsorte, und zwar direkt mit der letzten Post oder mit jüngster Schiffsgelegenheit, gekommen sei und das Schiff am Tage der Order=Erteilung resp. der Benachrichtigung noch im Abgangshafen gelegen habe. — Die vorstehende Bestimmung bleibt selbst dann in Wirksamkeit, wenn bei der Versicherung auf Güter dem Versicherer der Tag der Konnossements=Zeichnung angegeben worden sein sollte.

In allen Fällen, wenn der Auftrag oder ein Nachtrag zu demselben, resp. die Benachrichtigung per Telegraph gekommen ist, muß hiervon Anzeige gemacht werden.

Ist, ohne daß hiervon bei der Versicherungsnahme Anzeige gemacht wird, die Benachrichtigung oder der Auftrag nicht vom Abgangsorte gegeben worden, oder hat eine erhebliche Verzögerung dabei stattgefunden, oder ist jene oder dieser auf einem erheblichen Umwege eingetroffen, so ist, falls angenommen werden muß, daß dies von Einfluß auf die Eingehung der Versicherung, überhaupt oder wie sie geschehen, habe sein können, für den Versicherer die Versicherung unverbindlich und die Prämie verfallen. — Dies Präjudiz tritt unbedingt ein, wenn von dem Umstande, daß die Order usw. per Telegraph eingegangen ist, keine Mitteilung gemacht wird.

§ 44.

Wird Versicherung auf ein Schiff oder dessen Fracht oder auf Gegenstände in einem Schiffe beantragt, welches an dem Abgangsorte der zur Versicherung aufgegebenen Reise noch nicht angekommen ist, mag es vorher eine besondere Reise auszuführen haben, oder auf der Fahrt nach dem bezeichneten Abgangsorte begriffen sein, so ist, wenn hiervon bei der Versicherungsnahme keine Anzeige gemacht wird, die Versicherung für den Versicherer unverbindlich und mit Einbehalt von ½ Prozent Prämie, oder wenn die Prämie unter 1 Prozent beträgt, der halben Prämie, zu ristornieren.

Es präjudiziert jedoch nicht, wenn in den Fällen, wo im kaufmännischen Verkehr die Abladung eines Schiffes aus nahe bei einander liegenden Häfen zu geschehen pflegt (z. B. Puerto Cabello und Laguaira, Havana und Matanzas), das Schiff noch nicht am Abgangsorte angekommen gewesen ist, sondern in einem dieser Häfen gelegen hat, oder auf der Reise zwischen denselben begriffen gewesen ist, ohne daß von diesem Umstande Anzeige gemacht worden.

§ 45.

Wird bei der Versicherungsnahme auf ein Schiff oder dessen Fracht oder auf Gegenstände in dem Schiffe nicht angezeigt, daß dasselbe bereits vom Abgangsorte abgegangen oder aus See dahin zurückgekehrt, oder daß der Ort, von welchem die Versicherung beginnen soll, ein Hafen oder eine Reede ist, welche das Schiff auf einer bereits angetretenen Reise ein- oder angelaufen war, so ist, wenn der Versicherte oder eine der demselben betreffs der Anzeigepflicht gleich zu achtenden Personen (§§ 29, 30) den Umstand kannte oder bei gehöriger Sorgfalt kennen mußte, die Versicherung für den Versicherer unverbindlich und die Prämie verfallen.

§ 46.

Wird bei einer Versicherungsnahme auf ein Schiff oder dessen Fracht nicht angezeigt, daß das Schiff noch im Neubau auf der Werft liegt, so ist die Versicherung für den Versicherer unverbindlich und mit Einbehalt von ½ Prozent Prämie, oder, wenn die Prämie unter 1 Prozent beträgt, der halben Prämie zu ristornieren. — Dasselbe Präjudiz tritt der angegebenen Voraussetzung bei einer Versicherung auf Güter ein, bei welcher der Versicherungsnehmer nicht anzeigt, daß dieselben in ein solches Schiff geladen werden, falls der Versicherte oder eine der demselben betreffs der Anzeigepflicht gleich zu achtenden Personen (§§ 29, 30) den Umstand kannte oder bei gehöriger Sorgfalt kennen mußte.

§ 47.

Wird bei der Versicherungsnahme auf ein Schiff oder dessen Fracht keine Anzeige von dem Umstande gemacht, daß das Schiff noch in erheblicher Reparatur liegt, so ist der Versicherer berechtigt, nach seiner Wahl entweder die Versicherung unter Einbehalt von ½ Prozent Prämie, resp. wenn die Prämie unter 1 Prozent beträgt, der halben Prämie, zu ristornieren, oder die Versicherung in Kraft bleiben, und in diesem Falle, wenn der Preisstand der Prämien an dem Orte der geschlossenen Versicherung zur Zeit des Abschlusses niedriger gewesen sein sollte, als zu dem Zeitpunkte, in welchem die Nachricht von dem Abgange des Schiffes auf direktem Wege und ohne Verzögerung dorthin gelangte oder gelangen konnte, eine dem Preisstande des letzteren Zeitpunktes entsprechende Erhöhung der Prämie eintreten zu lassen.

Bei der Versicherung auf Güter findet die Vorschrift dieses Paragraphen nur Anwendung, wenn der Versicherte oder eine der demselben betreffs der Anzeigepflicht gleich zu achtenden Personen (§§ 29, 30) den in Rede stehenden Umstand kannte oder bei gehöriger Sorgfalt kennen mußte.

§ 48.

Werden Güter versichert, diese aber bei der Versicherung nicht speziell der Art nach angegeben, sondern nur durch eine allgemeine Benennung (z. B. Kaufmannschaften, Waren, Retouren, Produkte) bezeichnet, so sind Güter jeder Art als unter die Versicherung gebracht anzusehen, ausgenommen: gemünztes oder ungemünztes, verarbeitetes oder unverarbeitetes Gold, Silber oder Platina, Kontanten, Papiergeld, Wertpapiere, Juwelen, Pretiosen, echte Spitzen, Kunstwerke der Skulptur oder Malerei, Gegenstände der Liebhaberei; ferner Ladungen Borke, Mahagoni-, Zedern- und andern feinen Nutzholzes, Bauholz, Zichorienwurzeln, Guano oder anderen Düngers, Getreide, Saat, Früchte aller Art, Heu, Torf, Knochen, Knochenschwärze und Knochenasche, Kartoffeln, Marmor, Raps- und Leinkuchen, rohen Gips, Kalk, Kohlen, Roheisen, Eisenschienen, Erz, Steine, Schiefer, Salz; endlich Petroleum und Schießpulver, sowie sonstige der Explosion ausgesetzte Substanz (Nitroglyzerin oder dergleichen). Soweit vorstehend über Ladungen Bestimmung getroffen worden ist, findet die Vorschrift des § 38 Abs. 2 hier gleichmäßig Anwendung.

§ 49.

Wenn Güter, auf welche Versicherung genommen wird, beschädigt abgeladen oder als beschädigt zugesandt werden, so gilt, wenn hiervon bei der Versicherungsnahme keine Anzeige gemacht wird, die Versicherung „frei von Beschädigung“ (§ 103).

Im Falle eines, gleichviel ob totalen oder partialen Verlustes solcher Güter hat der Versicherte alle ihm zugekommenen Nachrichten oder zugänglichen Nachweisungen, aus welchen auf den Grad der Beschädigung der Güter geschlossen werden kann, vorzulegen und ist sodann zu Gunsten des Versicherers ein den Umständen entsprechender Abzug von demjenigen Werte, welchen die Güter im unbeschädigten Zustande gehabt haben würden, zu machen. — Kommt der Versicherte der ihm im Vorstehenden aufgelegten Verbindlichkeit gar nicht oder nicht gehörig nach, so bezahlt der Versicherer nur die Hälfte von dem, was er, wenn keine Beschädigung vorhanden gewesen wäre, zu bezahlen gehabt haben würde.

§ 50.

Wenn Güter versichert werden, die aus einem anderen Seeschiffe, in welchem sie eine Frachtreise gemacht haben, ohne vorher ans Land gebracht oder untersucht zu sein, übergeladen worden sind oder werden sollen, so muß hiervon bei der Versicherungsnahme Anzeige gemacht werden, widrigenfalls die Versicherung auf diese Güter „frei von Beschädigung außer im Strandungsfalle" (§ 104) gilt.

§ 51.

Wird dem Versicherer auf Güter nicht angezeigt, daß dieselben auf eine an dem betreffenden Orte ungebräuchliche Weise, oder, wenngleich auf gebräuchliche Weise (§ 73 Abs. 3), doch unter ungewöhnlich gefährdenden Umständen, von dem Lande an das Schiff gebracht, letzterem nachgebracht, resp. vom Schiffe an das Land befördert werden, so ist der Versicherer für den auf solchem Transport entstehenden Verlust oder Schaden nicht verantwortlich, falls der Versicherte oder eine der demselben betreffs der Anzeigepflicht gleich zu achtenden Personen (§§ 29, 30) jenen Umstand kannte oder bei gehöriger Sorgfalt kennen mußte.

(Siehe Formular der See-Versicherungs-Police auf Güter.)

§ 52.

Wenn der Versicherungswert von Gütern in der Police taxiert und in der Taxe vorausbezahlte Fracht mit enthalten ist, welche der Verfrachter nicht zurückzuzahlen hat, wenngleich die versicherten Güter den Bestimmungshafen nicht erreichen sollten (§ 22 Abs. 2), so ist davon dem Versicherer der Güter bei Abschluß des Vertrags Anzeige zu machen. — Geschieht dies nicht, so ersetzt der Versicherer im Falle einer Havereigrosse denjenigen in der Dispache diesen Gütern etwa auferlegten Kontributionsanteil und diejenigen sonstigen Kosten nicht, welche der Fracht zur Last gefallen sein würden, wenn diese nicht vorausbezahlt worden wäre.

§ 53.

Wird für Schiffer, Steuerleute oder Schiffsvolk Versicherung auf Güter, welche diese mit sich über See führen, genommen, so muß bei der Versicherungsnahme ausdrücklich angezeigt werden, daß sie es sind, für welche die Versicherung genommen wird, widrigenfalls letztere für den Versicherer unverbindlich und zu ristornieren ist.

§ 54.

Wenn in Kriegszeiten bei der Versicherungsnahme nicht angezeigt ist, daß Kriegs- oder Marinebedürfnisse, als wozu namentlich zu rechnen sind: Schießpulver, Blei, Kugeln, Kanonen, Gewehre, Pistolen, blanke Waffen, lange Messer, Sackhauer, Schwefel, Salpeter, Pech, Teer, Schiffsgerätschaften, Taue, Segel, Masten, Eisenwerk, Schiffsbauholz irgendwelcher Art, Segel- und Ravenstuch, vlämisch Leinen, Säcke und Hanf, ferner, daß Gegenstände, welche von den im Krieg begriffenen Mächten als Konterbande behandelt werden, versichert oder mitversichert werden sollen oder auch nur mit in das zu versichernde Schiff, oder, wo eine Güterversicherung abgeschlossen wird, in dasselbe Schiff mit den zu versichernden Gütern verladen werden, so gilt die Versicherung „frei von Kriegsmolest" (§ 100); bei der Güterversicherung tritt jedoch dies Präjudiz nur dann ein, wenn der Versicherte oder eine der demselben betreffs der Anzeigepflicht gleich zu achtenden Personen (§§ 29, 30) jenen Umstand kannte oder bei gehöriger Sorgfalt kennen mußte.

Außerdem gilt in Kriegszeiten die Versicherung „frei von Kriegsmolest", wenn, ohne daß der Versicherer in Folge einer besonderen Anzeige die desfallsige Gefahr ausdrücklich mit übernommen hat, irgend eine der nachfolgenden Bestimmungen unerfüllt bleibt. Es müssen

1) die Papiere über den versicherten Gegenstand nach den obrigkeitlichen Verfügungen des Orts, wo das Schiff ladet, eingerichtet und bei Versicherungen auf Güter dürfen insbesondere die Konnossemente nicht an Order, sondern müssen auf den Namen und unter Angabe der Nationalität des Abladers, Eigentümers und Empfängers der Güter ausgestellt sein;
2) werden Güter für neutrale Rechnung versichert, so darf, wenn denselben ein Kargadeur beigegeben ist, dieser nur ein geborener Untertan eines neutralen Staates, oder jemand, der schon Bürger oder Untertan eines neutralen Staates vor dem Ausbruch des Krieges war, sein;

3) bei der Versicherung auf ein neutrales Schiff oder dessen Fracht müssen Schiffer und Steuermann vor dem Ausbruch des Krieges Bürger oder Untertanen des neutralen Staates, dessen Flagge das Schiff führt, geworden, oder auch geborene Bürger oder Untertanen desselben und die Papiere des Schiffs nach den Gesetzen des Landes, welchem es angehört, eingerichtet sein.

(Siehe Formular der See-Versicherungs-Police auf Güter.)

§ 55.

Wenn in Kriegszeiten bei der Versicherungsnahme nicht angezeigt ist, daß das Schiff während des Krieges einem Untertan oder Untertanen einer der Krieg führenden Mächte abgekauft, oder als Prise, die noch auf keinem freien Strom geschwommen, erworben ist, so gilt die Versicherung „frei von Kriegsmolest" (§ 100). Bei der Versicherung auf Güter tritt jedoch dies Präjudiz nur dann ein, wenn der Versicherte oder eine der demselben betreffs der Anzeigepflicht gleich zu achtenden Personen (§§ 29, 30) jenen Umstand kannte oder bei gehöriger Sorgfalt kennen mußte.

(Siehe Formular der See-Versicherungs-Police auf Güter.)

§ 56.

Wird in Kriegszeiten bei der Versicherungsnahme die Flagge des Schiffs nicht richtig angegeben, so gilt die Versicherung „frei von Kriegsmolest" (§ 100).

(Siehe Formular der See-Versicherungs-Police auf Güter.)

§ 57.

Wenn bei der Versicherung auf imaginairen Gewinn der Versicherte schon anderweitig auf denselben Gegenstand imaginairen Gewinn hat versichern lassen, sei es abgesondert, sei es in Verbindung mit einer Güterversicherung (§ 24) und davon bei dem Abschluß des Vertrags dem Versicherer keine Anzeige gemacht wird, so ist die Versicherung für den Versicherer unverbindlich und die Prämie verfallen.

§ 58.

Wer Rückversicherung nimmt, ist verpflichtet, nicht nur ausdrücklich zu erklären, daß es eine Rückversicherung ist, welche genommen wird, sondern auch den Tag des Abschlusses der ursprünglichen Versicherung anzugeben und alle von seinem Versicherten beim Abschluß der Versicherung ihm mitgeteilten, sowie die ihm inzwischen vom versicherten Gegenstande anderweitig bekannt gewordenen erheblichen Nachrichten dem Versicherer anzuzeigen, widrigenfalls die Versicherung für den Versicherer unverbindlich und die Prämie verfallen ist.

Dritter Abschnitt.

Verpflichtungen des Versicherten aus dem Versicherungsvertrag.

Erster Unterabschnitt.

Prämienzahlung.

§ 59.

Die Prämie ist, sofern nicht ein Anderes vereinbart ist, sofort nach dem Abschluß des Vertrags, und wenn eine Police verlangt wird, gegen Aushändigung der Police fällig.

An dem Fälligwerden und folglich der Klagbarkeit der Prämienforderung zu den vorgedachten Zeitpunkten wird nichts geändert, falls die Versicherer im gewöhnlichen Gange des Geschäfts die Berichtigung der Prämien erst nach Ablauf gewisser Zeitabschnitte (z. B. viertel- oder halbjährlich) zu verlangen pflegen.

Bei den Versicherungen für fremde Rechnung ist regelmäßig nur der Versicherungsnehmer zur Zahlung der Prämie verpflichtet. Sollte derselbe indessen vor deren Berichtigung seine Zahlungen eingestellt und die Prämie von dem Versicherten noch nicht erhalten haben, so kann der Versicherer auch den Versicherten auf Zahlung der Prämie in Anspruch nehmen.

Bei den im Auftrage und im Namen des Versicherten geschlossenen Versicherungen (§ 6) ist dieser selbst ohne Weiteres dem Versicherer zur Zahlung der Prämie verpflichtet; doch ist, wenn der Versicherte nicht der Gerichtsbarkeit des Abschlußortes unterworfen ist, auch der für ihn abschließende Vertreter hierzu solidarisch verbunden, es wäre denn, daß er bei Eingehung des Vertrages diese Verbindlichkeit ausdrücklich von sich abgelehnt und bewirkt hätte, daß die geschehene Ablehnung in der auszustellenden Police vermerkt werde.

Wird eine Versicherung ohne Auftrag geschlossen (§§ 5, 6), so ist zunächst nur derjenige, welcher die Versicherung nimmt, zur Zahlung der Prämie verpflichtet. Genehmigt der Dritte, in dessen Interesse der Abschluß erfolgt ist, denselben, so tritt dessen eventuelle Verantwortlichkeit wie bei der Versicherung für fremde Rechnung, nach Maßgabe des obigen dritten Absatzes ein.

Zweiter Unterabschnitt.

Unverändertlassen der Gefahr, gegen welche Versicherung genommen worden ist. Folgen der Veränderung.

§ 60.

Wird, bevor die Gefahr für den Versicherer zu laufen begonnen hat, die versicherte Reise aufgegeben und statt derselben eine Reise nach einem anderen, als dem im Versicherungsvertrage vereinbarten Bestimmungshafen angetreten, so ist der Versicherer bei der Versicherung von Schiff und Fracht von jeder Haftung frei; bei anderen Versicherungen trägt der Versicherer die Gefahr für die andere Reise nur dann, wenn die Veränderung der Reise weder von dem Versicherten noch im Auftrage oder mit Genehmigung desselben bewirkt ist.

Wird, nachdem die Gefahr für den Versicherer zu laufen begonnen hat, entweder die versicherte Reise durch die Wahl eines anderen als des im Versicherungsvertrage vereinbarten Bestimmungshafens verändert, oder von dem der versicherten Reise entsprechenden Wege wesentlich abgewichen, oder ein Hafen, dessen Angehung als in der versicherten Reise begriffen nicht erachtet werden kann, angelaufen, oder die einzuhaltende Reihenfolge der zu besuchenden Häfen verletzt (§ 82), so haftet der Versicherer nicht für die nach der resp. Veränderung der Reise eintretenden Unfälle. Er haftet jedoch für diese Unfälle, wenn die Veränderung weder von dem Versicherten noch im Auftrage oder mit Genehmigung desselben bewirkt, oder wenn sie durch einen Notfall verursacht ist, es sei denn, daß der letztere in einer Gefahr sich gründet, welche der Versicherer nicht zu tragen hat. Endlich haftet er für die Unfälle alsdann, wenn der Schiffer zu der Abweichung von dem ordentlichen Wege oder dem Anlaufen eines nicht in die versicherte Reise gehörigen Hafens durch das Gebot der Menschlichkeit genötigt war.

Die Reise ist verändert, sobald der Entschluß, dieselbe nach einem anderen, als dem im Versicherungsvertrage vereinbarten Hafen zu richten, zur Ausführung gebracht wird, sollten auch die Wege nach beiden Bestimmungshäfen sich noch nicht geschieden haben. Diese Vorschrift gilt sowohl für die Fälle des ersten als für die Fälle des zweiten Absatzes dieses Paragraphen.

In den Fällen, in welchen die Versicherung ungeachtet der eingetretenen Veränderung in Wirksamkeit bleibt, hat der Versicherte einen den Umständen entsprechenden Zuschlag zu der Prämie zu zahlen. Auch liegt es ihm ob, sobald ihm die Veränderung bekannt wird, den Versicherer unverzüglich davon zu benachrichtigen, widrigenfalls dieser befugt ist, von der eventuell zu zahlenden Entschädigungssumme den Betrag abzuziehen, um welchen dieselbe bei rechtzeitiger Anzeige sich gemindert hätte.

Für aus dem Atlantischen Ozean (oder aus entfernteren Meeren) kommende Schiffe gilt das Angehen britischer Häfen oder Reeden im Kanal oder an der Südküste Irlands, für nach dem Mittelländischen Meere gehende oder aus demselben kommende Schiffe das Angehen von Gibraltar, für nach der Ostsee gehende oder aus derselben kommende Schiffe das Angehen von Helsingör oder Kopenhagen als nicht präjudizierlich, wenn solches Angehen zu dem Zwecke geschieht, um Order zu erhalten.

(Siehe Formular der See-Versicherungs-Police auf Güter.)

§ 61.

Wenn von dem Versicherten oder im Auftrag oder mit Genehmigung desselben der Antritt oder die Vollendung der Reise ungebührlich verzögert wird, oder wenn der Versicherte in anderer Weise, als im vorstehenden Paragraphen angegeben worden, eine Vergrößerung oder Veränderung der Gefahr veranlaßt, namentlich eine in dieser Beziehung erteilte besondere Zusage nicht erfüllt, so haftet der Versicherer nicht für die später sich ereignenden Unfälle.

Diese Wirkung tritt jedoch nicht ein:

1. wenn erhellt, daß die Vergrößerung oder Veränderung der Gefahr, resp. die Nichterfüllung der Zusage keinen Einfluß auf den späteren Unfall hat üben können;
2. wenn die Vergrößerung oder Veränderung der Gefahr, nachdem die Gefahr für den Versicherer bereits zu laufen begonnen hat, durch einen Notfall verursacht ist, es sei denn, daß der letztere in einer Gefahr sich gründet, welche der Versicherer nicht zu tragen hat.

(Siehe Formular der See-Versicherungs-Police auf Güter.)

§ 62.

Wird bei dem Abschluß des Vertrags der Schiffer bezeichnet, so ist in dieser Bezeichnung allein noch nicht die Zusage enthalten, daß der benannte Schiffer auch die Führung des Schiffs behalten werde. (S. § 36, Abs. 3.)

§ 63.

Bei der Versicherung von Gütern in einem bestimmten Schiffe oder in bestimmten Schiffen haftet der Versicherer für keinen Unfall, wenn und insoweit die Beförderung derselben nicht mit dem im Versicherungsvertrage bezeichneten Schiff oder den resp. Schiffen geschieht. Er haftet jedoch nach Maßgabe des Vertrags, wenn die Güter, nachdem die Gefahr für ihn bereits zu laufen begonnen hat, ohne Auftrag und ohne Genehmigung des Versicherten in anderer Art als mit jenem Schiff oder jenen Schiffen weiter befördert werden, oder wenn dies infolge eines Unfalls geschieht, es sei denn, daß der letztere in einer Gefahr sich gründet, welche der Versicherer nicht zu tragen hat.

Dritter Unterabschnitt.

Verpflichtung des Versicherten bei der Versicherung in unbestimmten Schiffen.

§ 64.

Bei der Versicherung von Gütern ohne Bezeichnung des Schiffs oder der Schiffe (in unbestimmten oder unbenannten Schiffen) muß der Versicherte, sobald er Nachricht über Abladungen, resp. über die Ankunft von Gütern, auf welche die Versicherung validiert, erhält, hiervon unverzüglich dem Versicherer Mitteilung machen.

Verschweigt der Versicherte die Abladung oder den Empfang solcher Güter oder gibt er deren Wert wissentlich unrichtig an, so ist die Versicherung erloschen, die Prämie verfallen und der Versicherer ohne Verantwortlichkeit für bereits entstandenen oder entstehenden Schaden. — Unterläßt oder verzögert der Versicherte unabsichtlich die im vorstehenden Absatz vorgeschriebene Anzeige, so haftet der Versicherer für keinen Unfall, welcher den abgeladenen, überhaupt nicht oder nicht rechtzeitig angezeigten Gütern zustößt. Auch ist die Prämie für diese Güter verfallen.

Diejenige Summe, für welche nach Ablauf eines Jahres, vom Abschlusse der Versicherung an, dem Versicherer kein Gegenstand der Versicherung angegeben ist, validiert nicht ferner und ist unter Einbehalt von ½ Prozent, oder wenn die Prämie unter 1 Prozent beträgt, der halben Prämie, zu ristornieren.

Vierter Unterabschnitt.

Verpflichtungen des Versicherten, wenn Unfälle sich ereignen.

§ 65.

Jeder Unfall muß, sobald der Versicherungsnehmer oder der Versicherte, wenn dieser von der Versicherung Kenntnis hat, Nachricht von demselben erhält, dem Versicherer angezeigt werden, widrigenfalls der Versicherer befugt ist, von der Entschädigungssumme den Betrag abzuziehen, um welchen dieselbe bei rechtzeitiger Anzeige sich gemindert hätte.

Sollte der Versicherte zwar nicht von der Versicherung Kenntnis erhalten, aber zur Versicherungsnehmung Auftrag gegeben haben, so hat er unter dem vorgedachten Präjudiz den ihm kund gewordenen Unfall sofort seinen Beauftragten behufs weiterer Meldung mitzuteilen, und liegt diesem ebenso fernere Mitteilungspflicht ob.

§ 66.

Der Versicherte ist verpflichtet, wenn ein Unfall sich zuträgt, sowohl für die Rettung der versicherten Sachen, als für die Abwendung größerer Nachteile tunlichst zu sorgen.

Er hat jedoch, wenn und soweit dies tunlich ist, über die erforderlichen Maßregeln vorher mit dem Versicherer Rücksprache zu nehmen. Insbesondere hat er in allen Fällen schwerer Havereien mit demselben dasjenige, was den Umständen nach zum Besten des Schiffs, zur Rettung und Reparatur desselben, zur Bergung, Erhaltung, Verkauf der geretteten beschädigten und Weiterbeförderung der unbeschädigten Güter am geeignetsten und zweckmäßigsten ist, zu verabreden und ist verpflichtet, in Gemäßheit dieser Verabredung zu verfahren, unter dem Präjudiz des § 65, Absatz 1.

Falls bei der Versicherung auf ein Schiff oder dessen Ladung mehrere einheimische Versicherer beteiligt sind, so sind dieselben gehalten, auf Anforderung des Versicherten, einen oder zwei Deputierte aus ihrer Mitte zu ernennen, und hat der Versicherte sodann die vorstehend angeordnete Verabredung mit diesen Deputierten zu treffen. Was die durch die Mehrzahl der Versicherer ernannten Deputierten mit dem Versicherten verabreden, ist für die sämtlichen in Rede stehenden Versicherer bindend. Verweigern die Versicherer die Ernennung solcher Deputierten, so hat der Versicherte nach eigenem besten Ermessen zu verfahren. Weigert sich im Falle einer geschlossenen Partialversicherung der Versicherte, für die Quote des gefährdeten Werts, welche entweder überhaupt nicht oder in anderen Plätzen versichert ist, zu Maßregeln, welche die Versicherer für notwendig oder zweckmäßig halten, mitzuwirken oder beizutragen, so sind die letzteren berechtigt, die fraglichen Maßregeln auf ihre Kosten zur Ausführung bringen zu lassen, vorbehältlich der späteren, erforderlichen Falls gerichtlich herbeizuführenden Erledigung der Frage, ob Notwendigkeit oder Zweckmäßigkeit anzunehmen gewesen sei. Fällt diese Erledigung resp. Entscheidung zugunsten der Versicherer aus, so hat der Versicherte denselben seinen Anteil zu den Kosten der Maßregeln zu vergüten; im anderen Falle sind die Versicherer für die durch jene Maßregeln etwa verursachten Nachteile ihm verantwortlich. Verhindert der Versicherte die Ausführung von Maßregeln, welche die Versicherer als notwendig oder zweckmäßig ausführen lassen wollen, so ist bei der Bestimmung der von den letzteren zu vergütenden Schadenssumme so zu verfahren, als wären die Maßregeln mit dem beabsichtigten Erfolge angewendet.

Die im vorstehenden Absatz ausgesprochene Bestimmung findet auch im Verhältnis des Versicherten zu einem einzelnen Versicherer auf entsprechende Weise Anwendung.

§ 67.

Falls einem von dem Orte der Versicherung abgeladenen oder nach demselben bestimmten Schiffe schwere Unfälle zugestoßen sind, und nicht zu entfernt, als daß von jenem Orte aus geeignete Maßregeln ergriffen werden können, so ist, erforderlichen Falls nach einer bei der beikommenden gerichtlichen oder Handels-Behörde zu beantragenden Verfügung, eine Versammlung der Schiffs- und Ladungs-Interessenten zu halten, und sind zur Ausführung der gemeinsamen Maßregeln Deputierte von Schiff und Ladung zu erwählen, welche, die Versicherten vertretend, das Nötige auszuführen haben. Die diesen Deputierten für ihre im gemeinsamen Interesse geleistete Mühewaltung zukommende Provision, an welcher der oder die Versicherer oder deren Deputierte keinen Anteil haben, ist unter Berücksichtigung des Wertes von Schiff und Ladung und des Umfanges des Geleisteten von derjenigen Person oder Behörde, von welcher der Schaden zu dispachieren ist (§ 142), zu veranschlagen.

§ 68.

In solchen Fällen, in welchen wegen eines dem Schiff und Gut, oder dem einen oder dem anderen, vor deren Ankunft am Bestimmungsorte zustoßenden Unfalles Havereigelder aufzuwenden sind, ist der Versicherte gehalten, so weit es den Umständen nach tunlich ist, zur billigstmöglichen Anschaffung derselben behülflich zu sein und für deren Sicherstellung durch Bodmereibrief des Schiffers Sorge zu tragen. — Ist letzteres nicht zu ermöglichen gewesen, so ist der Versicherte gehalten, sobald er Nachricht davon erhält, die Havereigelder auf Kosten und Gefahr seines Versicherers, sofern dieser nicht auf desfallsige Anfrage selbst die Gefahr übernehmen zu wollen erklärt, versichern zu lassen, widrigenfalls der Versicherer, wenn das Schiff seinen

Bestimmungsort nicht erreicht, zum Ersatze jener Haverei nicht verpflichtet ist. Können aber die Havereigelder nicht am Orte der Versicherung gedeckt werden, worüber der Versicherte durch ein Attest des Assekuranzmaklers oder durch eine sonstige solchem gleich zu achtende Bescheinigung sich auszuweisen hat, so hat der Versicherte, falls sein Versicherer es verlangt, seine guten Dienste anzuwenden, um die Versicherung an einem anderen Orte zu nehmen. Gelingt auch dieses nicht, so bleibt der Versicherer verantwortlich.

Vierter Abschnitt.

Umfang der Gefahr.

Erster Unterabschnitt.

Allgemeine Begrenzung.

§ 69.

Wenn nicht ein anderes vereinbart worden ist, so gilt die Versicherung gegen alle Gefahr, und der Versicherer trägt demzufolge alle Gefahren, welchen Schiff oder Ladung während der Dauer der Versicherung ausgesetzt sind, soweit nicht durch die nachfolgenden Bestimmungen ein anderes bestimmt ist.

Er trägt insbesondere

1) die Gefahr der Elementarereignisse und der sonstigen Seeunfälle, selbst wenn diese durch das Verschulden eines Dritten veranlaßt sind, als: Eindringen des Seewassers, Strandung, Schiffbruch, Sinken, Feuer, Explosion, Blitz, Erdbeben, Beschädigung durch Eis usw.;
2) die Gefahr des Kriegs und der Verfügungen von hoher Hand;
3) die Gefahr des auf Antrag eines Dritten verhängten, von dem Versicherten nicht verschuldeten Arrestes;
4) die Gefahr des Diebstahls, sowie die Gefahr des Seeraubs, der Plünderung und sonstiger Gewalttätigkeiten;
5) die Gefahr der Verbodmung der versicherten Güter zur Fortsetzung der Reise oder der Verfügung über dieselben durch Verkauf oder durch Verwendung zu gleichem Zweck (HGB. Art. 507—510, 734);*
6) die Gefahr der Unredlichkeit oder des Verschuldens einer Person der Schiffsbesatzung, sofern daraus für den versicherten Gegenstand ein Schaden entsteht;

* Siehe Anhang I.

7) die Gefahr des Zusammenstoßes von Schiffen und zwar ohne Unterschied, ob der Versicherte in Folge des Zusammenstoßes unmittelbar oder ob er mittelbar dadurch einen Schaden erleidet, daß er den einem Dritten zugefügten Schaden zu ersetzen hat (S. § 92 Absatz 4).

Der Versicherer hat ferner zu tragen die zur Ermittelung und Feststellung des ihn treffenden Schadens erforderlichen Kosten, insbesondere die Kosten der Besichtigung, der Abschätzung und des Verkaufs; bei Güterversicherungen jedoch die Kosten der Besichtigung und Abschätzung nur zur Hälfte. — Bei Kasko-Versicherungen trägt der Versicherer die Kosten der Verklarung, bei Versicherungen von Gütern und Fracht die Hälfte der für eine Ausfertigung der Verklarung von dem Versicherten aufgewandten Kosten. — Die Kosten der Anfertigung der Dispache hat der Versicherer, wenn demselben ein Schaden zur Last fällt, bei allen Versicherungen, zur Hälfte zu tragen.

§ 70.

Dem Versicherer fallen die nachstehend bezeichneten Schäden nicht zur Last:

1) bei der Versicherung von Schiff oder Fracht:

der Schaden, welcher an dem Schiff oder der Fracht auf einer Reise entsteht, zu welcher das Schiff in einem nicht seetüchtigen oder überladenen Zustande oder nicht gehörig ausgerüstet oder bemannt in See gesandt ist; ferner der Schaden, welcher daraus entsteht, daß dem Schiffe nicht die erforderlichen Papiere (HGB. Art. 480)* mitgegeben sind. Darauf, ob das eine oder andere mit Wissen oder Willen des Versicherten oder ohne dieselben geschehen ist, kommt es nicht an. Bei Versicherungen auf Zeit (§§ 79, 80) findet das hier Bestimmte auf eine jede dem Versicherungszeitraum angehörende selbständige Reise (§ 83) Anwendung. — Wird das Schiff ohne ein seitens des Versicherten erweisliches außerordentliches Elementarereignis oder einen besonderen sonstigen Seeunfall leck oder schadhaft, so daß es einer Ausbesserung bedarf oder gänzlich verloren geht, so gilt der Schaden als durch den nicht seetüchtigen Zustand des Schiffs veranlaßt;

(Siehe Formular der Seeversicherungs-Police auf Casco-, Reiseversicherung, Fracht usw.)

---

* Siehe Anhang I.

der Schaden, welcher außer dem Falle des Zusammenstoßes von Schiffen daraus entsteht, daß der Reeder für den durch eine Person der Schiffsbesatzung einem Dritten zugefügten Schaden haften muß (HGB. Art. 451, 452);*

2) bei einer auf das Schiff sich beziehenden Versicherung:
der Schaden am Schiff und Zubehör, welcher nur eine Folge der Abnutzung des Schiffs im gewöhnlichen Gebrauch ist (s. § 129 Ziffer 2d);
der Schaden am Schiff und Zubehör, welcher nur durch Alter, Fäulnis oder Wurmfraß verursacht wird;

3) bei einer auf Güter oder Fracht sich beziehenden Versicherung:
der Schaden, welcher durch die natürliche Beschaffenheit der Güter, namentlich durch inneren Verderb, Schwinden u. dgl., oder durch mangelhafte Verpackung der Güter entsteht, oder an diesen durch den Schiffsdunst oder durch Ratten oder Mäuse verursacht wird. Wenn jedoch der unter dieser Ziffer bezeichnete Schaden davon herrührt, daß die Reise des Schiffes durch Verfügung von hoher Hand oder durch einen auf Antrag eines Dritten verhängten Arrest, ohne daß die eine oder andere dieser Maßregel von dem Versicherten verschuldet worden, länger als drei Monate verzögert wurde, so hat der Versicherer den Schaden in dem Maße zu ersetzen, in welchem die Verzögerung dessen Ursache ist (wegen Leckage s. § 106);

4) der Schaden, welcher in einem Verschulden des Versicherten sich gründet und bei der Versicherung von Gütern oder imaginärem Gewinn auch der Schaden, welcher durch ein dem Ablader, Empfänger oder Kargadeur in dieser ihrer Eigenschaft zur Last fallendes Verschulden entsteht.

§ 71.

Die Verpflichtung des Versicherers zum Ersatze eines Schadens tritt auch dann ein, wenn dem Versicherten ein Anspruch auf dessen Vergütung gegen den Schiffer oder eine andere Person zusteht. Der Versicherte kann sich wegen Ersatzes des Schadens an den Versicherer halten, ohne vorher die ihm verantwortliche Person gerichtlich belangen oder, wenn dies seinerseits geschehen wäre, den Ausgang des gerichtlichen Verfahrens abwarten zu müssen. — Der Versicherte ist jedoch verpflichtet, seine und, den Umständen nach, seiner Korrespondenten Mitwirkung zur erfolgreichen Geltendmachung des Anspruchs

* Siehe Anhang I.

zu leisten. Insbesondere muß, um nicht den Ersatzanspruch an den Versicherer (den Umständen nach ganz oder teilweise) zu verwirken, in allen Fällen, in welchen ein Aufschub von Nachteil sein würde, die Rechtsverfolgung gegen den Dritten sofort begonnen und sorgsam durchgeführt werden, z. B. wenn ein Schiffer wegen mangelhafter Lieferung von Gütern, wegen Schadens durch ungehörige Stauung oder dgl. verantwortlich zu machen wäre.

In den Fällen, in welchen der Versicherte, resp. dessen Korrespondenten, nicht sofort einzuschreiten haben, müssen sie dennoch jede den Umständen nach erforderliche Sorge für die Sicherstellung des Anspruchs tragen (durch Einbehaltung von Geldern, Beschlaglegung u. dgl.).

Wenn der Versicherer verlangt, daß die Rechtsverfolgung im Namen des Versicherten geführt werde, so ist dieser verpflichtet, Folge zu leisten, auch im Prozesse dasjenige auszuführen, was ordentlicher Weise von Parteien selbst geleistet zu werden pflegt. Die Ersatzleistung seitens des Versicherers wird indessen auch hierdurch nicht aufgehalten, und gehen alle Prozeduren, welche in Gemäßheit dieses Paragraphen gegen den Dritten vorgenommen werden, auf Kosten und Gefahr des Versicherers, der auch die den Umständen nach erforderlichen Kostenvorschüsse und Kautionen zu beschaffen hat.

Zweiter Unterabschnitt.

Anfang, Fortgang und Ende der Gefahr.

A. Bei Versicherungen auf einzelne oder auf mehrere Reisen.

§ 72.

Bei der Versicherung des Schiffes für eine Reise beginnt die Gefahr für den Versicherer mit dem Zeitpunkt, in welchem mit der Einnahme der Ladung oder des Ballastes angefangen wird, oder, wenn weder Ladung noch Ballast einzunehmen ist, mit dem Zeitpunkt der Abfahrt des Schiffes. Sie endet mit dem Zeitpunkt, in welchem die Löschung der Ladung oder des Ballastes im Bestimmungshafen beendigt ist, oder, wenn weder Ladung noch Ballast zu löschen ist, mit dem Zeitpunkt, an welchem das Schiff am gebräuchlichen oder gehörigen Ort den Anker hat fallen lassen oder befestigt ist. Die vorstehende Bestimmung findet auch dann Anwendung, wenn das Schiff den Bestimmungshafen im beschädigten Zustande erreicht.

(Siehe Formular der Seeversicherungs-Police auf Casco-, Reiseversicherung, Fracht usw.)

Wird die Löschung von dem Versicherten ungebührlich verzögert, so endet die Gefahr mit dem Zeitpunkt, in welchem die Löschung beendigt sein würde, falls ein solcher Verzug nicht stattgefunden hätte. Als ungebührlich verzögert gilt die Löschung, falls diejenige der Ladung nicht spätestens am achtundzwanzigsten Tage, diejenige des Ballastes nicht spätestens am achten Tage, nachdem das Schiff an dem Löschplatze angekommen, beendigt ist, es wäre denn, daß der Versicherte die Unmöglichkeit früherer Beendigung beweisen könnte.

Wird vor Beendigung der Löschung für eine neue Reise Ladung oder Ballast eingenommen, so endet die Gefahr mit dem Zeitpunkt, in welchem mit der Einnahme der Ladung oder des Ballastes begonnen wird.

Wegen der Beendigung der Gefahr im Falle der Aufgebung der bereits begonnenen Reise s. § 77.

§ 73.

Sind Güter, imaginärer Gewinn oder die von verschifften Gütern zu verdienende Provision, Courtage o. dgl. versichert, so beginnt die Gefahr mit dem Zeitpunkt, in welchem die Güter zum Zweck der Einladung in das Schiff oder in die Leichterfahrzeuge vom Lande scheiden, und endet mit dem Zeitpunkt, in welchem die Güter im Bestimmungshafen wieder an das Land gelangen.

Wird die Löschung von dem Versicherten, oder bei der Versicherung von Gütern oder imaginärem Gewinn von dem Versicherten oder von einer der im § 70 unter Ziffer 4 bezeichneten Personen ungebührlich verzögert, so endet die Gefahr mit dem Zeitpunkt, in welchem die Löschung beendigt sein würde, falls ein solcher Verzug nicht stattgefunden hätte.

Bei der Einladung und Ausladung trägt der Versicherer die Gefahr der ortsgebräuchlichen Benutzung von Leichterfahrzeugen. (S. § 51.)

(Siehe Formular der See-Versicherungs-Police auf Güter.)

§ 74.

Bei der Versicherung der Fracht beginnt und endet die Gefahr in Ansehung der Unfälle, welchen das Schiff und dadurch die Fracht ausgesetzt ist, mit demselben Zeitpunkt, in dem die Gefahr bei der Versicherung des Schiffs für dieselbe Reise beginnen und enden würde. In Ansehung der Unfälle, welchen die Güter ausgesetzt sind und dadurch die Fracht ausgesetzt ist, beginnt die Gefahr, sobald die Güter an Bord des Schiffes aufgenommen sind, und endet mit dem

Zeitpunkt, in welchem die Gefahr bei der Versicherung der Güter für dieselbe Reise enden würde.

Bei der Versicherung von Überfahrtsgeldern beginnt und endet die Gefahr mit demselben Zeitpunkt, in welchem die Gefahr bei der Versicherung des Schiffes beginnen und enden würde.

Der Versicherer von Fracht und Überfahrtsgeldern haftet für einen Unfall, von welchem das Schiff betroffen wird, nur insoweit, als Fracht oder Überfahrtsverträge bereits abgeschlossen sind, und wenn der Reeder Güter für seine Rechnung verschifft, nach Maßgabe von Absatz 1, nur insoweit, als dieselben bereits am Bord des Schiffes aufgenommen sind.

§ 75.

Bei der Versicherung von Bodmerei- und Havareigeldern beginnt die Gefahr mit dem Zeitpunkt, in welchem die Gelder vorgeschossen sind, oder wenn der Versicherte selbst die Havereigelder verausgabt hat, mit dem Zeitpunkt, in welchem dieselben verwendet sind; sie endet mit dem Zeitpunkt, in welchem sie bei einer Versicherung der Gegenstände, welche verbodmet oder worauf die Havereigelder verwendet sind, enden würde.

§ 76.

Wird die Versicherung auf mehrere nach einander folgende Reisen geschlossen, so beginnt für den Versicherer die Gefahr mit dem Anfange der ersten Reise und erlischt mit dem Ende der letzten Reise, in Gemäßheit der bezüglichen Bestimmungen der §§ 72—74.

Die begonnene Gefahr läuft für den Versicherer während der versicherten Reise oder Reisen ununterbrochen fort. Der Versicherer trägt die Gefahr auch während des Aufenthalts in einem Not- oder einem etwa anzulaufenden Zwischenhafen (s. auch § 60 a. E.), und im Falle der Versicherung auf mehrere Reisen außerdem in allen Häfen, welche das Schiff angehen darf, bis zu dem Endzeitpunkte des Risiko, namentlich also bei einer Versicherung auf die Hin- und Rückreise während des Aufenthalts des Schiffs in dem Bestimmungshafen der Hinreise.

Müssen Güter einstweilen gelöscht werden oder wird das Schiff zur Reparatur auf das Land gebracht, so trägt der Versicherer auch die Gefahr, während die Güter oder das Schiff sich auf dem Lande befinden.

§ 77.

Wenn nach dem Beginn der Gefahr die versicherte Reise freiwillig oder gezwungen aufgegeben wird, so tritt in Ansehung der

Beendigung der Gefahr, welche der Versicherer auf Schiff oder Fracht übernommen hat, der Hafen, in welchem die Reise beendigt wird, an die Stelle des Bestimmungshafens.

Dasselbe findet im Falle der Güterversicherung statt, wenn die versicherte Reise freiwillig unter Zustimmung oder mit nachfolgender Genehmigung des Versicherten aufgegeben wird. Wird bei der Güterversicherung die Reise freiwillig, jedoch ohne Zustimmung oder nachfolgende Genehmigung des Versicherten aufgegeben — in welchem Falle der Letztere den Umständen nach zufolge § 71 Abs. 2 und 3 für die Sicherstellung des Interesses des Versicherers zu sorgen hat — oder findet die Aufgebung gezwungen statt, und werden in Fällen dieser Art die Güter anderweitig nach dem Bestimmungshafen weiter befördert, so läuft inbetreff derselben die begonnene Gefahr fort, auch wenn die Weiterbeförderung ganz oder zum Teil zu Lande geschieht. Der Versicherer trägt in solchen Fällen zugleich die Kosten der früheren Löschung, die Kosten der einstweiligen Lagerung und die Mehrkosten der Weiterbeförderung, auch wenn diese ganz oder teilweise zu Lande erfolgt.

Die mit etwaigen Maßregeln bloßer Beschleunigung verbundenen Kosten, z. B. des außerordentlichen Gütertransports, wenn das Schiff zeitweilig durch Eis daran verhindert wird, den Bestimmungshafen zu erreichen, diejenigen des Durcheisens u. dgl., treffen den Versicherer niemals.

(Siehe Formular der See-Versicherungs-Police auf Güter.)

§ 78.

Die §§ 76 und 77 gelten nur unbeschadet der in den §§ 61 und 63 enthaltenen Vorschriften.

B. Bei Versicherungen auf Zeit.

§ 79.

Ist die Dauer der Versicherung nach Tagen, Wochen, Monaten oder Jahren bestimmt, so wird die Zeit nach dem Kalender und der Tag von Mitternacht berechnet. Der Versicherer trägt die Gefahr während des Anfangstages und Schlußtages.

Bei der Berechnung der Zeit ist der Ort, wo das Schiff sich befindet, maßgebend.

§ 80.

Wenn im Falle der Versicherung des Schiffs auf Zeit dasselbe bei dem Ablauf der im Vertrage festgesetzten Versicherungszeit unterwegs ist, so gilt die Versicherung in Ermangelung einer entgegenstehenden Vereinbarung als verlängert bis zur Ankunft des Schiffs im nächsten Bestimmungshafen und, falls in diesem Ladung oder Ballast gelöscht wird, bis zur Beendigung der Löschung, resp. bis zu der Zeit, wo das Schiff hätte entlöscht sein müssen (§ 72). Der Versicherte ist jedoch befugt, die Verlängerung durch eine dem Versicherer, so lange das Schiff noch nicht unterwegs ist, kundzugebende Erklärung auszuschließen.

Im Falle der Verlängerung hat der Versicherte für die Dauer derselben und, wenn die Verschollenheit des Schiffs eintritt, bis zum Ablauf der Verschollenheitsfrist die vereinbarte Zeitprämie fortzuentrichten. Wenn darüber, wie im Falle der Überschreitung der Versicherungszeit, die Prämienzulage zu berechnen sei, nichts vereinbart ist, so wird dieselbe im Falle der jahres- oder monatsweise geschlossenen Versicherung monatsweise (auf Jahreszwölftel), im Falle der wochenweise geschlossenen Versicherung wochenweise veranschlagt. Ein angefangener Zeitabschnitt (Woche oder Monat) wird immer für voll gerechnet.

Ist die Verlängerung ausgeschlossen, so kann der Versicherer, wenn die Verschollenheitsfrist über die Versicherungszeit hinausläuft, auf Grund der Verschollenheit nicht in Anspruch genommen werden. Wegen Schäden, welche nicht im Verschollensein ihren Grund haben, hat der Versicherte den Beweis zu liefern, daß sie vor dem Ablauf der Versicherungszeit vorhanden gewesen oder doch in dem Umfange, in welchem sie dem Versicherer zur Last gebracht werden, durch einen vor jenem Zeitpunkt eingetretenen Unfall verursacht worden sind.

C. Bei Reisen mit verschiedenen Bestimmungsplätzen.

§ 81.

Bei einer Versicherung „nach einem oder dem andern unter mehreren Häfen“ ist dem Versicherten gestattet, einen dieser Häfen zu wählen; bei einer Versicherung „nach einem oder einem anderen“ oder „nach einem und mehreren anderen Häfen“ ist der Versicherte zum Besuch eines jeden der bezeichneten Häfen befugt.

§ 82.

Wenn die Versicherung nach mehreren Häfen geschlossen, oder dem Versicherten das Recht vorbehalten ist, mehrere Häfen anzulaufen, so ist dem Versicherten, unbeschadet der demselben im dritten Absatze des § 37 gemachten Ausnahme, nur gestattet, die Häfen nach der vereinbarten oder, in Ermangelung einer Vereinbarung, nach der den Schiffahrtsverhältnissen entsprechenden Reihenfolge zu besuchen; er ist jedoch zum Besuch aller einzelnen Häfen nicht verpflichtet.

Die in der Police enthaltene Reihenfolge wird, insoweit nicht ein anderes erhellt, als die vereinbarte angesehen.

D. Separierung der einzelnen unter mehreren Reisen.

§ 83.

Insofern es auf die besondere Behandlung der einzelnen von mehreren durch dieselbe Versicherung gedeckten Reisen ankommt (in betreff der zu gewährleistenden Seetauglichkeit, § 70 Ziffer 1; der Separierung der Havereien, § 97 a. E.; der Kosten der für die Reparatur des Schiffs erforderlichen Gelder, § 130 Abs. 3) u. dgl., wird als selbständige Reise nicht nur (nach Art. 760 des HGB.)* diejenige angesehen, zu welcher das Schiff von neuem ausgerüstet worden ist, oder welche dasselbe entweder auf Grund eines neuen Frachtvertrags, oder nach vollständiger Löschung der Ladung angetreten hat, sondern auch eine solche Reise, welche das Schiff in Ballast zu dem Zweck unternommen hat, um an dem Bestimmungsorte Ladung für eine fernere Reise nach einem anderen Platz einzunehmen.

Dritter Unterabschnitt.

Haftung für große Haverei und außerordentliche Rettungsaufwendungen.

§ 84.

Dem Versicherer fallen zur Last:

1) die Beiträge zur großen Haverei mit Einschluß derjenigen, welche der Versicherte selbst wegen eines von ihm erlittenen Schadens zu tragen hat. Die in Gemäßheit der Art. 637 und 734** des Handelsgesetzbuchs nach den Grundsätzen der großen Haverei zu beurteilenden Beiträge werden den Beiträgen zur großen Haverei gleich geachtet.
2) In den Fällen, in welchen das Schiff entweder nur mit Gütern des Reeders oder in Ballast fuhr, die Aufopferungen, welche zur großen Haverei gehören würden, wenn das Schiff Güter, und zwar Güter anderer Personen als des Reeders, an Bord gehabt hätte.

---

* Siehe Anhang I.

** Siehe Anhang I.

In diesen Fällen werden, obschon keine Mehrheit von Havereigrosse-Interessenten vorhanden ist, im Verhältnisse zu dem Versicherer die Aufopferungen so behandelt, als wären sie zugunsten des gesamten gefährdet gewesenen Wertes gemacht worden; sie sind demgemäß von dem Versicherer nach Maßgabe des Inhalts der Versicherung so weit zu ersetzen, wie die resp. versicherten Gegenstände dadurch betroffen werden. — In den Fällen der ersteren Art (wenn das Schiff nur mit Gütern des Reeders fuhr) sind betreffs der Fragen, welche Aufopferungen unter den oben gedachten anderen Umständen zur großen Haverei gehören würden, und in welcher Weise ihr Betrag über die verschiedenen Gegenstände zu verrechnen sei, die Grundsätze desjenigen Rechts maßgebend, welches beim Vorhandensein jener anderen Umstände für die Aufmachung und Verteilung der großen Haverei Anwendung gefunden haben würde (§ 85). — In den Fällen der zweiten Art (wenn das Schiff in Ballast fuhr) sind die Grundsätze des am Versicherungsorte geltenden Havereigrosse-Rechts für jene Frage maßgebend, jedoch kommen hierbei die Aufwendungen für Heuer, Kost und Logis der Schiffsbesatzung dem Versicherer nicht zur Last.

Die vorgedachten Beiträge und Aufopferungen (Ziffer 1 und 2) werden übrigens von dem Versicherer, mit Ausnahme der Fälle, wenn die Versicherung auf Güter in Dampfschiffen geleistet worden ist, nur dann ersetzt, wenn ihr Belauf, ohne die Kosten der Dispachierung, und ohne etwaige Provision von Deputierten, ein Prozent des kontribuierenden, resp. gefährdeten Wertes übersteigt. Ist das Schiff auf Zeit oder auf mehrere Reisen versichert, so ist das eine Prozent für jede einzelne Reise maßgebend. Der Begriff der Reise bestimmt sich nach § 83.

3) Die sonstigen zur Rettung, sowie zur Abwendung größerer Nachteile notwendig oder zweckmäßig aufgewendeten Kosten (§ 66), selbst wenn die ergriffenen Maßregeln erfolglos geblieben sind. (S. auch §§ 92, 98, 103.)

(Siehe Formular der See-Versicherungs-Police auf Güter.)

§ 85.

In betreff der Frage, an welchem Orte und von wem die große Haverei aufzumachen ist, gelten für das Verhältnis zwischen dem Versicherten und dem Versicherer folgende Bestimmungen.

Die große Haverei ist am Bestimmungsorte des Schiffs, wenn dieser nicht erreicht wird, in dem Hafen, in welchem Schiff und Ladung von einander scheiden, eventuell an dem Platze, wo die Dispachierung für den betreffenden Ort üblich ist, in fernerer Eventualität an dem Ort, wo die Versicherung geschlossen worden ist, von den durch das Gesetz oder Gebrauch dazu berufenen Personen aufzumachen.

§ 86.

In Ansehung der Beiträge und Einbußen in Fällen der großen Haverei und der nach den Grundsätzen der großen Haverei zu beurteilenden Beiträge bestimmen sich die Verpflichtungen des Versicherers nach der am gehörigen Ort im Inland oder im Ausland im Einklang mit dem am Ort der Aufmachung geltenden Rechte aufgemachten Dispache. Insbesondere ist der Versicherte, welcher einen zur großen Haverei gehörenden Schaden erlitten hat, nicht berechtigt, von dem Versicherer mehr als den Betrag zu fordern, zu welchem der Schaden in der Dispache berechnet ist; andererseits haftet der Versicherer für den ganzen Betrag, ohne daß namentlich die Policentaxe resp. der Versicherungswert maßgebend ist, indem der Versicherer die Wertveranschlagung der versicherten Gegenstände so gelten lassen muß, wie sie der Havereiberechnung in der gehörig aufgemachten Dispache zugrunde gelegt worden ist, vorbehaltlich der Anfechtbarkeit jener Wertveranschlagung wegen materieller Unrichtigkeit, soweit eine solche im übrigen statthaft ist (§ 88).

Auch kann der Versicherte, wenn der Schaden nach dem am Orte der Aufmachung geltenden Recht als große Haverei nicht anzusehen ist, den Ersatz des Schadens von dem Versicherer nicht aus dem Grunde fordern, weil der Schaden nach einem anderen Rechte, insbesondere nach dem Rechte des Versicherungsorts, große Haverei sei.

Lagerungs- und Feuerversicherungs-Kosten — nicht aber Kosten, welche in Folge einer der im § 70 Ziffer 3 gedachten Ursachen zur Konservierung der Güter aufgewandt worden sind — werden dem Versicherten ersetzt, wenn sie in der ausländischen Dispache nicht in große Haverei aufgenommen sein sollten. Hingegen können nicht darin aufgenommene Heuer, Kost- und Logisgelder der Schiffsmannschaft dem Versicherer als Partikulär-Haverei nicht zur Last gebracht werden.

§ 87.

Der Versicherer haftet nicht für die im vorstehenden Paragraphen erwähnten Beiträge, insoweit dieselben in einem Unfall sich gründen, für welchen der Versicherer nach dem Versicherungsvertrage nicht haftet.

Sind Güter mit der Klausel „frei von Beschädigung (von Bruch)“ versichert und wird ein Schaden, welcher an denselben in Folge eines zur großen Haverei führenden Ereignisses durch Beschädigung (durch Bruch) verursacht worden ist, in die große Haverei aufgenommen, so ist der Versicherer nicht verpflichtet, diesen Schaden, soweit derselbe nach der Havereigrosse-Dispache überhaupt zur Tragung des Versicherten bleibt, zu ersetzen. Das gleiche Ergebnis tritt unter den entsprechenden Voraussetzungen ein, wenn der Versicherungsvertrag mit der (beschränkten) Klausel „frei von Beschädigung (von Bruch) außer im Strandungsfall“ geschlossen sein und ein Strandungsfall, oder was demselben gleichsteht, nicht stattgefunden haben sollte.

§ 88.

Ist die Dispache von einer durch Gesetz oder Gebrauch dazu berufenen Person aufgemacht, so kann der Versicherer dieselbe wegen Nichtübereinstimmung mit dem am Ort der Aufmachung geltenden Recht, oder wegen unrichtiger Wertveranschlagungen, Berechnungen oder sonstiger faktischer Annahmen, und dadurch bewirkter Benachteiligung des Versicherten, diesem gegenüber nicht anfechten, es sei denn, daß der Versicherte durch mangelhafte Wahrnehmung seiner Rechte die Benachteiligung verschuldet hat.

Dem Versicherten liegt jedoch ob, je nach dem Verlangen des Versicherers entweder die Ansprüche gegen die zu seinem Nachteil Begünstigten demselben abzutreten, oder für dessen Rechnung und auf dessen Kosten die Reklamation zu betreiben oder durch seine Korrespondenten betreiben zu lassen.

Dagegen ist der Versicherer befugt, in allen Fällen die Dispache dem Versicherten gegenüber insoweit anzufechten, als ein von dem Versicherten selbst erlittener Schaden, für welchen ihm nach dem am Orte der Aufmachung der Dispache geltenden Recht eine Vergütung nicht gebührt hätte, gleichwohl als große Haverei behandelt, oder als der Versicherte durch unrichtige Wert-Veranschlagungen, Berechnungen oder sonstige faktische Annahmen in anderer Weise bevorteilt worden ist.

§ 89.

Sollte eine große Haverei an einem ungehörigen Orte oder von einer nicht dazu berufenen Person aufgemacht und gleichwohl diese Aufmachung von dem Versicherten bei der Abrechnung mit den übrigen

Interessenten zugrunde gelegt worden sein, so ist der Versicherte, falls er wegen des erlittenen Schadens den Versicherer in Anspruch nehmen will, verpflichtet, jene Haverei-Aufmachung am gehörigen Orte, falls aber dies nicht tunlich sein sollte, an dem Orte, wo die Versicherung geschlossen worden ist, durch eine dazu berufene Person revidieren zu lassen, und kann er nur auf Grund des Ergebnisses dieser Revision Schadensvergütung fordern.

§ 90.

Wegen eines von dem Versicherten erlittenen zur großen Haverei gehörenden oder nach den Grundsätzen der letzteren zu beurteilenden Schadens haftet der Versicherer, wenn die Einleitung des die Feststellung und Verteilung des Schadens bezweckenden ordnungsmäßigen Verfahrens stattgefunden hat, in Ansehung der Beiträge, welche dem Versicherten zu entrichten sind, nur insoweit als der Versicherte die ihm gebührende Vergütung auch im Rechtswege, sofern er diesen füglich betreten konnte, nicht erhalten hat.

§ 91.

Ist die Einleitung des Verfahrens ohne Verschulden des Versicherten, sowie der im § 70 Nr. 4 bezeichneten Personen unterblieben, so kann derselbe den Versicherer wegen des ganzen Schadens nach Maßgabe des Versicherungsvertrags unmittelbar in Anspruch nehmen.

Vierter Unterabschnitt.

Inwiefern der Versicherer über die gezeichnete Summe hinaus haftet und unter welchen Umständen er sich durch deren Zahlung frei machen kann.

§ 92.

Der Versicherer haftet für den Schaden nur bis auf Höhe der Versicherungssumme.

Er hat jedoch die für die Rettung des versicherten Gegenstandes, für die Abwendung größerer Nachteile oder für die Ermittelung und Feststellung des Schadens verausgabten Kosten (§ 84, Ziffer 3 und § 69 a. E.) vollständig zu erstatten, wenngleich die hiernach im Ganzen zu zahlende Vergütung die Versicherungssumme übersteigt.

Sind infolge eines Unfalls solche Kosten bereits aufgewendet, z. B. Loskaufs- oder Reklamekosten verausgabt, oder sind zur Wiederherstellung oder Ausbesserung der durch den Unfall beschädigten Sache bereits Verwendungen geschehen, z. B. zu einem solchen Zwecke Havereigelder verausgabt, oder sind von dem Versicherten Beiträge zur großen Haverei bereits entrichtet, oder ist eine persönliche Verpflichtung des Versicherten zur Entrichtung solcher Beiträge bereits entstanden, und ereignet sich später ein neuer Unfall, so haftet der Versicherer für den durch den späteren Unfall entstehenden Schaden bis auf Höhe der ganzen Versicherungssumme ohne Rücksicht auf die ihm zur Last fallenden früheren Aufwendungen und Beiträge.

Die Bestimmungen des zweiten und dritten Absatzes dieses Paragraphen finden dann keine Anwendung, sondern der Versicherer haftet nur bis auf Höhe der Versicherungssumme, wenn der Schaden des Versicherten ganz oder teilweise durch einen Schiffszusammenstoß verursacht worden ist und infolge des Umstandes die Größe der Versicherungssumme übersteigt, daß der Versicherte wegen des Zusammenstoßes einem Dritten Schadenersatz leisten muß (§ 69, Ziffer 7).

§ 93.

Der Versicherer ist nach Eintritt eines Unfalls berechtigt, durch Zahlung der vollen Versicherungssumme von allen weiteren Verbindlichkeiten aus dem Versicherungsvertrage sich zu befreien, insbesondere von der Verpflichtung, die Kosten zu erstatten, welche zur Rettung, Erhaltung und Wiederherstellung der versicherten Sachen erforderlich sind.

War zur Zeit des Eintritts des Unfalls ein Teil der versicherten Sachen der vom Versicherer zu tragenden Gefahr bereits entzogen, so hat der Versicherer, welcher von dem Rechte dieses Paragraphen Gebrauch macht, den auf jenen Teil fallenden Teil der Versicherungssumme nicht zu entrichten.

Der Versicherer erlangt in diesem Falle durch Zahlung der Versicherungssumme keinen Anspruch auf die versicherten Sachen.

Ungeachtet der Zahlung der Versicherungssumme bleibt der Versicherer zum Ersatz derjenigen Kosten verpflichtet, welche auf die Rettung, Erhaltung oder Wiederherstellung der versicherten Sachen verwendet sind, bevor seine Erklärung, von dem Rechte Gebrauch zu machen, dem Versicherten zugegangen ist.

Wegen besonderer Bestimmung in Beziehung auf die Versicherung von Überfahrts- oder Passagegeldern s. § 140.

§ 94.

Der Versicherer muß seinen Entschluß, daß er von dem im § 93 bezeichneten Rechte Gebrauch machen wolle, bei Verlust dieses Rechtes dem Versicherten spätestens am dritten Tage nach Ablauf desjenigen Tages erklären, an welchem ihm der Versicherte nicht allein den Unfall unter Bezeichnung der Beschaffenheit und unmittelbaren

Folgen desselben angezeigt, sondern auch alle sonstigen auf den Unfall sich beziehenden Umstände mitgeteilt hat, soweit die letzteren dem Versicherten bekannt sind.

§ 95.

Im Falle nicht zum vollen Wert versichert ist, haftet der Versicherer für die im § 84 unter Ziffer 1—3 und im § 69 a. E. erwähnten Beiträge, Aufopferungen und Kosten nur nach Verhältnis der Versicherungssumme zum Versicherungswert (§ 15).

Fünfter Unterabschnitt.

Unwirksamkeit späterer Unfälle auf eine bereits existent gewordene Verbindlichkeit des Versicherers.

§ 96.

Die Verpflichtung des Versicherers, einen Schaden zu ersetzen, wird dadurch nicht wieder aufgehoben oder geändert, daß später infolge einer Gefahr, welche der Versicherer nicht zu tragen hat, ein neuer Schaden und selbst ein Totalverlust eintritt.

Sechster Unterabschnitt.

Beschränkende Bedingungen und Klauseln.

§ 97.

Besondere Havereien, wenn sie ohne die Kosten der Ermittelung und Feststellung des Schadens (§ 69 a. E.) drei Prozent der unten angegebenen Beträge nicht übersteigen, hat der Versicherer nicht zu ersetzen, wenn sie aber mehr als drei Prozent betragen, ohne Abzug der drei Prozent zu vergüten.

Diese drei Prozent werden folgendermaßen berechnet:

bei dem Schiff muß die Beschädigung nach Abzug des Unterschiedes „neu für alt“ (s. § 130) sich höher belaufen als drei Prozent von der Taxe der Police resp. dem Versicherungswert; ergibt aber der von Sachverständigen taxierte Wert des Schiffs im beschädigten Zustande mit Hinzuziehung der, sei es in der Dispache über die große Haverei, sei es in derjenigen über die besondere Haverei vergüteten Reparatur eine höhere Summe, von dieser letzteren;

bei der Fracht muß der Verlust sich höher belaufen als drei Prozent von deren nach Charteпartie, Manifest oder Konnossement sich ergebenden oder sonst zu ermittelnden Betrage (§ 20, Abs. 2);

bei Gütern

1) wenn solche am Bestimmungsorte angekommen sind, von dem Werte, den selbige, falls sie unbeschädigt angekommen wären, zufolge des nach § 133 taxierten Marktpreises gehabt haben würden, oder wenn die Taxe der Polize resp. der Versicherungswert höher ist, von jener resp. von diesem;
2) wenn solche aber nicht am Bestimmungsorte angekommen sind, falls der Schaden, nach § 133 berechnet, über drei Prozent von der Taxe der Polize resp. vom Versicherungswert beträgt;

sowie bei sonstigen versicherten Gegenständen von der Taxe der Polize resp. vom Versicherungswert.

Ist das Schiff auf Zeit oder auf mehrere Reisen versichert, so sind die drei Prozent für jede einzelne Reise zu berechnen. Der Begriff der Reise bestimmt sich nach der Vorschrift des § 83.

§ 98.

Die im § 84 unter Ziffer 3 erwähnten Kosten muß der Versicherer ersetzen, auch wenn sie drei Prozent des Versicherungswerts nicht erreichen. Dieselben kommen jedoch bei der Ermittelung der im § 97 bezeichneten drei Prozent nicht in Berechnung.

§ 99.

Ist vereinbart, daß der Versicherer von bestimmten anderen Prozenten des Schadens, als den im § 97 erwähnten frei sein soll, so kommen die in dem § 97 enthaltenen Vorschriften mit der Maßgabe zur Anwendung, daß an Stelle jener drei Prozent die im Vertrage angegebene Anzahl von Prozenten tritt.

§ 100.

Ist vereinbart, daß der Versicherer die Kriegsgefahr nicht übernehme, auch die Versicherung rücksichtlich der übrigen Gefahren nur bis zum Eintritt einer Kriegsbelästigung dauern solle (welche Vereinbarung namentlich angenommen wird, wenn der Vertrag mit der Klausel: „frei von Kriegsmolest“ abgeschlossen ist), so endet die Gefahr für den Versicherer mit dem Zeitpunkt, in welchem die Kriegsgefahr auf die Reise Einfluß zu üben beginnt, insbesondere also, wenn der Antritt oder die Fortsetzung der Reise durch Kriegsschiffe, Kaper oder Blockade behindert oder zur Vermeidung der Kriegsgefahr aufgeschoben wird, wenn das Schiff aus einem solchen Grunde von seinem Wege abweicht, oder wenn der Schiffer durch Kriegsbelästigung die freie Führung des Schiffs verliert.

§ 101.

Ist vereinbart, daß der Versicherer zwar nicht die Kriegsgefahr übernehme, alle übrigen Gefahren aber auch nach Eintritt einer Kriegsbelästigung tragen solle (welche Vereinbarung namentlich angenommen wird, wenn der Vertrag mit der Klausel: „nur für Seegefahr" abgeschlossen ist), so endet die Gefahr für den Versicherer erst mit der Kondemnation der versicherten Sache, oder sobald sie geendet hätte, wenn die Kriegsgefahr nicht ausgenommen worden wäre; der Versicherer haftet aber nicht für die zunächst durch Kriegsgefahr verursachten Schäden, also insbesondere nicht:

für Konfiskation durch kriegführende Mächte;

für Nehmung, Beschädigung, Vernichtung und Plünderung durch Kriegsschiffe und Kaper, mögen diese Kriegsschiffe oder Kaper anerkannten oder mögen sie nicht anerkannten Mächten angehören;

für die Kosten, welche entstehen aus der Anhaltung und Reklamierung, aus der Blockade des Aufenthaltshafens, oder der Zurückweisung von einem blockierten Hafen, oder aus dem freiwilligen Aufenthalt wegen Kriegsgefahr;

für die nachstehenden Folgen eines solchen Aufenthalts: Verderb und Verminderung der Güter, Kosten und Gefahr ihrer Entlöschung und Lagerung, Kosten ihrer Weiterbeförderung. Dauert der Aufenthalt länger als zwei Monate, so gilt die Versicherung auf Güter, für alle Fälle und unbeschadet der sonstigen vorstehenden Bestimmung, frei von Beschädigung und resp. Bruch außer im Strandungsfall, bei flüssigen Waren in Gebinden frei von Leckage, ausgenommen wenn das Schiff gestoßen hat.

Im Zweifel wird angenommen, daß ein eingetretener Schaden nicht durch Kriegsgefahr verursacht sei.

Wird das Schiff infolge von Kriegsverhältnissen in einen Hafen verwiesen oder aufgebracht, so hat bei einer unter der hier in Rede stehenden Bedingung abgeschlossenen Versicherung der Versicherte, insofern er nicht auf die Fortdauer der Versicherung verzichten will, was er indessen unverzüglich, nachdem er von der Verweisung oder der Aufbringung Nachricht erhalten hat, erklären muß, eine Prämien-

Verbesserung von ½ Prozent für jeden angefangenen Monat von dem Zeitpunkt der Ankunft des Schiffes in den Aufbringungshafen bis zu dem Zeitpunkte, in welchem die Gefahr für den Versicherer endet (s. Abs. 1), zu zahlen.

§ 102.

Wenn der Vertrag mit der Klausel: „für behaltene Ankunft" abgeschlossen ist, so endet die Gefahr für den Versicherer schon mit dem Zeitpunkt, in welchem das Schiff im Bestimmungshafen am gebräuchlichen oder gehörigen Platze den Anker hat fallen lassen oder befestigt ist.

Auch haftet der Versicherer nur:

1) bei der auf das Schiff sich beziehenden Versicherung, wenn entweder ein Totalverlust eintritt, oder wenn das Schiff abandonniert (§ 116), oder infolge eines Unfalls vor Erreichung des Bestimmungshafens wegen Reparaturunfähigkeit verkauft wird (§ 131);
2) bei der auf Güter sich beziehenden Versicherung, wenn die Güter oder ein Teil derselben infolge eines Unfalls den Bestimmungshafen nicht erreichen, insbesondere wenn sie vor Erreichung desselben infolge eines Unfalls verkauft werden. Erreichen die Güter den Bestimmungshafen, so haftet der Versicherer weder für eine Beschädigung noch für einen Verlust, welcher Folge einer Beschädigung ist.

Überdies hat der Versicherer in keinem Falle die in dem § 84 unter Ziffer 1—3 und § 69 a. E. erwähnten Beiträge, Aufopferungen und Kosten zu tragen.

§ 103.

Wenn der Vertrag mit der Klausel: „frei von Beschädigung" abgeschlossen ist, so haftet der Versicherer nicht für einen Schaden, welcher aus einer Beschädigung entstanden ist; ohne Unterschied, ob derselbe in einer Wertsverringerung oder in einem gänzlichen oder teilweisen Verlust und insbesondere darin besteht, daß die versicherten Güter gänzlich verdorben und in ihrer ursprünglichen Beschaffenheit zerstört den Bestimmungshafen erreichen oder während der Reise wegen Beschädigung und drohenden Verderbs verkauft worden sind. Eine entsprechende Wirkung hat die Klausel: „frei von Bruch".

Für jeden Schaden, welcher nicht aus einer Beschädigung resp. durch Bruch entstanden ist, haftet der Versicherer in derselben Weise, als wenn der Vertrag ohne die Klausel abgeschlossen wäre. Jedenfalls haftet er für die im § 84 unter Ziffer 1 und 2 im § 69 a. E. erwähnten

Beiträge, Aufopferungen und Kosten; für die im § 84 unter Ziffer 3 erwähnten Kosten aber nur dann, wenn sie zur Abwendung eines ihm zur Last fallenden Verlustes verausgabt sind.

§ 104.

Wird der Klausel: „frei von Beschädigung (von Bruch)" der Zusatz hinzugefügt „außer im Strandungsfall", so haftet der Versicherer für jede drei Prozent übersteigende (§ 97) Beschädigung (Bruch), wenn das Schiff oder das Leichterfahrzeug, worin die versicherten Güter sich befinden, gestrandet ist.

Ein Strandungsfall ist vorhanden, wenn das Schiff auf einen Grund gerät und festsitzen bleibt, oder nur durch Anwendung ungewöhnlicher Maßregeln, als Kappen der Masten, Werfen oder Löschung von der Ladung — nicht durch Anwendung gewöhnlicher Maßregeln, als Winden auf den Ankern, Backstellen der Segel — abgebracht wird, oder durch ungewöhnlich hohe Flut abkommt, und wenn das Schiff durch solches Festsitzen Schaden am Rumpfe erlitten hat, der so bedeutend ist, daß sich die Beschädigung der Güter hieraus erklären läßt. Der Strandung sind gleich zu achten nur Kentern, Versinken, Scheitern und Verbrennen.

Hat eine Strandung oder ein dieser gleichzuachtender anderer Seeunfall sich ereignet, so haftet der Versicherer für jede drei Prozent übersteigende Beschädigung, welche infolge eines solchen Seeunfalls entstanden ist, nicht aber für eine sonstige Beschädigung. Es wird bis zum Nachweis des Gegenteils vermutet, daß eine Beschädigung, welche möglicherweise Folge des eingetretenen Seeunfalls sein kann, infolge desselben entstanden ist. Dieses findet in entsprechender Weise statt bei der Klausel „frei von Bruch außer im Strandungsfall".

Eine Beschädigung oder ein Schaden durch Bruch, welche erweislich ohne Selbstentzündung durch Feuer oder durch Löschung eines solchen Feuers oder durch Beschießen entstanden sind, werden als ein Schaden, von welchem der Versicherer durch die Klausel „frei von Beschädigung (von Bruch) außer im Strandungsfall" befreit wird, nicht angesehen.

(Siehe Formular der See-Versicherungs-Police auf Güter.)

§ 105.

Jede Güterversicherung, bei welcher nicht etwa vereinbart wird, daß der Versicherer von jeglicher Haftung für Beschädigung frei sein solle („frei von Beschädigung" § 103), gilt als geschlossen

entweder frei von gewissen Prozenten der Beschädigung,

oder, frei von Beschädigung außer im Strandungsfall.

Die für Güterversicherung bestimmten Polizen-Formulare werden das Nähere darüber enthalten, für welche Güter die Versicherung frei von gewissen Prozenten der Beschädigung, und zwar frei von welchen Prozenten, übernommen wird. Für die nicht solchergestalt aufgeführten oder nicht etwa mit besonderen Klauseln versicherten Güter gilt die Versicherung „frei von Beschädigung außer im Strandungsfall".

Bei der Prozentberechnung des Beschädigungsbelaufes wird nur dieser selbst veranschlagt, ohne Einrechnung etwaiger Kosten, welche die Güter getroffen haben, oder des Schadens, welcher durch den Verlust einzelner Teile derselben entstanden sein möchte.

Übersteigt der Belauf der Beschädigung die Befreiungs-Prozente, so wird der gesamte Beschädigungsbelauf vergütet, es wäre denn, daß das Gegenteil vereinbart wäre, z. B. durch die Klausel „frei von (gewissen) ersten Prozenten". Bei einer mit vorbemerkter Klausel geschlossenen Versicherung werden die Unkosten dem nach § 133 ermittelten Betrag der Beschädigung hinzugefügt und eine Vergütung geschieht so weit, wie die hieraus sich ergebende Gesamtsumme die ausgenommenen Prozente des Versicherungswerts resp. der Taxe der betreffenden Gegenstände übersteigt.

Wegen Beschädigung an flüssigen Waren s. § 106, Abs. 4.

(Siehe Formular der See-Versicherungs-Police auf Güter.)

§ 106.

Bei flüssigen Waren — zu welchen auch Honig, Melasse, Syrup, Palmöl und Teer gerechnet werden — ersetzt der Versicherer die gewöhnliche Leckage, abgesehen von etwaigen Fällen des Verkaufs im Nothafen (s. unten Abs. 3), niemals, die außergewöhnliche nur in dem Fall, wenn das Schiff durch Stoßen oder durch stattgefundene An- oder Übersegelung eine heftige Erschütterung erfahren hat, oder gekentert, gesunken oder gescheitert, oder wenn der Rumpf zerbrochen, oder das Schiff durch die Wirkung eines Seeunfalls absolut reparaturunfähig geworden (§ 131), oder wenn es auf eine den Versicherer verpflichtende Weise arrestiert oder aufgebracht und länger als drei Monate vom Tage der Anhaltung an festgehalten worden ist, oder wenn es in einem Nothafen, den dasselbe wegen Kriegsgefahr oder blockierten Bestimmungshafens anging, länger als drei Monate verbleiben mußte, oder wenn die Ware infolge irgend einer dem Versicherer zur Last kommenden Veranlassung in einem Nothafen gelöscht worden ist.

Als gewöhnliche Leckage gelten bei Flüssigkeiten in Metallflaschen drei Prozent, bei Baumöl in Fässern mit eisernen Reifen fünf Prozent, bei Baumöl in Fässern anderer Art, sowie bei allen übrigen Flüssigkeiten, gleichviel in welcher Art von Gefäßen, zehn Prozent.

Beim Verkauf im Nothafen wird von jedem Abzuge wegen ordentlicher oder außerordentlicher Leckage abgesehen.

Beschädigung an flüssigen Waren wird nur ersetzt, wenn eine derjenigen im ersten Absatz dieses Paragraphen aufgeführten tatsächlichen Voraussetzungen vorliegt, welche den Versicherer zum Ersatz für außergewöhnliche Leckage verpflichten. — Sind flüssige Waren in Flaschen, Gläsern, Krügen oder Gefäßen ähnlicher Art verschifft, so gilt die vorstehende Bestimmung auch von jeglicher Verletzung, welche den Etiketten, Kapseln, Körben oder dergleichen zugefügt wird.

Flüssige Waren in zerbrechlichen Gefäßen gelten als „frei von Bruch außer im Strandungsfall" versichert.

§ 107.

Für Güter, welche auf Deck geladen sind, gilt die Versicherung frei von Beschädigung, sowie frei von Werfen und Überbordspülen. Der Versicherer haftet hiernach, außer für große Haverei und was derselben gleichsteht (§ 84), nur dann für deren Verlust, wenn das Schiff gesunken, gescheitert, durch Feuer zerstört, verschollen oder für gute Prise erklärt worden ist, und er nicht etwa beweisen kann, daß die Decklast schon vorher geworfen oder über Bord gespült worden war.

Für Güter, welche ohne Wissen und Willen des Versicherten, resp. desselben und der im § 70, Ziffer 4 genannten Personen, auf Deck geladen sind, haftet der Versicherer so, als wären dieselben unter Deck verladen. Wegen des Anspruches an den Schiffer kommt der § 71 zur Anwendung.

Ist Fracht auf Güter versichert, welche auf Deck geladen sind, so gilt die Versicherung frei von dem Frachtverlust, welcher durch Beschädigung, Werfen oder Überbordspülen der Güter verursacht wird. Ferner haftet der Versicherer auf Schiff und Fracht nicht für diejenigen Beiträge zur großen Haverei, oder was derselben gleichsteht, welche als Vergütung für verlorene oder beschädigte Decksgüter in Ansatz kommen möchten.

§ 108.

Die Versicherung lebender Tiere, mögen dieselben im Raum des Schiffs oder auf Deck verladen sein (in welchem letzeren Falle im übrigen die Bestimmungen des § 107 auf sie Anwendung finden), gilt, wenn nicht ein anderes vereinbart ist, frei von Beschädigung und von Tod außer im Strandungsfall.

Fünfter Abschnitt.

Umfang des Schadens.

Erster Unterabschnitt.

Der Totalverlust.

§ 109.

Ein Totalverlust des Schiffs oder der Güter liegt vor, wenn das Schiff oder die Güter zugrunde gegangen oder dem Versicherten ohne Aussicht auf Wiedererlangung entzogen sind, namentlich wenn sie unrettbar gesunken oder in ihrer ursprünglichen Beschaffenheit zerstört oder für gute Prise erklärt sind. Ein Totalverlust des Schiffs wird dadurch nicht ausgeschlossen, daß einzelne Teile des Wracks oder des Inventars gerettet sind.

§ 110.

Ein Totalverlust in Ansehung der Fracht liegt vor, wenn die ganze Fracht (§§ 20, 21) verloren gegangen ist.

§ 111.

Ein Totalverlust in Ansehung des imaginären Gewinns oder in Ansehung der Provision, welche von der Ankunft der Güter am Bestimmungsort erwartet werden, liegt vor, wenn die Güter den Bestimmungsort infolge der Gefahren der Reise nicht erreicht haben.

§ 112.

Ein Totalverlust in Ansehung der Bodmerei und Havereigelder liegt vor, wenn die Gegenstände, welche verbodmet oder für welche die Havereigelder vorgeschossen oder verausgabt sind, entweder von einem Totalverlust oder dergestalt von anderen Unfällen betroffen sind, daß infolge der dadurch herbeigeführten Beschädigungen, Verbodmungen, oder sonstigen Belastungen zur Deckung jener Gelder nichts übrig geblieben ist.

§ 113.

Im Falle des Totalverlustes hat der Versicherer die Taxsumme der Police, resp. den Versicherungswert, unbeschadet der nach Vorschrift des § 23 etwa zu machenden Abzüge in dem Maße zu zahlen, in welchem er sich für den Schaden verbindlich gemacht hat (§ 15). Wegen der Taxe im Falle der Frachtversicherung s. § 16, Abs. 5.

§ 114.

Ist im Falle des Totalverlustes vor der Zahlung der Versicherungssumme etwas gerettet, so kommt der Erlös des Geretteten von der Versicherungssumme in Abzug. War nicht zum vollen Wert versichert, so wird nur ein verhältnismäßiger Teil des Geretteten von der Versicherungssumme abgezogen (§ 15).

Mit der Zahlung der Versicherungssumme gehen die Rechte des Versicherten an der versicherten Sache auf den Versicherer über.

Erfolgt erst nach der Zahlung der Versicherungssumme eine vollständige oder teilweise Rettung, so hat auf das nachträglich Gerettete nur der Versicherer Anspruch. War nicht zum vollen Wert versichert, so gebührt dem Versicherer nur ein verhältnismäßiger Teil des Geretteten.

Wegen der etwa erforderlichen Dispachierung s. § 142.

§ 115.

Sind bei einem Totalverlust in Ansehung des imaginären Gewinns (§ 111) die Güter während der Reise so günstig verkauft, daß der Reinerlös mehr beträgt, als der Versicherungswert der Güter, oder ist für dieselben, wenn sie in Fällen der großen Haverei aufgeopfert sind oder wenn dafür vom Verfrachter, Reeder oder Schiffer zufolge HGB. Art. 612 und 613*) Ersatz geleistet werden muß, mehr als jener Wert vergütet, so kommt von der Versicherungssumme des imaginären Gewinns der Überschuß in Abzug.

Zweiter Unterabschnitt.

Der Abandon.

§ 116.

Der Versicherte ist befugt, die Zahlung der Versicherungssumme zum vollen Betrage gegen Abtretung der in Betreff des versicherten Gegenstandes ihm zustehenden Rechte in folgenden Fällen zu verlangen (Abandon):

1) wenn das Schiff verschollen ist;
2) wenn der Gegenstand der Versicherung dadurch bedroht ist, daß das Schiff oder die Güter unter Embargo gelegt, von einer kriegführenden Macht aufgebracht, auf andere Weise durch Verfügung von hoher Hand angehalten oder durch Seeräuber genommen und während einer Frist von sechs,

*) S. Anhang I.

neun oder zwölf Monaten nicht freigegeben sind, je nachdem die Aufbringung, Anhaltung oder Nehmung geschehen ist

a. in einem europäischen Hafen oder in einem europäischen Meere oder in einem, wenn auch nicht zu Europa gehörenden, Teile des Mittelländischen, Schwarzen oder Azow'schen Meeres, oder

b. in einem anderen Gewässer, jedoch diesseits des Vorgebirges der guten Hoffnung und des Kap Horn, oder

c. in einem Gewässer jenseits des einen jener Vorgebirge.

Die Fristen werden von dem Tage an berechnet, an welchem dem Versicherer der Unfall durch den Versicherten angezeigt ist (§ 65, Abs. 1).

§ 117.

Ein Schiff, welches eine Reise angetreten hat, ist als verschollen anzusehen, wenn es innerhalb der Verschollenheitsfrist den Bestimmungshafen nicht erreicht hat, auch innerhalb dieser Frist den Beteiligten keine Nachrichten über dasselbe zugegangen sind.

Die Verschollenheitsfrist beträgt:

1) wenn sowohl der Abgangshafen als der Bestimmungshafen ein europäischer Hafen ist, bei Segelschiffen sechs, bei Dampfschiffen vier Monate;

2) wenn entweder nur der Abgangshafen oder nur der Bestimmungshafen ein nichteuropäischer Hafen ist, falls derselbe diesseits des Vorgebirges der guten Hoffnung und des Kap Horn belegen ist, bei Segel- und Dampfschiffen neun Monate, falls derselbe jenseits des einen jener Vorgebirge belegen ist, bei Segel- und Dampfschiffen zwölf Monate;

3) wenn sowohl der Abgangs- als der Bestimmungshafen ein nichteuropäischer Hafen ist, bei Segel- und Dampfschiffen sechs, neun oder zwölf Monate, je nachdem die Durchschnittsdauer der Reise nicht über zwei oder nicht über drei oder mehr als drei Monate beträgt.

Im Zweifel ist die längere Frist abzuwarten.

§ 118.

Die Verschollenheitsfrist wird von dem Tage an berechnet, an welchem das Schiff die Reise angetreten hat. Sind jedoch seit dessen Abgang Nachrichten von demselben angelangt, so wird von dem Tage an, bis zu welchem die letzte Nachricht reicht, diejenige Frist berechnet, welche maßgebend sein würde, wenn das Schiff von dem Punkt, an welchem es nach sicherer Nachricht zuletzt sich befunden hat, abgegangen wäre.

§ 119.

Die Abandonerklärung muß dem Versicherer innerhalb der Abandonfrist zugegangen sein.

Die Abandonfrist beträgt sechs Monate, wenn im Falle der Verschollenheit (§ 116, Ziffer 1) der Bestimmungshafen ein europäischer Hafen ist und wenn im Falle der Aufbringung, Anhaltung oder Nehmung (§ 116 Ziffer 2) der Unfall in einem europäischen Hafen oder in einem europäischen Meere oder in einem, wenn auch nicht zu Europa gehörenden, Teile des Mittelländischen, Schwarzen oder Azow'schen Meeres sich zugetragen hat. In den übrigen Fällen beträgt die Abandonfrist neun Monate.

Die Abandonfrist beginnt mit dem Ablauf der in den §§ 116 und 117 bezeichneten Fristen.

Bei der Rückversicherung beginnt die Abandonfrist mit dem Ablaufe des Tags, an welchem dem Rückversicherten von dem Versicherten der Abandon erklärt worden ist.

§ 120.

Nach Ablauf der Abandonfrist ist der Abandon unstatthaft, unbeschadet des Rechts des Versicherten, nach Maßgabe der sonstigen Grundsätze Vergütung eines Schadens in Anspruch zu nehmen.

Ist im Falle der Verschollenheit des Schiffs die Abandonfrist versäumt, so kann der Versicherte zwar den Ersatz eines Totalschadens fordern; er muß jedoch, wenn die versicherte Sache wieder zum Vorschein kommt, und sich dabei ergibt, daß ein Totalverlust nicht vorliegt, auf Verlangen des Versicherers gegen Verzicht des Letzteren auf die infolge Zahlung der Versicherungssumme nach § 114 ihm zustehenden Rechte die Versicherungssumme erstatten und mit dem Ersatz eines etwa erlittenen Partialschadens sich begnügen.

§ 121.

Die Abandonerklärung muß, um gültig zu sein, ohne Vorbehalt oder Bedingung erfolgen und auf den ganzen versicherten Gegenstand sich erstrecken, soweit dieser zur Zeit des Unfalls den Gefahren der See ausgesetzt war.

Wenn jedoch nicht zum vollen Wert versichert war, so ist der Versicherte nur den verhältnismäßigen Teil des versicherten Gegenstandes zu abandonnieren verpflichtet.

Die Abandonerklärung ist unwiderruflich.

§ 122.

Die Abandonerklärung ist ohne rechtliche Wirkung, wenn die Tatsachen, auf welche sie gestützt wird, sich nicht bestätigen oder zur Zeit der Mitteilung der Erklärung nicht mehr bestehen. Dagegen bleibt sie für beide Teile verbindlich, wenngleich später Umstände sich ereignen, deren früherer Eintritt das Recht zum Abandon ausgeschlossen haben würde.

§ 123.

Durch die Abandonerklärung gehen auf den Versicherer alle Rechte über, welche dem Versicherten in Ansehung des abandonnierten Gegenstandes zustanden.

Der Versicherte hat dem Versicherer Gewähr zu leisten wegen der auf dem abandonnierten Gegenstande zur Zeit der Abandonerklärung haftenden dinglichen Rechte, es sei denn, daß diese in Gefahren sich gründen, wofür der Versicherer nach dem Versicherungsvertrag aufzukommen hatte.

Wird das Schiff abandonniert, so gebührt dem Versicherer desselben die Nettofracht der Reise, auf welcher der Unfall sich zugetragen hat, soweit die Fracht erst nach der Abandonerklärung verdient ist. Dieser Teil der Fracht wird nach den für die Ermittelung der Distanzfracht geltenden Grundsätzen berechnet.

Den hiernach für den Versicherten entstehenden Verlust hat, wenn die Fracht selbständig versichert ist, der Versicherer der letzteren zu tragen.

§ 124.

Die Zahlung der Versicherungssumme kann erst verlangt werden, nachdem die zur Rechtfertigung des Abandons dienenden Urkunden dem Versicherer mitgeteilt sind und eine angemessene Frist zur Prüfung derselben abgelaufen ist. Wird wegen Verschollenheit des Schiffs abandonniert, so gehören zu den mitzuteilenden Urkunden glaubhafte Bescheinigungen über die Zeit, in welcher das Schiff den Abgangshafen verlassen hat, und über die Nichtankunft desselben im Bestimmungshafen während der Verschollenheitsfrist.

Der Versicherte ist verpflichtet, bei der Abandonerklärung, soweit er dazu im Stande ist, dem Versicherer anzuzeigen, ob und welche andere, den abandonnierten Gegenstand betreffende Versicherungen genommen sind, und ob und welche Bodmereischulden oder sonstige Belastungen darauf haften. Ist die Anzeige unterblieben, so kann der Versicherer die Zahlung der Versicherungssumme so lange verweigern, bis die Anzeige nachträglich geschehen ist; wenn eine Zahlungsfrist bedungen ist, so beginnt dieselbe erst mit dem Zeitpunkt, in welchem die Anzeige nachgeholt ist.

§ 125.

Der Versicherte ist verpflichtet, auch nach der Abandonerklärung für die Rettung der versicherten Sachen und für die Abwendung größerer Nachteile nach Vorschrift des § 66 und zwar so lange zu sorgen, bis der Versicherer selbst dazu im Stande ist.

Erfährt der Versicherte, daß ein für verloren erachteter Gegenstand wieder zum Vorschein gekommen ist, so muß er dies dem Versicherer sofort anzeigen und ihm auf Verlangen die zur Erlangung oder Verwertung des Gegenstandes erforderliche Hilfe leisten.

Die Kosten hat der Versicherer zu ersetzen; auch hat derselbe den Versicherten auf Verlangen mit einem angemessenen Vorschusse zu versehen. Der Versicherte ist nicht berechtigt, sich eine Provision für seine Mühewaltungen zu berechnen.

§ 126.

Der Versicherte muß dem Versicherer, wenn dieser die Rechtmäßigkeit des Abandons anerkennt, auf Verlangen und auf Kosten desselben über den nach § 123 durch die Abandonerklärung eingetretenen Übergang der Rechte eine beglaubigte Anerkennungsurkunde (Abandon-Revers) erteilen und die auf die abandonnierten Gegenstände sich beziehenden Urkunden ausliefern.

Dritter Unterabschnitt.

Die Partialschäden.

A. An Schiffen.

§ 127.

Wenn ein Schiff Beschädigung erlitten hat, so muß so bald, wie es irgend tunlich ist, der an demselben vorhandene Schaden durch Sachkundige besichtigt und urkundlich festgestellt, sowie der Kostenbetrag der für erforderlich zu achtenden Reparatur taxiert, auch den Umständen nach sofort zur Reparatur selbst geschritten werden.

Für das hierbei zu beobachtende Verfahren und die daraus für die Entschädigungsleistung des Versicherers abzuleitenden Folgen gelten die nachstehenden Bestimmungen, betreffend

1. die Bestellung der Sachkundigen (§ 128),
2. die Begutachtung und Taxation (§ 129),

3. die auf Grund der Begutachtung und der Taxation, eventuell der ausgeführten Reparatur, aufzumachende Schadensberechnung (§ 130),
4. die unter besonderen Umständen dem Versicherten zustehende Befugnis, das beschädigte Schiff für Rechnung des Versicherers zum öffentlichen Verkauf zu bringen (§§ 131, 132).

Ist an dem Orte, wo das beschädigte Schiff sich befindet, der Versicherte anwesend, so hat er selbst, im anderen Falle hat der Schiffer für die Innehaltung der hier getroffenen Bestimmungen Sorge zu tragen. — Geschieht dies nicht, wird also nicht in Gemäßheit dieser Bestimmungen verfahren, so bleibt es freilich dem Versicherten, falls er den Versicherer auf Schadensvergütung in Anspruch nehmen will, unbenommen, den Beweis zu liefern, daß Schäden, und zwar welche Schäden, zu der Zeit, zu welcher die Besichtigung und Begutachtung hätten vorgenommen werden müssen, an dem Schiffe vorhanden gewesen, sowie daß die dem Versicherer zur Last gebrachten Schäden durch Unfälle der letzten Reise verursacht worden seien; es sind jedoch hierbei diejenigen Besichtigungs- und Taxationsdokumente, welche der Versicherte oder der Schiffer unter Verletzung der hier getroffenen Bestimmungen (z. B. einseitig, wo er den Versicherer oder einen Vertreter desselben zuziehen mußte) hätte errichten lassen, beweisunkräftig; ferner sind als Beweismittel dabei ausgeschlossen das Zeugnis und die etwaigen urkundlichen Erklärungen des Schiffers, sowie derjenigen Personen, welche bei den vorschriftswidrig vorgenommenen Besichtigungen und Taxationen als Korrespondenten des Versicherten oder als Sachkundige gehandelt, oder an der Beweisaufnahme als Requirenten oder in anderer Weise teilgenommen haben.

Ausnahmen von der vorstehenden Bestimmung finden in folgenden Fällen statt:

1. Wenn den Umständen nach der Versicherte nicht in der Lage gewesen war, den Schiffer von der geschlossenen Versicherung und von demjenigen, was auf Grund derselben eventuell zu beachten sein werde, zeitig in Kenntnis setzen zu können, so sind solche Besichtigungen und Taxationen, sowie deren Beurkundungen, als Grundlagen für die Feststellung der Entschädigungssumme zulässig und, wenn ihrem Inhalte nach genügend, beweiskräftig, welche in Gemäßheit der Gesetze oder Gewohnheiten des Ortes, wo die Konstatierung des Schadens vorzunehmen war, veranstaltet wurden.

2. Bestellt der Versicherer einen speziellen Vertreter für die betreffende Havereisache, oder existiert an dem Havereiplatze oder für denselben ein allgemeiner Vertreter des Versicherers für vorkommende Havereisachen — in welchen Fällen nach § 128 der Versicherte verpflichtet ist, den Vertreter zu den vorzunehmenden Handlungen zuzuziehen — so ist es für den Versicherten unpräjudizierlich, wenn, sei es mit ausdrücklicher Genehmigung oder auch nur unter Mitwirkung des Vertreters, von den in Rede stehenden Bestimmungen abgewichen wird. Der Versicherer ist verbunden, die Handlungen seines Vertreters in Betreff des zu konstatierenden Schadens gelten zu lassen.

§ 128.

Über

die Bestellung der Sachkundigen

gelten folgende Bestimmungen:

a) In den Fällen, in welchen der Versicherer oder ein Vertreter desselben an dem Orte, wo das beschädigte Schiff sich befindet, anwesend ist, oder in genügender Nähe bei demselben sich aufhält, um ohne erheblichen Zeitverlauf zu den vorzunehmenden Handlungen zugezogen werden zu können,

hat, falls der Versicherte anwesend ist, dieser selbst, im anderen Falle der Schiffer — wenn ihm jene Anwesenheit oder Erreichbarkeit bekannt ist — den Versicherer, resp. dessen Vertreter, zur Mitwirkung bei der zu veranstaltenden Besichtigung des Schiffs und der urkundlichen Feststellung und Taxierung des Schadens aufzufordern.

Leistet der Versicherer, resp. dessen Vertreter, Folge, so haben beide Teile je einen Sachkundigen zu der Vornahme der Besichtigung, urkundlichen Feststellung und Taxierung zu ernennen.

Vereinigen sich die beiden Sachkundigen über die Existenz, Beurteilung und Taxierung des Schadens, so hat es bei dem hieraus hervorgehenden Ergebnis sein Verbleiben. — Vereinigen sie sich nicht, so haben sie einen Obmann zu erwählen, dessen Ausspruch alsdann maßgebend ist. — Können die Sachkundigen sich über die Person des Obmannes nicht einigen, so hat der Versicherte, resp. der Schiffer, die Ernennung eines Obmannes bei dem am Havereiplatze fungierenden Konsul des Landes, welchem das Schiff angehört, eventuell bei einer dortigen öffentlichen Behörde, zu beantragen. Als öffentliche Behörde im Sinne dieses Paragraphen gelten das Ortsgericht des Havereiplatzes, eventuell jeder andere daselbst fungierende europäische oder nordamerikanische Konsul, und, falls an dem betreffenden Platze weder ein Ortsgericht noch ein europäischer oder nordamerikanischer Konsul vorhanden sein sollte, Lloyd's Agent oder ein etwa anwesender Kommandant eines europäischen oder nordamerikanischen Kriegsschiffs.

b) In den Fällen, in welchen der Versicherte, resp. der Schiffer, auf seine alleinige Wirksamkeit beschränkt ist — wenn nämlich weder der Versicherer selbst, noch ein Vertreter desselben anwesend, auch nicht etwa binnen kurzer Zeit erreichbar, oder wenn deren Anwesenheit oder Erreichbarkeit dem Versicherten, resp. dem Schiffer, unbekannt ist, oder wenn der zur Mitwirkung aufgeforderte Versicherer oder der Vertreter desselben die Mitwirkung ablehnt — in allen diesen Fällen

hat der Versicherte, resp. der Schiffer, bei dem am Havereiplatze fungierenden Konsul des Landes, welchem das Schiff angehört, eventuell bei einer sonstigen öffentlichen Behörde — in Betreff der letzteren nach Maßgabe des oben zu a Bestimmten — die Ernennnug zweier Sachkundigen, sowie erforderlichen Falles die Bestellung eines Obmannes, behufs der mehrgedachten Besichtigung, Feststellung und Taxierung zu beantragen und gilt sodann von dem Ausspruch der Sachkundigen, eventuell des Obmannes, das oben Bemerkte.

§ 129.

Das Gutachten der Sachkundigen resp. des Obmannes muß,

1. die Form anlangend, sofort nach der Vornahme der Besichtigungen und Schätzungen schriftlich ausgefertigt, und wenn ein Vertreter des Versicherers behufs der Herbeiführung desselben mitgewirkt hat, von diesem als unter seiner Zuziehung herbeigeführt schriftlich anerkannt werden.

   Hat die Bestellung der Sachkundigen, resp. des Obmannes, ohne Konkurrenz des Versicherers oder eines Vertreters desselben stattgefunden, so ist das Gutachten von dem Konsul des versicherten Schiffs, welcher die Sachkundigen resp. den Obmann ernannt hat, eventuell von der statt desselben wirksam gewordenen öffentlichen Behörde (§ 128) in Betreff dieses Punktes zu beglaubigen.

   Anlangend

2. den Inhalt des Gutachtens, so muß dieses enthalten:

   a) eine Angabe darüber, von wem die Sachkundigen resp. der Obmann ernannt worden sind;

b) einen Bericht darüber, wann und von welchen Personen die Besichtigungen vorgenommen worden sind;

c) eine spezielle Aufführung der einzelnen vorgefundenen Schäden;

d) eine Erklärung der Sachkundigen darüber, welche von den vorgefundenen Schäden sie Seeunfällen der letzten Reise zuschreiben, welche dagegen als Folge anderer Ursachen, etwa der Abnutzung im gewöhnlichen Gebrauch, des Alters, der Fäulnis im Holz, des Wurmfraßes, einer fehlerhaften Bauart des Schiffs oder einer vor Antritt der letzten Reise erlittenen Beschädigung anzusehen sind.

Als Folge der Abnutzung im gewöhnlichen Gebrauche ist auch zu behandeln, wenn Segel, und zwar selbst im Falle stattgehabten Prangens, beschädigt, vom Winde zerrissen oder fortgeführt, wenn Anker, Taue, Ketten oder laufendes Tauwerk beschädigt worden oder gebrochen sind, und wird an dieser Behandlung solcher Schäden auch dadurch nichts geändert, wenn das Beschädigte, Zerrissene oder Gebrochene demnächst hatte weggekappt werden müssen. Sollten jedoch Segel durch das Brechen von Rundhölzern oder das Hineinschlagen von Sturzseen beschädigt oder fortgeführt sein, so ist ein solcher Schaden als nicht zur Abnutzung im gewöhnlichen Gebrauch gehörig anzusehen;

e) eine Taxation der Reparatur derjenigen Schäden, welche die Sachkundigen (unter Berücksichtigung des vorstehend unter d Bemerkten) den Seeunfällen der letzten Reise zuschreiben. Diese Taxation darf nicht in der bloßen Angabe einer Gesamtsumme bestehen, sondern die einzelnen Schäden müssen spezifiziert zum Gegenstand der Schätzung gemacht werden.

§ 130.

Hinsichtlich der Frage, ob, nachdem die in den §§ 127—129 vorgeschriebene Besichtigung, Begutachtung und Taxation stattgefunden haben, sofort zur Reparatur zu schreiten ist, — kommt es darauf an, ob die auf das Schiff geschlossene Versicherung an demjenigen Platze, an welchem es sich im beschädigten Zustande befindet, endet, oder ob dieselbe noch länger fortdauert. (Wegen der Fälle vorhandener Reparaturunfähigkeit s. § 131.)

Endet die Versicherung an dem vorgedachten Platze, so ist es dem Ermessen des Versicherten überlassen, ob und eventuell wann er zur

Reparatur des Schiffs schreiten oder welche anderen Anordnungen er in Betreff desselben treffen will. Ihm wird, wie er auch verfahren möge, von dem Versicherer Schadensvergütung nach Maßgabe der Taxation, und zwar nur nach derselben geleistet. Der Betrag der etwa in Ausführung gebrachten Reparatur beteiligt mithin den Versicherer ebenso wenig, wie die Kosten der für dieselbe erforderlich werdenden oder gewordenen Gelder.

Endet dagegen die Versicherung nicht an dem Platze, wo das beschädigte Schiff sich befindet, hat z. B. das Schiff bei einer auf eine einzelne Reise geschlossenen Versicherung seinen Bestimmungsort nicht erreicht, oder liegt eine noch nicht abgelaufene Versicherung auf mehrere Reisen oder auf Zeit vor, so muß, und zwar ohne Verzug, zur Reparatur geschritten werden. — Nach Vollendung der Reparatur ist der Versicherte verpflichtet, dem Versicherer die Reparaturrechnungen vorzulegen. Beläuft sich darnach der Gesamtbetrag, welcher für die Beseitigung der den Versicherer treffenden Schäden aufgewendet worden ist, nicht so hoch, wie die in der Taxation dafür angesetzte Summe, so ist der Schadensvergütung nur jener geringere Belauf zu Grunde zu legen. — Dem Versicherer kommen da, wo zur Reparatur geschritten werden muß, auch die Kosten der für die Reparatur erforderlich werdenden Gelder zur Last, mit Ausnahme der Fälle, in denen dieselbe bei noch nicht abgelaufener Versicherung auf Zeit oder auf mehrere Reisen nach Beendigung einer Reise stattfindet.

Ist in Gemäßheit des Vorstehenden der Gesamtbelauf der Reparaturkosten, sei es auf Grund der Taxation oder der wirklichen Reparaturausführung, in Gewißheit gebracht, so werden für die schließliche Feststellung des von dem Versicherer zu vergütenden Betrages von jenem Belaufe nachstehende Abzüge gemacht.

A. In allen Fällen, in welchen nicht zufolge des Nachstehenden Ausnahmen stattfinden, wird wegen des Unterschiedes zwischen alt und neu ein Drittel des festgestellten vollen Betrages jener Kosten in Abzug gebracht.

Die Ausnahmen sind:

1. Kein Abzug findet statt im Falle von Schäden

a) an dem Körper oder der Bemastung des Schiffs, wenn dieses zur Zeit der Beschädigung noch kein volles Jahr zu Wasser gewesen war,

b) an einzelnen Teilen des Körpers, der Bemastung oder des sonstigen Zubehörs des Schiffs, wenn die beschädigten oder verloren gegangenen Teile bei Antritt derjenigen Reise, auf welcher der Schaden sich zutrug, neu gewesen waren, mochte im übrigen das Schiff neu gewesen sein oder schon eine oder mehrere Reisen gemacht haben,

c) an Schiffsankern.

Endlich wird kein Abzug gemacht

d) von dem Betrage solcher vorläufigen und notdürftigen Reparaturen, welche in einem Nothafen nur zu dem Zwecke ausgeführt wurden, um das Schiff in den Stand zu setzen, die Reise nach einem Platze, wo die eigentliche Reparatur ausgeführt werden könne, zu unternehmen.

2. Ein geringerer oder größerer Abzug, als von einem Drittel, wird gemacht, resp. eine Vergütung der bezüglichen Aufwendungen findet überhaupt nicht statt, in Betreff folgender Gegenstände.

Es werden abgezogen bei Schäden

a) an Ankerketten (abgesehen von der ersten Reise, auf welcher sie verwendet worden sind, s. 1 b) ein Sechstel,

b) an Metallhäuten wie folgt:

Bei Schäden, welche an einer Kupfer- oder Yellow-Metal-Haut auf der ersten Reise, nachdem sie um das Schiff gelegt ist, entstehen, wird nichts, auf ferneren Reisen bis zum Ablauf des ersten Jahres wird $^1/_5$, auf Reisen im zweiten Jahre werden $^2/_5$, im dritten $^3/_5$, im vierten $^4/_5$ gekürzt. Für Schäden, welche daran auf Reisen nach Ablauf des vierten Jahres entstehen, wird dem Versicherten nichts vergütet.

Schäden an einer Zink- oder Eisenblechhaut werden während der ersten drei Jahre behandelt, wie Schäden an einer Kupfer- oder Yellow-Metal-Haut. Für Schäden, welche daran auf Reisen nach Ablauf des dritten Jahres entstehen, wird dem Versicherten nichts vergütet.

Die für die Metallhäute der verschiedenen Arten hier angenommenen Zeitbestimmungen gelten vom Tage der beendigten Umlegung bis zu demjenigen der begonnenen Wiederabnahme. — Der Abzug ist zu machen von dem Kostenbetrage der neuen Haut, einschließlich der Umlegungskosten, nachdem der Wert der alten Metallhaut zuvor davon gekürzt worden ist; auch ist dabei der etwaige Unterschied im Gewichte der neuen und alten Haut in Anschlag zu bringen. — Hatte die alte Haut eine Spiekerhaut zur Unterlage oder eine Unterlage von Filz, Papier oder dgl., so wird deren Erneuerung mit zu den Umlegungskosten gerechnet.

Ist das Schiff mit einer hölzernen Wurm- oder Spiekerhaut ohne darübergelegtes Kupfer oder sonstiges Metall umgeben, so wird deren gewöhnliche Dauer auf drei Jahre angenommen, also wenn nach Ablauf dieser Zeit eine Erneuerung derselben stattfindet, der hierdurch verursachte Kostenaufwand nicht vergütet. Im Falle einer früheren Erneuerung tritt der gewöhnliche Abzug von einem Drittel ein.

c) Falls das Schiff bei Gelegenheit der durch die Schäden veranlaßten Reparatur vergrößert, verstärkt oder in sonstiger Weise gegen den früheren Zustand verbessert wird, oder falls neue Stücke in dasselbe hineingebracht werden, welche nicht bloß einen Ersatz für verloren gegangene oder unbrauchbar gewordene Stücke entsprechender Art bilden, sondern deren Einfügung besondere Vorteile für den Versicherten herbeiführt, so ist, wenn die Schätzung der Reparaturkosten die vorgedachten Arbeiten mit eingeschlossen hat, ein den Umständen nach zu bestimmender außerordentlicher Abzug zu machen.

d) Außer Ansatz zu Lasten des Versicherers bleiben, und werden also dem Versicherten nicht vergütet, die Kosten, welche durch Maler- und Glaser-Arbeiten, sowie durch Wiederherstellung etwaiger Verzierungen des Schiffs veranlaßt werden.

B. Es kommen ferner in Abzug der volle Erlös oder Wert der etwa noch vorhandenen alten Stücke, welche durch neue ersetzt sind oder zu ersetzen sind.

Findet ein solcher Abzug und zugleich der Abzug wegen des Unterschiedes zwischen alt und neu statt, so ist zuerst dieser letztere und sodann erst von dem verbleibenden Betrage der andere Abzug zu machen.

§ 131.

Besteht das Ergebnis der in den §§ 127—129 vorgeschriebenen Besichtigung und Begutachtung darin, daß Reparaturunfähigkeit des Schiffs anzunehmen ist, sei es eine absolute, wenn die Reparatur des Schiffs überhaupt nicht möglich ist, sei es eine relative, wenn die Reparatur an dem Orte, wo das Schiff sich befindet, nicht bewerkstelligt, auch das Schiff nicht nach einem Hafen, wo die Reparatur auszuführen wäre, gebracht werden kann, so ist der Versicherte im Verhältnis zum Versicherer befugt, das Schiff zum öffentlichen Verkauf zu bringen und, ohne Abzug wegen des Unterschiedes zwischen alt und neu (§ 130), den Minderbetrag des Reinerlöses im Verhältnis zu dem Versicherungswert, resp. der Polizentaxe, von dem Versicherer zu fordern.

Wegen Reparaturunwürdigkeit, also namentlich wegen eines Mißverhältnisses zwischen dem Betrage der Reparaturkosten und dem Wert des Schiffs, ist der Versicherte nicht befugt, das Schiff für Rechnung des Versicherers zum Verkauf zu bringen.

Die folgenden Bestimmungen über die Voraussetzungen, unter welchen der Versicherer einen aus den vorstehend angegebenen Gründen ausgeführten Verkauf des Schiffs als für seine Ersatzpflicht maßgebend anzuerkennen hat, finden durchweg Anwendung, wenn das Schiff im beschädigten Zustande an einem anderen Platze sich befindet als an demjenigen, in welchem die Gefahr der Versicherers entweder anfangen oder enden sollte (z. B. wenn es in einem Nothafen ist); sie finden dagegen, wenn das beschädigte Schiff an einem Platze sich befindet, in welchem die Gefahr des Versicherers entweder anfangen oder enden sollte (regelmäßig dem resp. Abgangs- oder Bestimmungshafen), nur dann Anwendung, wenn absolute Reparaturunfähigkeit des Schiffs vorliegt.

Der Verkauf des Schiffs ist, mit der vorstehenden Beschränkung, von dem Versicherer als für ihn verbindlich anzuerkennen, wenn folgende vier Voraussetzungen vorliegen,

1. wenn die auf Grund der Bestimmungen des § 128 bestellten Sachkundigen (eventuell der Obmann), unter Beachtung der Vorschriften des § 129 über Form und Inhalt der abzugebenden Gutachten und unter Begründung ihres Ausspruchs durch Anführung der ihrer Ansicht nach dafür entscheidenden Umstände, erklärt haben, daß das Schiff (absolut oder relativ) reparaturunfähig sei;
2. wenn aus den Erklärungen der Sachkundigen es sich ergibt, daß die Reparaturunfähigkeit durch auf der versicherten Reise vorgekommene Unfälle, und zwar durch solche Unfälle verursacht worden ist, für welche der Versicherer nach dem Inhalt des Vertrages zu haften hat. — Hiernach beteiligt ein erfolgter Verkauf des Schiffs den Versicherer nur dann, wenn die durch die vorbemerkten Unfälle notwendig gemachten Reparaturen entweder überhaupt nicht, oder doch nicht an dem betreffenden Orte, noch auch an einem von dort aus erreichbaren Platze bewerkstelligt werden konnten. Der Umstand,

wenn das Schiff erst durch die Verbindung anderer, den Versicherer nicht angehender Schäden (Abnutzung, Alter, Fäulnis usw. s. § 129) mit den vorbezeichneten Schäden reparaturunfähig geworden sein sollte, ist unvermögend, dem Versicherer den Verkauf und dessen Ergebnis zur Last zu bringen;

3. wenn die zum Zweck der Konstatierung des Schadens aufgenommenen Dokumente dem Ortsgerichte, eventuell der an dem betreffenden Platze oder für denselben bestehenden obrigkeitlichen Behörde, vorgelegt worden sind, und der Versicherte, resp. der Schiffer, durch einen auf Grund dieser Dokumente abgegebenen Ausspruch des Gerichts oder der Behörde zur Vornahme des öffentlichen Verkaufs autorisiert (das Schiff „kondemniert") worden ist. Für den Fall, wenn weder ein Gericht noch eine obrigkeitliche Behörde an dem betreffenden Platze oder für denselben vorhanden sein sollte, hat der Versicherte, resp. der Schiffer, unter Konstatierung dieses Mangels, sich an eine andere öffentliche Behörde des Havereiplatzes (s. § 128 unter a) zu wenden, und durch diese die Ordnungsmäßigkeit seines Verfahrens bescheinigen zu lassen;

4. wenn der Verkauf des Schiffs öffentlich und zwar in ordnungsmäßiger Weise stattgefunden hat.

Da, wo Kondemnation und Verkauf zur Last des Versicherten bleiben (wegen Reparaturunwürdigkeit; wegen Mängel im Verfahren; wenn die Autorisation zum Verkauf wegen solcher Schäden erteilt sein sollte, für welche der Versicherte nicht haftete; wenn von der Reparatur wegen Geldmangels abgestanden wurde, u. dgl.) ist der Schaden, soweit er den Versicherer trifft, auf der Grundlage der von dem Versicherten beizubringenden ordnungsmäßigen Besichtigungs- und Schätzungs-Dokumente (§ 129) aufzumachen und sodann vom Versicherer unter Abzug wegen des Unterschiedes zwischen alt und neu zu vergüten.

Wo der Verkauf des Schiffes dem Versicherer zur Last kommt, da endet die übernommene Gefahr für denselben erst mit dem Verkaufe des Schiffs, auch haftet er für den Eingang des Kaufpreises.

§ 132.

Der Beginn der Reparatur schließt die Ausübung des in dem vorstehenden Paragraphen dem Versicherten eingeräumten Rechts, den Umständen nach zum Verkaufe des Schiffs für Rechnung des Versicherers zu schreiten, nicht aus, wenn erst später erhebliche dem Letzteren zur Last kommende Schäden entdeckt werden, welche dem Versicherten ohne sein Verschulden unbekannt geblieben waren.

Macht der Versicherte von jenem Rechte nachträglich Gebrauch, so muß der Versicherer die bereits aufgewendeten Reparaturkosten insoweit besonders vergüten, als durch die Reparatur bei dem Verkauf des Schiffs ein höherer Erlös erzielt worden ist.

B. An Gütern.

§ 133.

Wenn Beschädigung an versicherten Gütern sich zeigt, so muß schon die Eröffnung derselben, nicht minder müssen die Feststellung des Befundes und die Untersuchung, ob und wie weit Beschädigung anzunehmen und eventuell Seeunfällen der versicherten Reise beizumessen ist, wenn tunlich, unter Zuziehung des Versicherers, eventuell eines Vertreters desselben, vorgenommen werden. Für die Fälle der vorgedachten Zuziehung, resp. für die Fälle, in welchen wegen Entlegenheit des Ortes oder wegen der Nichtanwesenheit oder des Nichtbekanntseins eines Vertreters weder der Versicherer noch ein Vertreter desselben zugezogen werden kann, sind die nachfolgenden Bestimmungen zur Anwendung zu bringen.

Ist der Versicherer, eventuell ein Vertreter desselben an dem Orte, wo die beschädigte Ware sich befindet, anwesend oder so nahe bei demselben, um zeitig zugezogen werden zu können, so hat diese Zuziehung zu der förderſamst vorzunehmenden Eröffnung der Ware stattzufinden. Beide Teile haben je einen Sachkundigen zu ernennen, um den Befund der Ware festzustellen und deren Untersuchung in der oben gedachten Richtung vorzunehmen. In Betreff der für den Fall der Meinungsverschiedenheit der Sachkundigen erforderlichen Bestellung eines Obmannes und der Wirkung des von jenen oder diesem abzugebenden Gutachtens gilt dasselbe, was in Betreff von Schiffen in § 128 bestimmt worden ist. — Ist weder der Versicherer noch ein Vertreter desselben anwesend, auch nicht in angemessener Zeit erreichbar, so hat der Versicherte, eventuell dessen Vertreter, bei dem am Havereiplatze fungierenden Konsul des Landes, welchem der Versicherte angehört, eventuell bei einer sonstigen öffentlichen Behörde (§ 128 unter a), die Ernennung zweier Sachkundigen, sowie erforderlichen Falles die Bestellung eines Obmannes, behufs der oben erwähnten Konstatierung und Begutachtung zu beantragen.

Bei der Besichtigung und Begutachtung der Ware ist die daran sich zeigende Beschädigung ihrer Beschaffenheit, ihrem Umfange und ihrer Entstehungsursache nach zum Gegenstande der Beurteilung zu machen, und insbesondere zu ermitteln, ob die Beschädigung wirklich auf der letzten Reise entstanden ist, und zwar ob sie von Seewasser resp. von sonstigen Seeunfällen herrührt.

Das Seebeschädigte muß vom Unbeschädigten resp. Nicht-Seebeschädigten getrennt werden; und zwar sind nicht nur die verschiedenen Kolli, sondern auch in dem Inhalt eines jeden Kollo die einzelnen beschädigten Stücke von den unbeschädigten zu trennen, wobei nur in Betreff solcher Waren eine Ausnahme gemacht werden darf, bei denen die Trennung nicht tunlich oder doch nicht üblich ist. Das Seebeschädigte muß ohne irgendwelchen Verzug in öffentlicher Auktion verkauft werden.

Beim Verkaufe am Bestimmungsorte sind die beschädigten Güter vor der Auktion und zwar, wenn nicht am Tage der Auktion selbst, auf keinen Fall zu einer früheren Zeit als an dem der Auktion vorangehenden Tage, durch die bestellten Sachkundigen zu taxieren, und ist dabei zugrunde zu legen der Marktpreis (HGB. Art. 353),* welchen die Güter, wenn sie unbeschädigt gewesen wären, inklusive Zoll, damals gegolten hätten. Falls die Ware im Entrepot oder in Bond verkauft wird, oder am Verkaufsorte auch ein Marktpreis exklusive Zoll üblich ist, so wird die Feststellung des Preises ohne Zoll gemacht; vorausgesetzt, daß nicht etwa die Ware verzollt verkauft wird. — Demnächst wird der Brutto-Auktions-Ertrag von dem wie vorstehend taxierten Wert abgezogen und der Ausfall auf die Taxe der Police resp. den Versicherungswert reguliert; ist aber die Schätzung der Ware im unbeschädigten Zustande niedriger ausgefallen als die Policentaxe resp. der Versicherungswert, so wird das Ergebnis jener Schätzung zugrunde gelegt. In jenem, wie in diesem Fall, wird sodann der Schadensbelauf nebst den Verkaufskosten, sowie der Hälfte der Besichtigungs-, Abschätzungs- und Dispachekosten (§ 69 a. E.), vom Versicherer nach diesen allgemeinen Versicherungs-Bedingungen gezahlt.

Werden die beschädigten Güter anderswo als am Bestimmungsorte verkauft, so kommen die Bestimmungen des § 136 Abs. 1 zur Anwendung. (Vergütung der Policentaxe resp. des Versicherungswerts abzüglich des Reinertrages der Auktion.)

---

* Vergl. Anhang I.

Jede wesentliche Verletzung der für das Verfahren des Versicherten im Vorstehenden gegebenen Vorschriften führt den Verlust des Entschädigungsanspruchs des Versicherten, soweit derselbe auf eine Beschädigung der Güter gestützt werden könnte, herbei. — Der ausdrücklichen oder stillschweigenden Genehmigung eines von den vorgedachten Vorschriften abweichenden Verfahrens seitens eines Vertreters des Versicherers wird auch hierbei Wirkung beigelegt (s. § 127 a. E.).

§ 134.

Wenn bei der Güterversicherung das Schiff unfähig wird, die Reise zu vollenden, eine anderweitige Weiterbeförderung der Güter aber unverhältnismäßige Kosten verursacht oder in angemessener Zeit nicht beschafft werden kann, so ist der Versicherer berechtigt, den Verkauf derselben am Haverei-Platze zu verlangen (§ 136).

In den Fällen, in welchen die anderweitige Weiterbeförderung der Güter stattfindet, ist bei der Auswahl des zu diesem Zwecke zu befrachtenden Schiffs oder der Schiffe möglichst nach dem Willen des Versicherers zu verfahren, auch auf die Zollgesetze des Bestimmungshafens Rücksicht zu nehmen. Die geschehene Befrachtung ist dem Versicherer unverzüglich anzuzeigen. Die begonnene Gefahr läuft für denselben ohne Unterbrechung fort.

Der Betrag, um welchen die Fracht jener Fahrzeuge nebst der nach Maßgabe des zurückgelegten Weges dem Schiffe zukommenden Fracht die bei ungestörter Reise zu zahlen gewesene Fracht übersteigt, ist als Extrafracht samt allen verausgabten Kosten der Bergung, Erhaltung und Weiterverladung nach gehörig aufgemachter Dispache vom Versicherer zu bezahlen.

§ 135.

Ist ein Teil der Güter auf der Reise verloren gegangen, so besteht der Schaden in eben so vielen Prozenten der Policetaxe resp. des Versicherungswerts, als Prozente des Werts der Güter verloren gegangen sind.

§ 136.

Wenn Güter auf der Reise in Folge eines Unfalls oder auf Grund der Bestimmung des § 134 Abs. 1 verkauft worden sind, so besteht der Schaden in dem Unterschied zwischen dem nach Abzug der Fracht, wie solche nach Landesgesetz hatte bezahlt werden müssen, der Zölle und Verkaufskosten sich ergebenden Reinerlös und der Policentaxe resp. dem Versicherungswert der Güter.

Die übernommene Gefahr endet für den Versicherer erst mit dem Verkauf der Güter. Das Provenü einzuziehen, ist Obliegenheit des Versicherten. Der Versicherer haftet für den Eingang des Kaufpreises; dies jedoch nur dann, wenn der Verlust nicht durch Handlungen des Versicherten oder einer der im § 70 unter 4 genannten Personen herbeigeführt worden ist.

C. An Frachtgeldern.

§ 137.

Bei partialem Verlust der Fracht besteht der Schaden in demjenigen Teile der bedungenen oder in deren Ermangelung der üblichen Fracht, welcher verloren gegangen ist.

Der aus einer Kondemnation oder dem Verkauf des Schiffs sich ergebende Frachtverlust kommt dem Versicherer nur unter der Voraussetzung zur Last, daß dabei den Vorschriften des § 131 genügt worden ist. Sollte der Frachtversicherer gewisse Gefahren nicht übernommen haben, so treffen ihn die Folgen der Kondemnation nur dann, wenn diese in Veranlassung solcher Beschädigungen des Schiffs erfolgt ist, welche zu seiner Verantwortung standen. Die in diesem Absatz getroffenen Bestimmungen gelten auch für den Fall eines Totalverlustes (§ 110), sowie bei Versicherungen auf Fracht-Vorschuß.

Das Maß, in welchem der Frachtversicherer für Schaden haftet, wird nach den Vorschriften der §§ 15 und 16 Abs. 5 bestimmt.

D. An imaginärem Gewinn, Provision u. dgl.

§ 138.

Bei imaginärem Gewinn oder Provision, welche von der Ankunft der Güter erwartet werden, besteht der Schaden, wenn die Güter im beschädigten Zustande ankommen, in eben so vielen Prozenten des als Gewinn oder Provision versicherten Betrags, als der nach § 133 zu ermittelnde Schaden an den Gütern Prozente des Versicherungswerts der letzteren beträgt.

Hat ein Teil der Güter den Bestimmungshafen nicht erreicht, so besteht der Schaden in eben so vielen Prozenten des als Gewinn oder Provision versicherten Betrags, als der Wert des in dem Bestimmungshafen nicht angelangten Teils der Güter Prozente des Werts aller Güter beträgt.

Wenn bei der Versicherung des imaginären Gewinns der nicht angelangte Teil der Güter mit Vorteil verkauft worden ist, oder der

Versicherte in großer Haverei oder aus anderen Gründen für denselben eine den Wert übersteigende Vergütung erhalten hat, so kommt von dem Schaden der Überschuß in Abzug (§ 115).

E. An Bodmerei- oder Havereigeldern.

§ 139.

Bei Bodmerei- oder Havereigeldern besteht im Fall eines partialen Verlustes der Schaden in dem Ausfall, welcher darin sich gründet, daß der Gegenstand, welcher verbodmet oder für welchen die Havereigelder vorgeschossen oder verausgabt sind, zur Deckung der Bodmerei- oder Havereigelder in Folge späterer Unfälle nicht mehr genügt.

F. An Überfahrtsgeldern.

§ 140.

Der Versicherer auf Überfahrts- oder Passagegelder (Fracht- und Verpflegungsgelder der Passagiere) ist im Havereifalle verpflichtet, zu erstatten den etwaigen Beitrag jener Gelder zur großen Haverei, die Kosten der Landung der Passagiere, deren Beköstigung und Behausung im Nothafen und, falls das Schiff seine Reise nicht fortsetzen kann, auch die sämtlichen Beförderungskosten derselben nach dem in der Police genannten Bestimmungsorte samt den abseiten der Behörden dem Versicherten zur Last gebrachten Kosten, endlich die nach den Gesetzen des Abfertigungsortes von dem Versicherten den Passagieren etwa zu ersetzenden Verluste.

Jedoch ist der Versicherer, wenn nicht ausdrücklich das Gegenteil vereinbart worden ist, nur bis zum Belaufe seiner gezeichneten Summe verantwortlich, so daß also die §§ 92 und 93 hierbei keine Anwendung finden.

G. Allgemeine Bestimmung.

§ 141.

Der Versicherer hat den nach den §§ 126—140 zu berechnenden Schaden vollständig zu vergüten, wenn zum vollen Werte versichert war, jedoch unbeschadet der Vorschrift des § 23. War nicht zum vollen Wert versichert, so hat er nach Maßgabe des § 15 nur einen verhältnismäßigen Teil dieses Schadens zu vergüten.

Sechster Abschnitt.

Bezahlung des Schadens.

Erster Unterabschnitt.

Begründung, Andienung und Beweis der Schadensforderung.

§ 142.

In Fällen besonderer Haverei bedarf es bei Partialschäden, um seitens des Versicherten den Versicherer in Anspruch nehmen zu können, einer, wo dies gesetzlich vorgeschrieben ist, amtlich, sonst in ortsüblicher Weise aufzumachenden Schadensberechnung („Dispache"). Bei einem Totalverlust genügt in der Regel die Vorlegung der denselben nachweisenden Dokumente und einer seitens des Versicherten aufgemachten mit Belegen versehenen Berechnung der aufgewendeten Kosten und der etwa aus geretteten Gegenständen gelösten, von der Versicherungssumme in Abzug zu bringenden Beträge. Sollte jedoch diese Berechnung umfangreich oder verwickelt sein, so ist auch bei einem Totalverlust der Versicherer berechtigt, bevor er sich über die Anerkennung oder Nichtanerkennung der Schadensforderung erklärt, die Aufmachung einer Dispache zu verlangen.

§ 143.

Um Fälligkeit und Klagbarkeit der Forderung auf Schadensvergütung herbeizuführen, und um dadurch zugleich das Recht auf dieselbe für die gesamte Dauer des Verjährungszeitraums (§ 163) zu konservieren, hat der Versicherte innerhalb der unten anzugebenden Fristen dem Versicherer den Schaden anzudienen oder andienen zu lassen. Die Andienung besteht darin, daß, wenn der Versicherte in Folge von Nachrichten, welche er über den Gegenstand der Versicherung erhalten hat, oder in Folge des Ausbleibens aller Nachrichten, weiß oder schließen zu müssen glaubt, daß er den Versicherer auf Schadensvergütung in Anspruch zu nehmen haben werde, er dies dem letzteren durch eine schriftliche Erklärung („Andienung") ankündigt. Der Versicherer ist verpflichtet, wenn der Versicherte es verlangt, den Empfang der Andienung schriftlich zu bescheinigen, worin indessen keine Anerkennung seitens des Versicherers liegt, daß er den Schaden zu tragen habe.

Ein Schaden, welchen der versicherte Gegenstand auf einer Reise zwischen europäischen Plätzen erleidet, muß innerhalb zwölf Monate, falls auf einer Reise anderer Art, innerhalb achtzehn Monate nach dem Tage, an welchem die versicherte Reise beendigt ist (§§ 72—76), bei der Versicherung auf Zeit innerhalb zwölf Monate nach dem Tage, an welchem die Versicherungszeit endete, endlich, falls das Schiff verschollen sein sollte, innerhalb desselben Zeitraums nach dem letzten Tage der für die Verschollenheit bestimmten Frist (§ 117) angedient werden, widrigenfalls die Forderung gänzlich erlischt.

Zwei Monate nach dem Tage der Andienung wird die Forderung des Versicherten auf Schadensvergütung unter der Voraussetzung fällig und klagbar, daß dem Versicherer die Dispache resp. die Schadensberechnung mit gehörigen Belegen (s. §§ 142 u. 146) alsdann zugestellt wird oder schon vorher zugestellt worden ist.

Gegen die Versäumung der rechtzeitigen Andienung findet keine Wiedereinsetzung in den vorigen Stand statt.

§ 144.

Der Versicherte muß durch genügende, der Dispache resp. der Schadensberechnung (§ 140) beizufügende Belege dem Versicherer dartun:

1) sein Interesse;
2) daß der versicherte Gegenstand den Gefahren der See ausgesetzt worden ist;
3) den Unfall, worauf der Anspruch gestützt wird;
4) den Schaden und dessen Umfang.

Bei dem Beweise in betreff des vorstehend unter Nr. 4 angeführten Punktes ist in den bezüglichen Fällen den Vorschriften der §§ 127—133 zu genügen.

§ 145.

Bei der Versicherung für fremde Rechnung hat außerdem der Versicherte sich darüber auszuweisen, daß er dem Versicherungsnehmer zum Abschluß des Vertrags Auftrag erteilt hat, und ist der Versicherer berechtigt, Beibringung des Schreibens oder der Schreiben zu verlangen, durch welche der Auftrag und dessen etwaige Nachträge dem Versicherungsnehmer und resp. einem oder mehreren Zwischenbeauftragten zugängig gemacht worden sind. Dies letztere gilt, und zwar für alle Arten der Versicherung, auch von den etwaigen Benachrichtigungsschreiben, welche der Versicherte über die bei der Versicherung in Betracht zu ziehenden Umstände erhalten hat.

Ist die Versicherung ohne Auftrag geschlossen (§ 5), so muß der Versicherte die Umstände dartun, aus welchen hervorgeht, daß die Versicherung in seinem Interesse genommen ist.

§ 146.

Als genügende Belege sind anzusehen im allgemeinen solche Belege, welche im Handelsverkehr, namentlich wegen der Schwierigkeit der Beschaffnug anderer Beweise, nicht beanstandet zu werden pflegen, insbesondere

1) zum Nachweis des Interesses:
bei der Versicherung des Schiffs die üblichen Eigentumsurkunden;
bei der Versicherung von Gütern die Fakturen und Connossemente, insofern nach Inhalt derselben der Versicherte zur Verfügung über die Güter befugt erscheint;
bei der Versicherung der Fracht die Chartepartien und Connossemente;
2) zum Nachweis der Verladung der Güter die Connossemente;
3) zum Nachweis des Unfalls die Verklarung und das Schiffsjournal (HGB. Art. 488 und 494)*; in Kondemnationsfällen das Erkenntnis des Prisengerichts; in Verschollenheitsfällen glaubhafte Bescheinigungen über die Zeit, in welcher das Schiff den Abgangshafen verlassen hat, und über die Nichtankunft desselben im Bestimmungshafen während der Verschollenheitsfrist;
4) zum Nachweis des Schadens und dessen Umfangs die in Beziehung auf ihre Form den Gesetzen oder Gebräuchen des Orts der Schadensermittlung entsprechenden Besichtigungs-, Abschätzungs- und Versteigerungsurkunden, sowie die Kostenanschläge der Sachverständigen, ferner die quittierten Rechnungen über die ausgeführten Reparaturen, und andere Quittungen über geleistete Zahlungen. In Ansehung eines partialen Schadens am Schiff ist den Vorschriften der §§ 127—130, an Gütern denjenigen des § 133 zu genügen.

(Siehe Formular der See-Versicherungs-Police auf Güter.)

§ 147.

Auch im Fall eines Rechtsstreits ist den im § 146 bezeichneten Urkunden in der Regel und insofern nicht besondere Umstände Bedenken erregen, Beweiskraft beizulegen. Im übrigen entscheidet das am Ort der gerichtlichen Verhandlung geltende Prozeßrecht.

§ 148.

Eine Vereinbarung, wodurch der Versicherte von dem Nachweise der in den §§ 144 und 145 erwähnten Umständen oder eines Teils

* Siehe Anhang I.

derselben befreit wird, ist gültig, jedoch unbeschadet des Rechts des Versicherers, das Gegenteil zu beweisen.

Die bei der Versicherung von Gütern getroffene Vereinbarung, daß das Konnossement nicht zu produzieren sei, befreit nur von dem Nachweise der Verladung.

§ 149.

Bei der Versicherung für fremde Rechnung ist der Versicherungsnehmer ohne Beibringung einer Vollmacht des Versicherten legitimiert, über die Rechte, welche in dem Versicherungsvertrage für den Versicherten ausbedungen sind, zu verfügen, sowie die Versicherungsgelder zu erheben und einzuklagen. Diese Bestimmung gilt unbeschränkt, wenn keine Police über den Versicherungsvertrag erteilt worden ist, im Falle der Erteilung einer Police aber nur dann, wenn der Versicherungsnehmer die Police beibringt. — Im Falle der Erteilung einer Police hat der Versicherer die Versicherungsgelder dem Versicherten zu zahlen, wenn dieser die Police beibringt.

Wegen der im Falle einer ohne Auftrag geschlossenen Versicherung die Zahlungspflicht des Versicherers bedingenden Nachweisung, daß der Vertrag vom Versicherten genehmigt sei (s. § 5 Abs. 3 a. E.).

Zweiter Unterabschnitt.

Retentionsrecht. Kompensationsrecht.

§ 150.

Nach dem Art. 893 des HGB. ist der Versicherungsnehmer nicht verpflichtet, die Police dem Versicherten oder den Gläubigern oder der Konkursmasse desselben auszuliefern, bevor er wegen der gegen den Versicherten in bezug auf den versicherten Gegenstand ihm zustehenden Ansprüche befriedigt ist, und im Fall eines Schadens kann er wegen dieser Ansprüche aus der Forderung, welche gegen den Versicherer begründet ist, sowie nach Einziehung der Versicherungsgelder aus den letzteren, vorzugsweise vor dem Versicherten und vor dessen Gläubigern sich befriedigen. — Der Versicherer macht sich dem Versicherungsnehmer verantwortlich, wenn er, während dieser noch im Besitze der Police sich befindet, durch Zahlungen, welche er dem Versicherten oder den Gläubigern oder der Konkursmasse desselben leistet, oder durch Verträge, welche er mit denselben schließt, das vorstehend bezeichnete Recht des Versicherungsnehmers beeinträchtigt. Dieselbe Folge tritt unter den entsprechenden Umständen auch da ein, wo das in betreff des Versicherungsnehmers zur Anwendung kommende

Partikularrecht diesem ein weiter reichendes Retentionsrecht, als das im Art. 893 angegebene (auch wegen inkonnexer Forderungen), einräumt.

Inwiefern der Versicherer einem Dritten, welchem Rechte aus der Police eingeräumt sind, sich dadurch verantwortlich macht, daß er über diese Rechte Verträge schließt oder Versicherungsgelder zahlt, ohne die Police sich zurückgeben zu lassen oder dieselbe mit der erforderlichen Bemerkung zu versehen, bestimmt sich nach den Vorschriften des bürgerlichen Rechts.

§ 151.

Für die Frage, mittelst welcher ihm zustehender Forderungen der Versicherer gegen einen wider ihn geltend gemachten Schadensanspruch kompensieren kann, ist es entscheidend, daß immer, mag der Versicherte selbst oder ein Vertreter desselben, oder (bei der Versicherung für fremde Rechnung) der Versicherungsnehmer mit jenem Anspruche auftreten, der Versicherte derjenige ist, aus dessen Recht der Anspruch erhoben wird. Nur Forderungen des Versicherers gegen den Versicherten sind mithin zur Kompensation geeignet. — Das Recht des Versicherers, mittelst einer gegen den Versicherten ihm zustehenden Forderung zu kompensieren, erleidet jedoch dann eine Beschränkung, wenn bei der Versicherung für fremde Rechnung der Versicherungsnehmer es ist, welcher unter Vorlegung der Police die Schadenssumme einfordert und nach Maßgabe des § 150 berechtigt ist, sich aus den Versicherungsgeldern vorzugsweise vor dem Versicherten und vor dessen Gläubigern bezahlt zu machen. — Selbstverständlich tritt im letzteren Falle bis zu dem betreffenden Belauf ein Kompensationsrecht des Versicherers mit etwaigen Forderungen an den Versicherungsnehmer selbst ein, z. B. wegen noch nicht berichtigter Prämie.

In den Fällen, in welchen der Versicherte die ihm an den Versicherer zustehenden gegenwärtigen oder zukünftigen Ansprüche durch Zession auf den Versicherungsnehmer oder auf einen Dritten überträgt, kommen die allgemeinen Rechtsgrundsätze zur Anwendung.

Dritter Unterabschnitt.

Fälle, in welchen der Versicherer Abschlagszahlung leisten oder Vorschuß erteilen muß.

§ 152.

Wenn zwei Monate nach der Andienung des Schadens (§ 143) verflossen sind und der Belauf desselben ohne Verschulden des Versicherten noch nicht liquide gestellt und berechnet resp. die Dispache (§ 142) noch nicht vorgelegt, wohl aber durch ungefähre Ermittlung die Summe festzustellen ist, welche dem Versicherer mindestens zur Last fällt, so hat der Letztere zwei Drittel dieser Summe in Anrechnung auf seine Schuld vorläufig zu zahlen. (S. wegen Kautionsbestellung § 153 Abs. 4.)

§ 153.

Der Versicherer hat

1) in Havereifällen zu den für die Rettung, Erhaltung oder Wiederherstellung der versicherten Sache nötigen Ausgaben in Anrechnung auf seine später festzustellende Schuld zwei Drittel des ihm zur Last fallenden Betrags,

2) bei Aufbringung des Schiffs oder der Güter den vollen Betrag der ihm zur Last fallenden Kosten des Reklameprozesses, sowie sie erforderlich werden, vorzuschießen.

Bei allen Vorschüssen und vorläufigen Zahlungen, welche der Versicherer in Gemäßheit dieses und des vorstehenden Paragraphen leistet, ist der Versicherte zur unverzüglichen Rückzahlung desjenigen verpflichtet, wovon es sich später herausstellt, daß es dem Versicherten nicht gebühre. Auf demjenigen, welcher für fremde Rechnung oder als Vertreter eines Dritten Versicherung genommen hat, lastet deshalb keine persönliche Verbindlichkeit.

Ist eine Versicherung für fremde Rechnung oder im Auftrage und Namen eines Auswärtigen geschlossen, so braucht der Versicherer die Vorschüsse und vorläufigen Zahlungen, welche auf Grund dieses und des vorstehenden Paragraphen ihm obliegen, nur gegen eine zu bestellende sichere Kaution zu leisten.

Siebenter Abschnitt.

Aufhebung der Versicherung und Rückzahlung der Prämie.

Erster Unterabschnitt.

Ristorno wegen gänzlich oder teilweise nicht eintretender Gefahr.

§ 154.

Wird die Unternehmung, auf welche die Versicherung sich bezieht, ganz oder zum Teil von dem Versicherten aufgegeben, oder wird ohne sein Zutun die versicherte Sache ganz oder ein Teil derselben der von dem Versicherer übernommenen Gefahr nicht ausgesetzt, so kann die Prämie ganz oder zu dem verhältnismäßigen Teil bis auf eine dem Versicherer gebührende Vergütung zurückgefordert oder einbehalten werden (Ristorno).

Die Vergütung (Ristornogebühr) besteht, sofern nicht ein anderer Betrag vereinbart ist, in einem viertel Prozent der ganzen oder des entsprechenden Teils der Versicherungssumme, wenn aber die Prämie nicht ein halbes Prozent der Versicherungssumme erreicht, in der Hälfte der ganzen oder des verhältnismäßigen Teils der Prämie.

Wegen einiger besonderer Ristornofälle (s. §§ 37, 44, 46, 53, 64, 162 a. E.).

§ 155.

Ist die Versicherung wegen Mangels des versicherten Interesses (§§ 1, 2) oder wegen Überversicherung (§ 9) oder wegen Doppelversicherung (§ 11) unwirksam und hat sich der Versicherungsnehmer bei dem Abschluß des Vertrags und im Falle der Versicherung für fremde Rechnung auch der Versicherte bei der Erteilung des Auftrags, in gutem Glauben befunden, so kann die Prämie gleichfalls bis auf die im § 154 bezeichnete Ristornogebühr zurückgefordert oder einbehalten werden.

§ 156.

Die Anwendung der §§ 154 und 155 ist dadurch nicht ausgeschlossen, daß der Versicherungsvertrag für den Versicherer wegen Verletzung der Anzeigepflicht unverbindlich ist, selbst wenn der Versicherer ungeachtet dieser Unverbindlichkeit auf die volle Prämie Anspruch hätte, jedoch mit folgender Ausnahme. Sollte bei dem Abschlusse des Vertrages oder bei den zum Zwecke desselben vorgenommenen vorangehenden Handlungen, sei es von dem Versicherungsnehmer, dem Versicherten oder einem Vertreter desselben oder einem Zwischenbeauftragten eine Täuschung des Versicherers beabsichtigt worden sein, so findet kein Ristorno statt. Die Absicht, den Versicherer zu täuschen, ist schon dann anzunehmen, wenn eine der vorbezeichneten Personen über erhebliche Umstände (§ 29) Erklärungen gegen besseres Wissen gemacht hat.

§ 157.

Ein Ristorno findet nicht statt, wenn die Gefahr für den Versicherer bereits zu laufen begonnen hat, und macht es hierbei keinen Unterschied, ob die Versicherung auf eine einzelne Reise, ob eine

Zeitversicherung oder eine Versicherung auf kombinierte Reisen geschlossen ist. (S. jedoch § 162 a. E.)

§ 158.

Bestehen mehrere Versicherungen auf denselben Gegenstand, so steht, mögen die Versicherungen an demselben Orte oder an verschiedenen Orten, zu derselben Prämie oder zu verschiedenen Prämien auf Grundlage derselben oder verschiedener Vertragsbedingungen, abgeschlossen sein, bei der Ristornierung eines Teils des versicherten Belaufes es nicht in des Versicherten Willkür, welche Versicherungen er ristornieren will. Sind die Versicherungen gleichzeitig abgeschlossen (§ 10), so wird der Ristorno über alle Versicherer gleichmäßig verteilt; sind sie zu verschiedenen Zeiten abgeschlossen, so sind die jüngeren Versicherungen vor den älteren, je nach der Zeit des Abschlusses, zu ristornieren.

§ 159.

Der Ristorno muß innerhalb Jahresfrist nach dem Tage, an welchem die Police unterzeichnet ist und, wenn keine Police ausgestellt sein sollte, nach dem Tage des Abschlusses der Versicherung, gefordert werden, widrigenfalls jeder Anspruch darauf erlischt.

Zweiter Unterabschnitt.

Aufhebung der Versicherung wegen Zahlungsunfähigkeit des Versicherers resp. des Prämienschuldners.

§ 160.

Wenn der Versicherer zahlungsunfähig geworden ist, so ist der Versicherte befugt, nach seiner Wahl entweder von dem Vertrage zurückzutreten und die ganze Prämie zurückzufordern resp. einzubehalten, oder auf Kosten des Versicherers nach Maßgabe des § 12 eine neue Versicherung zu nehmen. Dieses Recht steht ihm jedoch nicht zu, wenn ihm wegen Erfüllung der Verpflichtungen des Versicherers genügende Sicherheit bestellt wird, bevor er von dem Vertrage zurückgetreten ist oder die neue Versicherung genommen hat.

Andererseits ist der Versicherer, wenn der Versicherungsnehmer zahlungsunfähig geworden ist, berechtigt, alle von demselben für eigene Rechnung genommenen Versicherungen für erloschen zu erklären, wenn ihm nicht innerhalb zweimal 24 Stunden nach einer deshalb dem Versicherungsnehmer oder dessen Vertretern gemachten Ankündigung für alle Prämien, welche der Versicherungsnehmer noch schuldet, diejenigen jedoch ausgenommen, wegen deren der Versicherer zufolge

§ 59 sich auch an den Versicherten halten kann, — welche Ausnahme indessen dann hinwegfällt, wenn auch der betreffende Versicherte zahlungsunfähig geworden sein sollte — Zahlung oder genügende Sicherheit geleistet wird. Bei einer Mehrzahl von für fremde Rechnung genommenen Versicherungen kann der Versicherer auf Grund der Zahlungsunfähigkeit des Versicherungsnehmers nur diejenigen für erloschen erklären, für welche die Prämie nicht innerhalb der vorgedachten Frist gezahlt oder sichergestellt wird, so daß also jede Versicherung, für welche die Zahlung oder Sicherstellung der Prämie innerhalb der angegebenen Frist erfolgt, in Wirksamkeit bleibt, wenngleich für andere Versicherungen die Prämie weder gezahlt noch sichergestellt werden sollte.

Dritter Unterabschnitt.

Wirkung der Veräußerung des versicherten Gegenstandes.

§ 161.

Wird der versicherte Gegenstand veräußert, so können dem Erwerber die dem Versicherten nach dem Versicherungsvertrage auch in bezug auf künftige Unfälle zustehenden Rechte mit der Wirkung übertragen werden, daß der Erwerber den Versicherer ebenso in Anspruch zu nehmen befugt ist, als wenn die Veräußerung nicht stattgefunden hätte und der Versicherte selbst den Anspruch erhöbe.

Der Versicherer bleibt jedoch von der Haftung für die Gefahren befreit, welche nicht eingetreten sein würden, wenn die Veräußerung unterblieben wäre.

Er kann sich nicht nur der Einreden und Gegenforderungen bedienen, welche ihm unmittelbar gegen den Erwerber zustehen, sondern auch derjenigen, welche er dem Versicherten hätte entgegenstellen können; der aus dem Versicherungsvertrage nicht hergeleiteten jedoch nur insofern, als sie bereits vor der Anzeige der Übertragung entstanden sind.

§ 162.

Die Vorschriften des § 161 gelten auch im Falle der Versicherung einer Schiffspart.

Ist das Schiff selbst versichert, so kommen dieselben nur dann zur Anwendung, wenn das Schiff während einer Reise veräußert wird. Anfang und Ende der Reise bestimmen sich nach § 72. Ist das Schiff auf Zeit oder für mehrere Reisen (§§ 76, 79) versichert, so dauert die Versicherung im Falle der Veräußerung während einer

Reise nur bis zur Entlöschung des Schiffs im nächsten Bestimmungshafen (§ 72). Von dem Teil der Prämie, welcher auf den Zeitraum nach der vorgedachten Entlöschung des Schiffs validiert, resp. verhältnismäßig für die ferneren Reisen zu rechnen ist, hat der Versicherer dem Versicherten zwei Dritteile zurückzuvergüten.

Achter Abschnitt.
Verjährung.

§ 163.

Die Forderung des Versicherten an den Versicherer aus dem Versicherungsvertrag erlischt durch Verjährung, wenn sie nicht innerhalb fünf Jahre nach dem Tage der geschehenen Andienung des Schadens (§ 143) durch Anstellung gerichtlicher Klage geltend gemacht wird.

Die dem Versicherer gegen den Versicherten zustehenden Forderungen (auf Prämie, auf etwaige Rückvergütung u. dgl.) erlöschen durch Verjährung, wenn sie nicht innerhalb fünf Jahre, nachdem sie entstanden sind, durch Anstellung gerichtlicher Klage geltend gemacht werden.

Außergerichtliche Mahnungen verhindern den Eintritt der Verjährung nicht.

Gegen die Versäumung der rechtzeitigen Klagstellung findet keine Wiedereinsetzung in den vorigen Stand statt.

§ 164.

Eine Forderung, welche nach dem § 163 verjährt ist, kann auch im Wege der Kompensation oder sonst als Gegenforderung nicht geltend gemacht werden, wenn sie zur Zeit der Entstehung der anderen Forderung bereits verjährt war.

(Polizen-Formulare.)

Seeversicherungspolize auf Güter.

Wir die Unterzeichneten beurkunden hierdurch für uns und unsere Rechtsnachfolger, daß wir, ein jeder von uns für die unten bei seinem Namen angegebene Summe, Versicherung übernommen haben

an Herr

für Rechnung wen es angeht

auf

taxiert zu ℳ

im Schiffe

geführt vom Schiffer

von

nach

zur Prämie von Prozent.

Die aus dieser Versicherung für uns und d$\frac{en}{ie}$ Versicherten abzuleitenden Rechtsfolgen sind zu bestimmen nach den **„Allgemeinen Seeversicherungs-Bedingungen von 1867“**, welchen Bedingungen sich beide Teile, insbesondere auch in betreff derjenigen Punkte unterworfen haben, in Ansehung deren die bezüglichen Paragraphen des Allgemeinen Deutschen Handelsgesetzbuchs mit Abänderungen in dieselben aufgenommen oder durch abweichende Bestimmungen ersetzt worden sind.

Besondere Anzeigen oder Vereinbarungen:

Diese Versicherung gilt „Nur für Seegefahr“ (d. h. mit Ausschluss der Kriegsgefahr s. § 101). Der Versicherer haftet nicht für Beschädigung oder Verlust durch Minen.

In betreff der §§ 27, 51, 54-56, 60, 61, 73, 77, 84, 101, 104, 105, 146 der vorgedachten Bedingungen gelten die auf der Rückseite dieser Polize abgedruckten Abänderungen und resp. Zusätze als vereinbart.

Für alle Ansprüche an die Versicherer aus diesem Versicherungsverhältnis sind ausschliesslich die Hamburger Gerichte zuständig.

Diese Versicherung ist geschlossen durch

So geschehen zu Hamburg, den ten 191

Zusätze und Abänderungen

zu den folgenden Paragraphen der

„Allgemeinen Seeversicherungs-Bedingungen von 1867".

Zu § 27. Den Versicherten, deren Güter in Dampfschiffen verladen werden, ist es unpräjudizierlich, wenn die darüber gezeichneten Konnossemente oder Chartepartien Bestimmungen enthalten, durch welche die Reeder der ihnen, den Ladungsinteressenten gegenüber, wegen Erfüllung der Frachtkontrakte gesetzlich obliegenden Verbindlichkeiten, gleichviel in welchem Maße, sich entschlagen. Jedoch übernehmen die Versicherer durch die Gestattung solcher Bestimmungen keine Gefahr, welche nicht ohnedies durch die Versicherung gedeckt ist. (S. auch zu § 84.)

Zu § 51. Der § 51 wird aufgehoben und dadurch die in betreff der Art der Leichterbenutzung und der sonstigen Hilfstransporte bisher vorgeschrieben gewesene besondere Anzeigepflicht beseitigt. Die allgemeine Anzeigepflicht (§ 29 f.) besteht ferner auch wegen dieses Gegenstandes.

Zu §§ 54—56. Zur Beseitigung erhobener Zweifel über die Tragweite der §§ 54—56 wird erklärt, daß die in denselben angeordnete besondere Anzeigepflicht nur für solche Versicherungsfälle besteht, in welchen auch Kriegsgefahr von den Versicherern übernommen wird. Sie besteht also dann nicht, wenn „Nur für Seegefahr" Versicherung geleistet worden ist.

Zu §§ 60—61. Güter, auf durchgehende Konnossemente verladen, gehen in allen für den Transport eingeschlagenen Richtungen, gleichviel auf welchen Wegen, zu Wasser oder zu Lande, sie transportiert werden mögen, bis zur Ablieferung am Destinationsplatze für Gefahr der Versicherer.

Werden für kombinierte Reisen versicherte Güter ohne durchgehendes Konnossement verladen, so tragen die Versicherer derselben auch die Gefahr der Zwischentransporte und des Verweilens in den Zwischenplätzen; die Gefahr des letzteren jedoch nur für den Zeitraum, während dessen ein Verweilen der Güter nicht durch willkürliche Verfügungen der Versicherten oder deren Vertreter ungebührlich verlängert wird.

In allen Fällen, in welchen die Versicherung ungeachtet einer Vergrößerung oder Veränderung der Gefahr und ungeachtet einer Verzögerung des Antritts oder der Vollendung der Reise, in Wirksamkeit bleibt, finden die Bestimmungen des § 60 Abs. 4 Anwendung.

Zu § 73. Dem „vom Lande Scheiden" und „an das Land Gelangen" des § 73 stehen für Güter, welche der Ablader an einen Kai, Werft, Hulkschiff, Bahnhof, Zollhaus oder dergl. abzuliefern, oder der Destinatär von einem Kai, Werft usw. entgegen zu nehmen hat, in betreff des Anfangs und Endes der Gefahr die vorgedachte Ablieferung und Entgegennahme gleich. Bei Verzögerung der Entgegennahme angelangter Güter endet die Gefahr der Versicherer mit dem Ablauf des zehnten Tages nach der Löschung.

Bei allen Güterversicherungen, namentlich auch solchen, bei denen die Gefahr der See- und Landbeförderung durchstehend versichert ist, Versicherungen von Haus zu Haus oder wie sonst der für solche Versicherungen gewählte Ausdruck lauten möge, trifft den Versicherer die Feuersgefahr während einer Lagerung am Lande am Endbestimmungsort der versicherten Güter, auch ohne Verzögerung der Entgegennahme derselben, nur bis zum Ablauf des zehnten Tages nach derartiger Lagerung.

Werden abzuladende Güter zu Wasser nach dem Abgangskai, den Umständen nach an die Aufnahmeleichter des für den Transport bestimmten noch nicht angelangten Dampfschiffes, oder angelangte Güter von dem Landungskai zu Wasser an das Land gebracht, so tragen die Versicherer die Gefahr dieser Transporte. Dies findet auch Anwendung auf den Transport abzuladender Güter von Hamburg nach Schiffen oder Kais zu Altona und von Altona nach Schiffen oder Kais zu Hamburg, sowie auf den Transport angelangter Güter von Hamburg oder Altona nach einem Kai oder sonstigen Landungsplatz des resp. anderen Ortes.

Zu § 77. Die in diesem Paragraphen Abs. 2 am Ende genannten Kosten treffen den Versicherer nicht, soweit sie durch Aus-, Durch-, Einfuhr- oder Verkehrsverbote, Quarantäneverordnungen, Zollauflagen oder gleichartige Verfügungen entstanden sind.

In den Fällen, in welchen die Versicherung ungeachtet einer derartigen Aufgabe der Reise in Wirksamkeit bleibt, finden die Bestimmungen des § 60 Abs. 4 Anwendung.

Zu § 84. Die Versicherer verzichten auf die bisherige Befreiung von der Tragung der kleinen, nur ein Prozent oder weniger betragenden Havarie-grosse-Schäden.

Den Versicherten wird eine vertragsmäßig festzustellende Abweichung von den die Havarie-grosse-Regulierungen betreffenden Bestimmungen des geltenden Rechts insoweit frei gelassen, daß sie sich durch Bewilligung von Konnossementsklauseln oder durch den Inhalt von Chartepartien den derzeit festgestellten oder etwa fernerhin zu modifizierenden York & Antwerp Rules unterwerfen, oder im voraus erklären, die Gesetze des Heimathafens des Schiffes als maßgebend gelten zu lassen.

Zu § 101. Ist der Vertrag mit der Klausel „Nur für Seegefahr" abgeschlossen, so übernimmt der Versicherer gegen eine zu vereinbarende Zuschlagsprämie auch die Gefahr der Ausladung und Lagerung der Güter im Falle jeglichen Aufenthalts wegen Kriegsgefahr — soweit es sich nicht um Schäden handelt, die während der Ausladung oder Lagerug durch Kriegsereignisse eingetreten sind — unter der Bedingung, daß ihm spätestens am dritten Werktage nach demjenigen Tage, an welchem der Versicherte bezw. Versicherungsnehmer von der erfolgten oder beabsichtigten Ausladung und Lagerung Kenntnis erhalten hat, Anzeige gemacht wird.

Wird über die zu zahlende Zuschlagsprämie eine Einigung nicht erzielt, so trägt der Versicherer, falls die Anzeige wie vorstehend erstattet ist, die Gefahr der Ausladung und Lagerung — unter Berechnung einer Prämie nach Billigkeit — bis zu dem Augenblick, in welchem die Verhandlungen von der einen oder andern Seite abgebrochen sind, und zwar zu den im Vertrage festgesetzten Bedingungen; im übrigen gilt die Versicherung

— wenn eine solche Einigung nicht erzielt ist und der oben erwähnte Aufenthalt länger als zwei Monate dauert — für die etwaige Weiterreise in allen Fällen nur frei von Beschädigung (resp. Bruch) außer im Strandungsfalle, bei flüssigen Waren in Gebinden entsprechend frei von Leckage.

Der Versicherte hat alle Rechte aus etwaigen anderen Transportversicherungen, durch welche die oben bezeichnete Gefahr gedeckt ist oder nach Ansicht des Versicherers gedeckt sein könnte, an letzteren abzutreten und finden die Vorschriften des § 71 entsprechende Anwendung.

Zu §§ 104—105. Güter gelten, wenn nicht ein anderes vereinbart worden ist, als versichert, wie folgt:

Frei von 3 % Beschädigung			**Frei von 10 % Beschädigung**
Aloe.	Holz, ausgen. Dielen,	Pech.	Baumwolle in ungepr.
Ambosse.	Bohlen und Furniere.	Quecksilber in metall.	Ballen.
Anker, eiserne.	Hörner.	Gefässen.	Kaffee in Säcken.
Arsenik.	Hornspitzen.	Rhabarber.	Kardomom in Säcken.
Asphalt.	Indigo.	Saffran.	Leinen und Leinenwaren
Baumwolle in gepressten	Indigoextrakt.	Schellack.	(ausgen. Sackleinen)
Ballen.	Kaffee in Fässern.	Schildplatt.	in Ballen.
Baumwollenwaren	Kanel v. Produktionsort.	Schwefel, roher.	Manufakturwaren
s. Manufakturwaren.	Kardamom in Kisten.	Seide.	(ausgenomm. Tuch und
Bernstein.	Lackdye.	Silberwaren, echte und	Tuchwaren) in Ballen.
Borax in Fässern.	Leinen und Leinenwaren	Silberdraht.	Nelken in Gonjes.
Camphor, roher.	(ausgenommen Sack-	Spermazeti.	Pfeffer in Ballen.
Cassia lignia in Kisten.	leinen) in Kisten und	Stearin.	Piment.
Chinarinde in Kisten.	Ballots.*)	Strumpfwaren in Kisten	Reis vom Produktions-
Cochenille.	Macisblüte in Fässern	und Ballots.*)	lande in Fässern.
Elefantenzähne.	oder Kisten.	Talg.	Stahl i. Fässern u Kisten.
Farbehölzer in Stücken.	Manufakturwaren	Tauwerk, geteert.	ausser nach transatlan-
Farbeholzextrakt.	(ausgen. Tuch u. Tuch-	Vanille.	tischen Plätzen.
Galipot	waren) in Kisten und	Wachs (Bienen-).	Strumpfwaren in Ballen.
Garn: Leinen-, Baum-	Ballots.*)	Walrat	
wollen- u. Wollengarn,	Metalle in Blöcken oder	Walrosszähne.	
ausgen. türkisch rotes	Barren, ausgenommen	Wolle, europ., ausgen.	
Garn.	Eisen und Stahl.	isländ. u. Kratzwolle.	
Goldwaren, echte.	Moschus.	Wollenwaren s.	
Gummi Kopal.	Muskatnüsse.	Manufakturwaren.	
Harz in Fässern.	Nickel.	Zink in Platten.	
	Opium.	Zinnober.	

*) Unter „Ballots" wird hier eine Verpackung, außer in Leinen, noch in Wachstuch, Teertuch oder Oeltuch verstanden.

Alle vorstehend nicht genannten Güter gelten als „frei von Beschädigung und Bruch ausser im Strandungsfalle" versichert.

Dem „Strandungsfalle" sind, selbstverständlich unter Festhaltung der bezüglichen sonstigen Bestimmungen des § 104, gleichzustellen Kollision (An- oder Uebersegelung), Stossen (auf Grund oder gegen ein anderes Schiff, einen Kai, Pier, eine Brücke, oder gegen einen andern festen oder im Wasser treibenden Gegenstand) und Beschädigung des Schiffes durch Eis.

Zu § 146. Die Versicherer verzichten in den Fällen, wenn in Dampfschiffen verladene Güter frei von gewissen Prozenten der Beschädigung versichert worden sind und Beschädigung sich ereignet, auf die Beibringung der Verklarung.

Seeversicherungspolize auf Casco.

Zeitversicherung.

Wir, die Unterzeichneten, beurkunden hierdurch für uns und unsere Rechtsnachfolger, daß wir, ein jeder von uns für die unten bei seinem Namen angegebene Summe, Versicherung übernommen haben

an Herr

auf das **Casco**

taxiert ℳ

des

geführt vom Schiffer

für die Zeit von Monaten, beginnend am

bis zum

zur Prämie von Prozent.

Die aus dieser Versicherung für uns und d Versicherten abzuleitenden Rechtsfolgen sind zu bestimmen nach den **„Allgemeinen Seeversicherungs-Bedingungen von 1867“**, welchen Bedingungen sich beide Teile, insbesondere auch in betreff derjenigen Punkte unterworfen haben, in Ansehung deren die bezüglichen Paragraphen des Allgemeinen Deutschen Handelsgesetzbuchs mit Abänderungen in dieselben aufgenommen oder durch abweichende Bestimmungen ersetzt worden sind.

Besondere Anzeigen oder Vereinbarungen:

Diese Versicherung gilt „Nur für Seegefahr“.

Der Versicherer haftet nicht für Beschädigung oder Verlust durch Minen.

Die auf der Rückseite dieser Polize abgedruckten allgemeinen Bestimmungen, Zusätze und Abänderungen zu den §§ 38, 39, 54-56, 69, 70, 80, 84, 97, 130 der „Allgemeinen Seeversicherungs-Bedingungen von 1867“ sind von beiden Teilen vereinbart.

Für alle Ansprüche an die Versicherer aus diesem Versicherungsverhältnis sind ausschliesslich die Hamburger Gerichte zuständig.

Diese Versicherung ist geschlossen durch

So geschehen zu Hamburg, den ten 19

Zusätze und Abänderungen
zu den folgenden Paragraphen der „Allgemeinen Seeversicherungs-Bedingungen von 1867", über welche die Parteien sich geeinigt haben.

§§ 38 u. 39 werden durch folgende Bestimmungen ersetzt.

1. Dem Versicherer fällt kein Schaden zur Last, welcher daraus entsteht, daß mit dem Schiffe
   a. diejenigen Explosivstoffe, welche zufolge der durch deutsche Behörden erlassenen Gesetze und Verordnungen überhaupt von jeder Verladung ausgeschlossen sind, insbesondere Nitroglyzerin als solches oder in Lösungen und Gemische, welche Nitroglyzerin abtropfen lassen;
   b. Naphtha, rohes Petroleum, Benzin oder ungelöschter Kalk;

   verladen sind, es sei denn, daß die Verladung ohne Wissen des Schiffers stattgefunden habe und der Umstand, daß von den genannten Gütern etwas verladen sei oder verladen werden sollte, dem Versicherten oder dessen Vertreter ungeachtet der aufzuwendenden gehörigen Sorgfalt unbekannt geblieben wäre, oder daß bezüglich der unter b. genannten Güter die Verladung unter besonderer Genehmigung des Versicherers für den einzelnen Fall stattgefunden habe.
2. Dem Versicherer fällt kein Schaden zur Last, welcher sich auf der betreffenden Reise ereignet, wenn
   a. loses Schüttgut, als namentlich Getreide, Saat, Hülsenfrüchte, Kerne oder Nüsse in Mengen über 750 Kilo per netto Register-Ton verladen sind, ohne daß das Schiff bei solcher Ladung mit nach Seemannsgebrauch eingerichteten Längsschotten versehen ist;
   b. Eisenbahnschienen in Mengen über 500 Kilo per netto Register-Ton verladen sind, ohne daß solche nach Seemannsgebrauch mit Holz im Raum aufgestaut sind.

Zu §§ 54-56. Die in diesen Paragraphen dem Versicherungsnehmer auferlegte besondere Anzeigepflicht besteht nur für solche Versicherungsfälle, in welchen gegen Kriegsgefahr Versicherung geleistet wird.

Zu § 69. Für Schaden, welchen das Schiff bei der Verwendung zum Leichtern und Bugsieren anderer Schiffe oder zur Nothilfeleistung erleidet, wird nur insoweit Ersatz geleistet, als der Versicherte nicht etwa durch den erhaltenen Leichter-, Bugsier- oder Hilfslohn Ersatz desselben empfangen hat.

Der Schaden, welchen der Versicherte mittelbar dadurch erleidet, daß er den einem dritten zugefügten Schaden zu ersetzen hat (Absatz 7), wird verhältnismäßig über Schiff und Fracht verteilt, auch wenn letztere ganz oder teilweise vorausbezahlt ist.

Zu § 70. Absatz I wird durch folgende Bestimmungen ersetzt:
Dem Versicherer fallen die nachstehend bezeichneten Schäden nicht zur Last:
Bei der Versicherung von Schiff oder Fracht:

1. Der Schaden, welcher daraus entsteht, daß das Schiff in einem nicht seetüchtigen oder überladenen Zustande oder nicht gehörig ausgerüstet oder bemannt oder ohne die erforderlichen Papiere (§ 513 des Allgem. D. H. G.) in See gesandt ist.
2. Der Schaden, welcher durch das Forcieren von feststehendem Eis verursacht ist, es sei denn, daß solches Forcieren zur Rettung von Schiff oder Ladung notwendig gewesen sein sollte.
3. Der Schaden, welcher außer dem Falle des Zusammenstosses von Schiffen daraus entsteht, daß der Reeder für den durch eine Person der Schiffsbesatzung einem dritten zugefügten Schaden haften muß (§§ 485 und 486 des Allgem. D. H. G.).

Zu § 80. Ist das Schiff bei Ablauf des vereinbarten Versicherungszeitraums unterwegs (§ 72), so wird nach Vorschrift des § 80 der A. S. V. Bed. von 1867 die Versicherung prolongiert, und zwar bei einer Reise nach mehreren Plätzen bis zur Ankunft und Entlöschung im letzten derselben.

Trifft das Schiff in einem den Versicherern zur Last kommenden beschädigten Zustande im Bestimmungsplatze ein, so dauert die Versicherung bis zu Ende der Reparatur fort, mag diese in dem Bestimmungshafen oder in einem anderen für den Zweck der Reparatur ausgewählten Platze ausgeführt werden.

Falls das Schiff bei Ablauf des versicherten Zeitraums sich in einem dem Versicherer zur Last fallenden beschädigten Zustande an einem anderen Orte als dem Bestimmungsorte befindet, von dem es erst eine Reise machen muß, um repariert werden zu können, so dauert der Risiko, wenn von amtlich fungierenden Sachverständigen erklärt worden ist, daß das Schiff trotz der erlittenen Beschädigung diese Reise zu machen imstande sei, bis zur Ankunft und Entlöschung am Bestimmungsorte fort.

Die Prämienzulagen für solche Prolongationen werden tagweise pro rata der Jahresprämie berechnet.

Zu § 84. Die Versicherer verzichten auf die bisherige Befreiung von der Tragung der kleinen, nur ein Prozent oder weniger betragenden Havarie-grosse-Schäden.

Den Versicherten wird eine vertragsmäßig festzustellende Abweichung von den die Havarie-grosse-Regulierungen betreffenden Bestimmungen des geltenden Rechts insoweit freigelassen, als sie sich durch Bewilligung von Konnossementsklauseln oder durch den Inhalt von Chartepartien den derzeit festgestellten oder etwa fernerhin zu modifizierenden York & Antwerp Rules unterwerfen, oder im voraus erklären, die Gesetze des Heimathafens des Schiffes als maßgebend gelten zu lassen.

Zu § 97. Auf Schadensersatz an dritte (§ 70) findet die Bestimmung des § 97, daß besondere Havarien 3% übersteigen müssen, keine Anwendung; solcher Schadensersatz ist dagegen auch nicht der besonderen Havarie hinzuzurechnen, um diese über 3% zu bringen.

Zu § 130. Die ersten vier Absätze dieses Paragraphen werden durch folgende Bestimmungen ersetzt:

Nachdem die in den §§ 127—129 vorgeschriebene Besichtigung, Begutachtung und Taxation stattgefunden hat, muß ohne Verzug zur Reparatur geschritten werden, gleichviel ob die Versicherung an dem Orte der Reparatur endet oder nicht. Nach Vollendung der Reparaturarbeiten, welche der Versicherer durch seine Experten kontrollieren zu lassen berechtigt ist, sind ihm die Reparaturrechnungen vorzulegen und alle bewilligten Rabatte, Diskonto und sonstigen Nachlässe gutzubringen. Beläuft sich danach der Gesamtbetrag, welcher für die Beseitigung der den Versicherer treffenden Schäden aufgewendet worden ist, nicht so hoch wie die in der Taxation dafür angesetzte Summe, so ist der Schadensvergütung nur jener geringere Belauf zugrunde zu legen. Beläuft sich der Gesamtbetrag der Rechnungen höher als der Gesamtbetrag der Taxation, so findet die Schadensvergütung nach Maßgabe der letzteren statt.

Dem Versicherer kommen die Kosten der für die Reparatur erforderlichen Gelder zur Last, mit Ausnahme der Fälle, in denen dieselbe nach Beendigung einer Reise stattfindet.

Ist in Gemäßheit des Vorstehenden der Gesamtbelauf der Reparaturkosten, sei es auf Grund der Taxation oder Reparaturrechnungen in Gewißheit gebracht, so werden für die schließliche Feststellung des von dem Versicherer zu vergütenden Betrages von jenem Belauf die im § 130 unter A und B festgestellten Abzüge gemacht, wobei jedoch bezüglich derjenigen unter A die folgenden Abänderungen und Zusätze eintreten:

Bei **eisernen Schiffen** (komposite Schiffe ausgeschlossen) findet von den Kosten der Erneuerung oder Reparatur der **Eisenteile** des **Schiffskörpers** oder der **Bemastung**, sowie der **Zementierung** für die ersten 10 Jahre, gerechnet vom Tage der ersten Registrierung des Schiffes, kein Abzug statt. Für die folgenden 5 Jahre wird ein Sechstel, später ein Drittel abgezogen. — Solche Teile, die gelascht oder gerichtet werden können, ist der Versicherte nicht berechtigt, durch neue ersetzen zu lassen, es sei denn, daß die Erneuerung wegen der Klassifikation erforderlich ist. Dagegen findet für gelaschte oder gerichtete Teile kein Abzug statt.

Für Schrapen, Malen oder Anstrich des beschädigt gewesenen Bodens ist der Abzug ein Drittel, wenn die letzte Herstellung nicht über 6 Monate alt ist, andernfalls findet keine Vergütung statt.

Bei **hölzernen Schiffen** (komposite Schiffe eingeschlossen) findet von den Kosten der Erneuerung oder Reparatur der **Metallhaut**, sowie von den Kosten der **Kalfaterung** im ersten Jahre, gerechnet vom Tage der Umlegung oder Kalfaterung, kein Abzug statt, im zweiten Jahre tritt ein Abzug von einem Drittel ein, im dritten Jahre ein solcher von zwei Dritteln. Für Schäden, welche nach Ablauf des dritten Jahres entstehen, wird dem Versicherten nichts vergütet.

Im übrigen verbleibt es für **hölzerne Schiffe** (einschließlich komposite Schiffe), sowie für **Holzteile** an **eisernen** Schiffen bei den Abzugsbestimmungen des § 130.

Bei **allen Schiffen** gilt das Kajütsinventar, bei **Dampfschiffen** gelten die Maschinen (Donkey, Dampfsteuerung, Winden, Wellen, Propeller, Schaufelräder und Maschinen für elektrische Beleuchtung eingeschlossen), sowie die **Kessel** „frei von Beschädigung, außer im Strandungsfalle“ (siehe § 104) versichert. Außer den in § 104 genannten Fällen sollen der Strandung auch gleichzuachten sein: Zusammenstoß des Schiffes mit anderen Fahrzeugen und Explosion.

Trifft ein an den **Maschinen** stattgehabter Schaden den Versicherer, so wird von den Reparatur- oder Erneuerungskosten, falls der Schaden innerhalb der ersten drei Jahre nach dem begonnenen Gebrauch sich ereignet, kein Abzug, wenn dies in dem vierten bis sechsten Jahre geschehen ist, ein Abzug von einem Sechstel, wenn später von einem Drittel gemacht.

Im Falle eines den Versicherer treffenden Schadens an den **Kesseln** wird von den Reparatur- oder Erneuerungskosten im ersten Jahre kein Abzug gemacht, für jedes weitere Jahr, welches sie im Gebrauch gewesen sind, kommt je ein Achtel in Abzug; nach Ablauf des achten Jahres findet überhaupt kein Schadensersatz mehr statt.

Die Ansätze für alle solche Schäden am Schiffe oder an Maschinen und Kesseln, auf deren Reparatur der Reeder verzichtet, werden gestrichen; solcher Verzicht bedarf indessen stets der Zustimmung des Versicherers.

Provision und Kosten des Vertreters des Versicherten in Fällen besonderer Havarie ist der Versicherer nicht verflichtet zu ersetzen; er kann auch in Havarie-grosse-Fällen den auf ihn entfallenden Anteil an solchen Kosten in Abzug bringen, sofern der Versicherte nicht zu beweisen vermag, daß dieselben ungeachtet gehöriger Sorgfalt weder zu vermeiden noch zu ermäßigen waren.

Allgemeine Bestimmungen.

Diese Versicherung gilt für jeglichen Aufenthalt des Schiffes während des versicherten Zeitraums (§ 79), soweit nicht nachstehend Ausnahmen festgestellt oder anderweitig in dieser Police besonders vereinbart sind. Ausgeschlossen von dieser Versicherung sind:

a. **für Dampfschiffe:**

1) außereuropäische Reisen, wobei jedoch die afrikanischen und asiatischen Plätze am Mittelländischen und Schwarzen Meer nicht als außereuropäische Plätze gelten sollen.
2) Reisen nach und von Island, Grönland und den arktischen Gewässern.
3) Reisen nach und von dem Weißen Meere innerhalb der Zeit vom 1. Oktober bis 30. April, Antritt der Aus- oder Heimreise maßgebend.

b. **für Segelschiffe:** Reisen nach und von

1) Island, Grönland und den arktischen Gewässern.
2) Guano-Inseln des stillen Ozeans.
3) Häfen u./oder Plätzen des Malayischen Archipels von 5° S B bis 5° N B und 115° bis 130° O L inklusive

4) Timaru, Oamaru, Invercargill (Neu-Seeland).
5) Häfen u./oder Plätzen des Sambesi-Deltas (Quilimane etc.) und East London (Afrika).
6) Häfen u./oder Plätzen innerhalb der Barre des Rio Grande do Sul, Penedos, San Christovao (Sergipe), Maroim, Aracajú, Natal, Aracaty.
7) Golf von Honduras, Holzhäfen des Golf von Mexiko (ausgenommen die Farbeholz-Häfen zwischen Laguna de Terminos und Kap Catoche).
8) Häfen der Südküste Domingos.
9) mit Kulis nach Amerika und West-Indien.

Prämien-Rückgaben.

Wenn das Schiff im Winterlager oder aus anderen Gründen (ausgenommen wegen einer dieser Versicherung zur Last fallenden Havarie) während aufeinander folgender 15 oder mehr Tage in einem Hafen unbeschäftigt stilliegt, und auf Grund voraufgegangener Kündigung die Versicherung während der Zeit des Stilliegens gänzlich aufgehört hat, so wird für den Zeitraum eines solchen Stilliegens der verhältnismäßige Teil der Stammprämie (ohne etwaige Zuschlagsprämie) zurückvergütet.

Soll die Versicherung dagegen während des Stilliegens fortbestehen, so wird für den Zeitraum desselben von obiger Rückgabe $^1/_{10}$ % Prämie für 15 Tage und im Verhältnis für mehr Tage in Abzug gebracht.

Die vorstehenden Rückgaben sind erst bei Ablauf der Versicherung zu berichtigen.

Seeversicherungspolize.

Auf Casco-Reiseversicherung, Fracht etc.

Wir, die Unterzeichneten, beurkunden hierdurch für uns und unsere Rechtsnachfolger, daß wir, ein jeder von uns für die unten bei seinem Namen angegebene Summe, Versicherung übernommen haben

an Herr

auf

taxiert ℳ

des

geführt vom Schiffer

von

nach

zur Prämie von Prozent.

Die aus dieser Versicherung für uns und d Versicherten abzuleitenden Rechtsfolgen sind zu bestimmen nach den **„Allgemeinen Seeversicherungs-Bedingungen von 1867"**, welchen Bedingungen sich beide Teile, insbesondere auch in betreff derjenigen Punkte unterworfen haben, in Ansehung deren die bezüglichen Paragraphen des Allgemeinen Deutschen Handelsgesetzbuchs mit Abänderungen in dieselben aufgenommen oder durch abweichende Bestimmungen ersetzt worden sind.

Besondere Anzeigen oder Vereinbarungen:

Diese Versicherung gilt „Nur für Seegefahr".
Der Versicherer haftet nicht für Beschädigung oder Verlust durch Minen.
Die auf der Rückseite dieser Polize abgedruckten allgemeinen Bestimmungen, Zusätze und Abänderungen zu den §§ 38, 39, 54-56, 69, 70, 72, 80, 84, 97, 101, 130 der „Allgemeinen Seeversicherungs-Bedingungen von 1867" sind von beiden Teilen vereinbart.
Für alle Ansprüche an die Versicherer aus diesem Versicherungsverhältnis sind ausschliesslich die Hamburger Gerichte zuständig.

Diese Versicherung ist geschlossen durch

So geschehen zu Hamburg, den ten 19

Zusätze und Abänderungen
zu den folgenden Paragraphen der „Allgemeinen Seeversicherungs-Bedingungen von 1867", über welche die Parteien sich geeinigt haben.

§§ 38 u. 39 werden durch folgende Bestimmungen ersetzt:

1. Dem Versicherer fällt kein Schaden zur Last, welcher daraus entsteht, daß mit dem Schiffe
   a. diejenigen Explosivstoffe, welche zufolge der durch deutsche Behörden erlassenen Gesetze und Verordnungen überhaupt von jeder Verladung ausgeschlossen sind, insbesondere Nitroglyzerin als solches oder in Lösungen und Gemische, welche Nitroglyzerin abtropfen lassen;
   b. Naphtha, rohes Petroleum, Benzin oder ungelöschter Kalk;
   c. mehr als ein Dritteil seiner Tragfähigkeit Salz, loses Getreide, lose Saat, loser Reis, loser Guano oder sonstiger Dünger, Knochen, Knochenschwärze, Heu, Torf, Erz, Steine, Schiefer, Kohlen, Gips, Kreide, Roheisen, Blockeisen oder Eisenbahnschienen

   verladen sind, es sei denn, daß die Verladung ohne Wissen des Schiffers stattgefunden habe und der Umstand, daß von den genannten Gütern etwas verladen sei oder verladen werden sollte, dem Versicherten oder dessen Vertreter ungeachtet der aufzuwendenden gehörigen Sorgfalt unbekannt geblieben wäre, oder daß bezüglich der unter b und c genannten Güter die Verladung unter besonderer Genehmigung des Versicherers für den einzelnen Fall stattgefunden habe.
2. Dem Versicherer fällt kein Schaden zur Last, welcher sich auf der betreffenden Reise ereignet, wenn
   a. loses Schüttgut, als namentlich Getreide, Saat, Hülsenfrüchte, Kerne oder Nüsse in Mengen über 750 Kilo per netto Register-Ton verladen sind, ohne daß das Schiff bei solcher Ladung mit nach Seemannsgebrauch eingerichteten Längsschotten versehen ist;
   b. Eisenbahnschienen in Mengen über 500 Kilo per netto Register-Ton verladen sind, ohne daß solche nach Seemannsgebrauch mit Holz im Raum aufgestaut sind.
3. Dem Versicherer fällt im Schadensfalle nur die Hälfte von dem zur Last, was er ordentlicherweise nach Maßgabe der Versicherung und der eintretenden Umstände zu bezahlen gehabt haben würde, wenn ihm bei der Versicherung nicht angezeigt ist, daß das Schiff in Ballast fahren werde.

   Falls der Versicherte oder der Versicherungsnehmer nachträglich — jedoch zu einer Zeit, zu welcher von einem dem Schiffe zugestossenen Unfall noch nichts bekannt geworden — erfahren sollte, daß das Schiff in Ballast fahre oder von den oben aufgeführten Gütern geladen hat, so steht es ihm frei, durch eine unverzüglich nach der davon erlangten Kunde zu machenden Anzeige und eine zu bewilligende, nach Billigkeit zu regulierende Prämienzulage die erwähnten Präjudize abzuwenden.

Zu §§ 54—56. Die in diesen Paragraphen dem Versicherungsnehmer auferlegte besondere Anzeigepflicht besteht nur für solche Versicherungsfälle, in welchen gegen Kriegsgefahr Versicherung geleistet wird.

Zu § 69. Für Schaden, welchen das Schiff bei der Verwendung zum Leichtern und Bugsieren anderer Schiffe oder zur Nothilfeleistung erleidet, wird nur insoweit Ersatz geleistet, als der Versicherte nicht etwa durch den erhaltenen Leichter-, Bugsier- oder Hilfslohn Ersatz desselben empfangen hat.

Der Schaden, welchen der Versicherte mittelbar dadurch erleidet, daß er den einem dritten zugefügten Schaden zu ersetzen hat (Absatz 7), wird verhältnismäßig über Schiff und Fracht verteilt, auch wenn letztere ganz oder teilweise vorausbezahlt ist.

Zu § 70. Absatz I wird durch folgende Bestimmungen ersetzt:

Dem Versicherer fallen die nachstehend bezeichneten Schäden nicht zur Last:

Bei der Versicherung von Schiff oder Fracht:

1. Der Schaden, welcher daraus entsteht, daß das Schiff in einem nicht seetüchtigen oder überladenen Zustande oder nicht gehörig ausgerüstet oder bemannt oder ohne die erforderlichen Papiere (§ 513 des Allgem. D. H. G.) in See gesandt ist.
2. Der Schaden, welcher durch das Forcieren von feststehendem Eis verursacht ist, es sei denn, daß solches Forcieren zur Rettung von Schiff oder Ladung notwendig gewesen sein sollte.
3. Der Schaden, welcher außer dem Falle des Zusammenstosses von Schiffen daraus entsteht, daß der Reeder für den durch eine Person der Schiffsbesatzung einem dritten zugefügten Schaden haften muß (§§ 485 und 486 des Allgem. D. H. G.).

Zu § 72. Trifft das Schiff in einem den Versicherten zur Last kommenden beschädigten Zustande im Bestimmungsplatze ein, so dauert die Versicherung bis zu Ende der Reparatur fort, gegen eine Verbesserung von 1/4 % für jede angefangene 15 Tage, es sei denn, daß der Versicherte resp. der Versicherungsnehmer den Risiko zuvor kündige.

Zu § 80. Falls das Schiff von dem Orte, wo es in beschädigtem Zustande sich befindet, erst eine Reise machen muß, um repariert zu werden, und von amtlich fungierenden Sachverständigen erklärt ist, daß das Schiff trotz der erlittenen Beschädigung die oben erwähnte Reise zu machen imstande ist, so schließt die Versicherung den Risiko solcher Zwischenreise nach und von dem Reparaturhafen gegen eine den Umständen entsprechende Prämienzulage ein.

Zu § 84. Die Versicherer verzichten auf die bisherige Befreiung von der Tragung der kleinen nur ein Prozent oder weniger betragenden Havarie-grosse-Schäden.

Den Versicherten wird eine vertragsmäßig festzustellende Abweichung von den die Havarie-grosse-Regulierungen betreffenden Bestimmungen des geltenden Rechts insoweit freigelassen, als sie sich durch Bewilligung von Konnossementsklauseln oder durch den Inhalt von Chartepartien den derzeit festgestellten oder etwa fernerhin zu modifizierenden York & Antwerp Rules unterwerfen, oder im voraus erklären, die Gesetze des Heimathafens des Schiffes als maßgebend gelten zu lassen.

Zu § 97. Auf Schadensersatz an dritte (§ 70) findet die Bestimmung des § 97, daß besondere Havarien 3 % übersteigen müssen, keine Anwendung; solcher Schadensersatz ist dagegen auch nicht der besonderen Havarie hinzuzurechnen, um diese über 3 % zu bringen.

Zu § 101 Abs. 3 a. E. Die Verpflichtung zur Zahlung einer Verbesserungsprämie tritt auch dann ein, wenn das Schiff infolge von Kriegsereignissen einen freiwilligen Aufenthalt hat oder von der versicherten Reise abweicht. Die Höhe der Verbesserung wird den Umständen entsprechend reguliert.

Zu § 130. Die ersten vier Absätze dieses Paragraphen werden durch folgende Bestimmungen ersetzt:

Nachdem die in den §§ 127—129 vorgeschriebene Besichtigung, Begutachtung und Taxation stattgefunden hat, muß ohne Verzug zur Reparatur geschritten werden, gleichviel ob die Versicherung an dem Orte der Reparatur endet oder nicht. Nach Vollendung der Reparaturarbeiten, welche der Versicherer durch seine Experten kontrollieren zu lassen berechtigt ist, sind ihm die Reparaturrechnungen vorzulegen und alle bewilligten Rabatte, Diskonto und sonstigen Nachlässe gutzubringen. Beläuft sich danach der Gesamtbetrag, welcher für die Beseitigung der den Versicherer treffenden Schäden aufgewendet worden ist, nicht so hoch wie die in der Taxation dafür angesetzte Summe, so ist der Schadensvergütung nur jener geringere Belauf zugrunde zu legen. Beläuft sich der Gesamtbetrag der Rechnungen höher als der Gesamtbetrag der Taxation, so findet die Schadensvergütung nach Maßgabe der letzteren statt.

Dem Versicherer kommen die Kosten der für die Reparatur erforderlichen Gelder zur Last, mit Ausnahme der Fälle, in denen dieselbe nach Beendigung einer Reise stattfindet.

Ist in Gemäßheit des Vorstehenden der Gesamtbelauf der Reparaturkosten, sei es auf Grund der Taxation oder Reparaturrechnungen in Gewißheit gebracht, so werden für die schließliche Feststellung des von dem Versicherer zu vergütenden Betrages von jenem Belauf die im § 130 unter A und B festgestellten Abzüge gemacht, wobei jedoch bezüglich derjenigen unter A die folgenden Abänderungen und Zusätze eintreten:

Bei **eisernen Schiffen** (komposite Schiffe ausgeschlossen) findet von den Kosten der Erneuerung oder Reparatur der **Eisenteile** des **Schiffskörpers** oder der **Bemastung**, sowie der **Zementierung** für die ersten 10 Jahre, gerechnet vom Tage der ersten Registrierung des Schiffes, kein Abzug statt. Für die folgenden 5 Jahre wird ein Sechstel, später ein Drittel abgezogen. — Solche Teile, die gelascht oder gerichtet werden können, ist der Versicherte nicht berechtigt, durch neue ersetzen zu lassen, es sei denn, daß die Erneuerung wegen der Klassifikation erforderlich ist. Dagegen findet für gelaschte oder gerichtete Teile kein Abzug statt.

Für Schrapen, Malen oder Anstrich des beschädigt gewesenen Bodens ist der Abzug ein Drittel, wenn die letzte Herstellung nicht über 6 Monate alt ist, andernfalls findet keine Vergütung statt.

Bei **hölzernen Schiffen** (komposite Schiffe eingeschlossen) findet von den Kosten der Erneuerung oder Reparatur der **Metallhaut**, sowie von den Kosten der **Kalfaterung** im ersten Jahre, gerechnet vom Tage der Umlegung oder Kalfaterung, kein Abzug statt, im zweiten Jahre tritt ein Abzug von einem Drittel ein, im dritten Jahre ein solcher von zwei Dritteln. Für Schäden, welche nach Ablauf des dritten Jahres entstehen, wird dem Versicherten nichts vergütet.

Im übrigen verbleibt es für **hölzerne Schiffe** (einschließlich komposite Schiffe), sowie für **Holzteile an eisernen** Schiffen bei den Abzugsbestimmungen des § 130.

Bei **allen Schiffen** gilt das **Kajütsinventar**, bei **Dampfschiffen** gelten die **Maschinen** (Donkey, **Dampfsteuerung**, **Winden**, **Wellen**, **Propeller**, **Schaufelräder** und **Maschinen** für elektrische Beleuchtung eingeschlossen), sowie die **Kessel** „frei von Beschädigung, außer im Strandungsfalle“ (siehe § 104) versichert. Außer den in § 104 genannten Fällen sollen der Strandung auch gleichzuachten sein: Zusammenstoß des Schiffes mit anderen Fahrzeugen und Explosion.

Trifft ein an den **Maschinen** stattgehabter Schaden den Versicherer, so wird von den Reparatur- oder Erneuerungskosten, falls der Schaden innerhalb der ersten drei Jahre nach dem begonnenen Gebrauch sich ereignet, kein Abzug, wenn dies in dem vierten bis sechsten Jahre geschehen ist, ein Abzug von einem Sechstel, wenn später von einem Drittel gemacht.

Im Falle eines den Versicherer treffenden Schadens an den **Kesseln** wird von den Reparatur- oder Erneuerungskosten im ersten Jahre kein Abzug gemacht, für jedes weitere Jahr, welches sie im Gebrauch gewesen sind, kommt je ein Achtel in Abzug; nach Ablauf des achten Jahres findet überhaupt kein Schadensersatz mehr statt.

Die Ansätze für alle solche Schäden am Schiffe oder an Maschinen und Kesseln, auf deren Reparatur der Reeder verzichtet, werden gestrichen; solcher Verzicht bedarf indessen stets der Zustimmung des Versicherers.

Provision und Kosten des Vertreters des Versicherten in Fällen besonderer Havarie ist der Versicherer nicht verpflichtet zu ersetzen; er kann auch in Havarie-grosse-Fällen den auf ihn entfallenden Anteil an solchen Kosten in Abzug bringen, sofern der Versicherte nicht zu beweisen vermag, daß dieselben ungeachtet gehöriger Sorgfalt weder zu vermeiden noch zu ermäßigen waren.

Anhang I.

Abdruck
der in den „Allgemeinen Seeversicherungs-Bedingungen“ angezogenen Artikel des „Allgemeinen Deutschen Handelsgesetzbuchs“.

Zu § 18.

Art. 443 des H.-G.-B. Unter dem Zubehör eines Schiffes sind alle Sachen begriffen, welche zu dem bleibenden Gebrauch des Schiffes bei der Seefahrt bestimmt sind. Dahin gehören insbesondere auch die Schiffsboote. Im Zweifel werden Gegenstände, welche in das Schiffsinventar eingetragen sind, als Zubehör des Schiffes angesehen.

Zu § 20.

Art. 620 des H.-G.-B. Für Güter, welche ohne Abrede über die Höhe der Fracht zur Beförderung übernommen sind, ist die am Abladungsorte zur Abladungszeit übliche Fracht zu zahlen. — —

Zu § 27.

Die Art. 778 und 781 des H.-G.-B. reden an den angeführten Stellen von den Pfandrechten der Schiffsgläubiger, Havereigrosse-Berechtigten, Bodmeristen, Berger und Hülfeleistenden. Geht ein Gegenstand, auf welchem ein solches Pfandrecht haftet, durch die Schuld eines Dritten verloren, oder wird er dadurch an Wert verringert, so entsteht ohne Weiteres für die zu Grunde liegende Forderung ein Pfandrecht an dem Schadensanspruche, welchen der Beschädigte gegen denjenigen oder diejenigen hat, die für den Verlust oder die Wertverringerung verantwortlich sind (was selbstfolgend die dem Versicherer im § 27 der „Bedingungen“ zugesicherten Rechte mindert). Die angezogenen Artikel bestimmen:

Art. 778. — — Die Entschädigung, welche im Falle des Verlustes oder der Beschädigung des Schiffes oder wegen entzogener Fracht im Falle des Verlustes oder der Beschädigung von Gütern dem Reeder von demjenigen gezahlt werden muß, welcher den Schaden durch eine rechtswidrige Handlung verursacht hat, tritt für die Schiffsgläubiger an Stelle desjenigen, wofür die Entschädigung bestimmt ist. —

Art. 781. — — In den Fällen der großen Haverei und des Verlustes oder der Beschädigung durch rechtswidrige Handlungen kommt die (vorstehende) Vorschrift des Art. 778 — — zur Anwendung.

Zu § 69.

Art. 507. — — Außer den Fällen des Art. 504 (wenn zur Abwendung oder Verringerung eines Verlustes besondere Maßregeln erforderlich, oder wenn zur Erhaltung und resp. Weiterbeförderung der Ladung Kosten aufzuwenden sind) ist der Schiffer zur Verbodmung der Ladung oder zur Verfügung über Ladungsteile durch Verkauf oder Verwendung nur dann befugt, wenn und insoweit es zum Zweck der Fortsetzung der Reise notwendig ist.

Art. 508. Gründet sich das Bedürfnis in einer großen Haverei und kann der Schiffer demselben durch verschiedene Maßregeln abhelfen, so hat er diejenige Maßregel zu ergreifen, welche für die Beteiligten mit dem geringsten Nachteil verbunden ist.

Art. 509. Liegt der Fall einer großen Haverei nicht vor, so ist der Schiffer zur Verbodmung der Ladung oder zur Verfügung über Ladungsteile durch Verkauf oder Verwendung nur dann befugt, wenn er dem Bedürfnis auf anderm Wege nicht abhelfen kann, oder wenn die Wahl eines anderen Mittels einen unverhältnismäßigen Schaden für den Reeder zur Folge haben würde.

Auch in diesen Fällen kann er die Ladung nur zusammen mit dem Schiff und der Fracht verbodmen.

Er hat die Verbodmung vor dem Verkauf zu wählen, es sei denn, daß die Verbodmung einen unverhältnismäßigen Schaden für den Reeder zur Folge haben würde.

Art. 510. Die Verbodmung der Ladung oder die Verfügung über Ladungsteile durch Verkauf oder Verwendung wird in den Fällen des vorstehenden Artikels als ein für Rechnung des Reeders abgeschlossenes Kreditgeschäft angesehen.

Art. 734. Hat der Schiffer zur Fortsetzung der Reise, jedoch zum Zwecke einer nicht zur großen Haverei gehörenden Aufwendung, die Ladung verbodmet oder über einen Teil derselben durch Verkauf oder durch Verwendung verfügt, so ist der Verlust, welchen ein Ladungsbeteiligter dadurch erleidet, daß er wegen seiner Ersatzansprüche aus Schiff und Fracht gar nicht oder nicht vollständig befriedigt werden kann, von sämtlichen Ladungsbeteiligten nach den Grundsätzen der großen Haverei zu tragen. — —

Zu § 70.

Art. 480. Der Schiffer hat vor Antritt der Reise dafür zu sorgen, daß das Schiff in seetüchtigem Stande, gehörig eingerichtet und ausgerüstet, gehörig bemannt und verproviantiert ist, und daß die zum Ausweis für Schiff, Besatzung und Ladung erforderlichen Papiere an Bord sind.

Art. 451. Der Reeder ist für den Schaden verantwortlich, welchen eine Person der Schiffsbesatzung einem Dritten durch ihr Verschulden in Ausführung ihrer Dienstverrichtungen zufügt.

Art. 452. Der Reeder haftet für den Anspruch eines Dritten nicht persönlich, sondern er haftet nur mit Schiff und Fracht:

1) wenn der Anspruch auf ein Rechtsgeschäft gegründet wird, welches der Schiffer als solcher kraft seiner gesetzlichen Befugnisse, und nicht mit Bezug auf eine besondere Vollmacht geschlossen hat;
2) wenn der Anspruch auf die Nichterfüllung oder auf die unvollständige oder mangelhafte Erfüllung eines von dem Reeder abgeschlossenen Vertrags gegründet wird, insofern die Ausführung des Vertrags zu den Dienstobliegenheiten des Schiffers gehört hat, ohne Unterschied, ob die Nichterfüllung oder die unvollständige oder die mangelhafte Erfüllung von einer Person der Schiffsbesatzung verschuldet ist oder nicht;

3) wenn der Anspruch auf das Verschulden einer Person der Schiffsbesatzung begründet wird.

In den unter Ziffer 1 und 2 bezeichneten Fällen kommt jedoch dieser Artikel nicht zur Anwendung, wenn den Reeder selbst in Ansehung der Vertragserfüllung ein Verschulden trifft, oder wenn derselbe die Vertragserfüllung besonders gewährleistet hat.

Zu § 83.

Art. 760. Als eine Reise im Sinne von Buch 5, Titel 10 („Von den Schiffsgläubigern") wird diejenige angesehen, zu welcher das Schiff von neuem ausgerüstet oder welche entweder auf Grund eines neuen Frachtvertrags oder nach vollständiger Löschung der Ladung angetreten wird.

Zu § 84.

Art. 637. Muß das Schiff, nachdem es die Ladung eingenommen hat, vor Antritt der Reise in dem Abladungshafen oder nach Antritt derselben in einem Zwischen- oder Nothafen infolge eines der im Art. 631 erwähnten Ereignisse (nämlich: Embargos, Handelsverbots, Blockade, Ausfuhrverbots, Verhinderung von hoher Hand, Eintritts von Gefahr durch Krieg) liegen bleiben, so werden die Kosten des Aufenthalts, auch wenn die Erfordernisse der großen Haerei nicht vorliegen, über Schiff, Fracht und Ladung nach den Grundsätzen der großen Haverei verteilt. — Zu den Kosten des Aufenthalts werden alle in dem zweiten Absatz des Art. 708 Ziffer 4 aufgeführten Kosten (des Ein- und Auslaufens, der Aufenthaltskosten des Schiffs, der Heuer, Kost und Unterbringung der Mannschaft, des Von- und Anbordbringens, und der Aufbewahrung der Ladung am Lande) gezählt, diejenigen des Ein- und Auslaufens jedoch nur dann, wenn wegen des Hindernisses ein Nothafen angelaufen ist.

Art. 734 f. S. 70 zu § 69.

Zu § 115.

Art. 612. Wenn auf Grund des Art. 607 (wegen nicht durch höhere Gewalt oder durch die Beschaffenheit der Güter veranlaßten Schadens) für den Verlust von Gütern Ersatz geleistet werden muß, so ist nur der Wert der verlorenen Güter zu vergüten. Dieser Wert wird durch den Marktpreis bestimmt, welchen Güter derselben Art und Beschaffenheit am Bestimmungsort der verlorenen Güter bei Beginn der Löschung des Schiffs oder, wenn eine Entlöschung des Schiffs an diesem Ort nicht erfolgt, bei seiner Ankunft daselbst haben.

In Ermangelung eines Marktpreises oder, falls über denselben oder über dessen Anwendung, insbesondere mit Rücksicht auf die Qualität der Güter, Zweifel bestehen, wird der Preis durch Sachverständige ermittelt.

Von dem Preise kommt in Abzug, was an Fracht, Zöllen und Unkosten, in Folge des Verlustes der Güter erspart wird.

Wird der Bestimmungsort der Güter nicht erreicht, so tritt an Stelle des Bestimmungsorts der Ort, wo die Reise endet, oder wenn die Reise durch Verlust des Schiffs endet, der Ort, wohin die Ladung in Sicherheit gebracht ist.

Art. 613. Die vorstehenden Bestimmungen finden auch auf diejenigen Güter Anwendung, für welche der Reeder (weil dieselben im einseitigen Interesse des Schiffs verbodmet worden sind) nach Art. 510 Ersatz leisten muß. — —

Zu § 133.

Art. 353. Unter Marktpreis ist der laufende Preis, welcher — — an dem maßgebenden Handelsplatze nach den dafür bestehenden örtlichen Einrichtungen festgestellt ist, in Ermangelung einer solchen Feststellung oder bei nachgewiesener Unrichtigkeit derselben, der mittlere Preis zu verstehen, welcher sich aus der Vergleichung der zur Zeit und am Orte der Erfüllung geschlossenen Kaufverträge ergibt.

Zu § 146.

Art. 488. Das Journal, wenn es ordnungsmäßig geführt und in der Form unverdächtig ist, liefert für die Begebenheiten der Reise, soweit darüber weder eine Verklarung erforderlich (H.-G.-B. Art. 490) noch die Beibringung anderer Belege gebräuchlich ist, in der Regel einen unvollständigen Beweis, welcher durch den Eid oder andere Beweismittel ergänzt werden kann. Jedoch hat der Richter nach seinem durch die Erwägung aller Umstände geleiteten Ermessen zu entscheiden, ob dem Inhalt des Journals ein größeres oder geringeres Maß der Beweiskraft beizulegen sei.

Art. 494. Die in Gemäßheit der Artikel 492 und 493 des H.-G.-B. aufgenommene Verklarung liefert vollen Beweis der dadurch beurkundeten Begebenheiten der Reise.

Jedem Beteiligten bleibt im Prozeß der Gegenbeweis vorbehalten.

Die vorstehend angezogenen Artikel des Handelsgesetzbuchs lauten folgendermaßen:

Art. 490. Der Schiffer hat über alle Unfälle, welche sich während der Reise ereignen, sie mögen den Verlust oder die Beschädigung des Schiffs oder der Ladung, das Einlaufen in einen Nothafen oder einen sonstigen Nachteil zur Folge haben, mit Zuziehung aller Personen der Schiffsbesatzung oder einer genügenden Anzahl derselben eine Verklarung abzulegen.

Die Verklarung ist ohne Verzug zu bewirken und zwar:

im Bestimmungshafen, oder bei mehreren Bestimmungshäfen, in demjenigen, welchen das Schiff nach dem Unfall zuerst erreicht;

im Nothafen, sofern in diesem repariert oder gelöscht wird;

am ersten geeigneten Orte, wenn die Reise endet, ohne daß der Bestimmungshafen erreicht wird.

Ist der Schiffer gestorben oder außer Stande, die Aufnahme der Verklarung zu bewirken, so ist hierzu der im Range nächste Schiffsoffizier berechtigt und verpflichtet.

Art. 492. Im Gebiete dieses Gesetzbuches muß die Verklarung, unter Vorlegung des Journals und eines Verzeichnisses aller Personen der Schiffsbesatzung, bei dem zuständigen Gericht angemeldet werden.

Das Gericht hat nach Eingang der Anmeldung, sobald als tunlich, die Verklarung aufzunehmen.

Der dazu anberaumte Termin wird in geeigneter Weise öffentlich bekannt gemacht, insofern die Umstände einen solchen Aufenthalt gestatten.

Die Interessenten von Schiff und Ladung, sowie die etwa sonst bei dem Unfall Beteiligten sind berechtigt, selbst oder durch Vertreter der Ablegung der Verklarung beizuwohnen.

Die Verklarung geschieht auf Grundlage des Journals. Kann das geführte Journal nicht beigebracht werden oder ist (wo dies für kleinere Fahrzeuge statthaft ist, Art. 489) ein Journal nicht geführt, so ist der Grund hiervon anzugeben.

Art. 493. Der Richter ist befugt, außer den gestellten noch andere Personen der Schiffsbesatzung, deren Abhörung er angemessen findet, zu vernehmen. Er kann zum Zweck besserer Aufklärung dem Schiffer sowohl als jeder anderen Person der Schiffsbesatzung geeignete Fragen zur Beantwortung vorlegen.

Der Schiffer und die zugezogenen übrigen Personen der Schiffsbesatzung haben ihre Aussagen zu beschwören.

Die über die Verklarung aufgenommene Verhandlung ist in Urschrift aufzubewahren und jedem Beteiligten auf Verlangen beglaubigte Abschrift zu erteilen.

Anhang II.

Nachweis

der den Paragraphen der „Allgemeinen Seeversicherungs-Bedingungen von 1867" entsprechenden Artikel des „Allgemeinen Deutschen Handelsgesetzbuchs" und des „Revidirten Allgemeinen Plans von 1853".

Allgem. See-versicherungs-Bedingungen	Allgemeines Deutsches Handelsgesetzbuch	Revidirter Allgemeiner Plan von 1853	Allgem. See-versicherungs-Bedingungen	Allgemeines Deutsches Handelsgesetzbuch	Revidirter Allgemeiner Plan von 1853
§	Artikel	§	§	Artikel	
1	782	9	43	...	28, 29
2	783	9	44	...	30, 31
3	784	6	45	...	33
4	785	2, 3	46	...	35
5	786	2, 3	47	...	36
6	787	2, 3	48	...	10
7	788	...	49	...	22
8	789	37	50	...	23
9	790		51	...	34
10	791		52	...	...
11	792		53	...	6
12	793		54	...	24, 65—67
13	794		55	...	25, 67
14	795	11	56	...	26
15	796		57	...	...
16	797		58	...	7
17	798		59	816	...
18	799		60	817	49b, 52
19	800		61	818	49 b
20	801	11, 20	62	819	17, 27
21	802	11, 20	63	820	57
22	803	11, 12	64	821	73
23	804	12	65	822	57, 113
24	805	11	66	823	113
25	806	11	67	...	117
26	807	4	68	...	115, 116
27	808	...	69	824	8, 58, 59, 63, 64
28	809		70	825	38, 47, 58, 60
29	810		71	826	46, 58, 59, 61, 63, 64
30	811		72	827	43, 44, 55
31	812	13, 50	73	828	45, 55
32	813		74	829	55
33	814		75	830	...
34	815		76	831	52, 56
35	...	16, 27	77	832	55, 56
36	...	17, 27, 52	78	833	...
37	...	32	79	834	51
38	...	18	80	835	51
39	...	19	81	836	48
40	...	21	82	837	49, 52
41	...	4	83	...	53
42	...	5	84	838	87

Allgem. See-versicherungs-Bedingungen	Allgemeines Deutsches Handelsgesetzbuch	Revidirter Allgemeiner Plan von 1853	Allgem. See-versicherungs-Bedingungen	Allgemeines Deutsches Handelsgesetzbuch	Revidirter Allgemeiner Plan von 1853
§	Artikel	§	§	Artikel	§
85	...	86	125	874	119—127
86	839	87, 92	126	875	
87	840	87, 92	127		
88	841	87	128	876	102, 114
89	...	...	129		
90	842	...	130		
91	843	...	131	877	114 (11, 102)
92	844	114	132	878	114
93	845	114	133	879	96, 98
94	846	114	134	...	57, 114
95	847	...	135	880	—
96	848	...	136	881	114
97	849	53, 90	137	882	105
98	850	90, 92	138	883	106—107
99	851	91	139	884	108—112
100	852	40	140	...	112 b
101	853	39	141	885	...
102	854	41	142	...	89
103	855, 856	93	143	...	128, 129, 136
104	857	93—95	144	886	131, 134
105	...	...	145	887	131, 132
106	...	99	146	888	...
107	...	61	147	889	...
108	...	...	148	890	133
109	858	(42)	149	891, 892	...
110	859	...	150	893, 894	...
111	860	...	151	895, 896	84
112	861	...	152	897	118
113	862	...	153	898	110
114	863	...	154	899	
115	864	...	155	900	78—83
116	865		156	901	
117	866		157	902	78—83 (54)
118	867		158	...	78—83
119	868		159	...	83
120	869	119—127	160	903	8, 84
121	870		161	904	74
122	871		162	905	74
123	872		163	910	130
124	873		164	911	130

Anhang III.

Nachweis

des Inhalts der Paragraphen des „Revidirten Allgemeinen Plans von 1853" in den Paragraphen der „Allgem. Seeversicherungs-Bedingungen von 1867".

Allgemeiner Plan	Allgemeine Seeversicherungs-Bedingungen	Allgemeiner Plan	Allgemeine Seeversicherungs-Bedingungen	Allgemeiner Plan	Allgemeine Seeversicherungs-Bedingungen
§	§	§	§	§	§
1	. . .	47	70	92	86, 87, 98
2	4, 5, 6	48	81	93	103, 104
3	4, 5, 6	49	82	94	(105)
4	26, 41	49 b	60, 61	95	(105)
5	42	50	37	96	133
6	3, 53	51	79, 80	97	—
7	2, 58	52	36, 60, 76, 82	98	133
8	160	53	83, 97	99	106
9	1, 2	54	157	100	. . .
10	48	55	72—74, 77	101	. . .
11	10—25, 131	56	76, 77	102	127—131
12	22, 23	57	65, 134	103	— (69 Nr. 1)
13	29—34	58	69, 70 (71)	104	— (129)
14	4	59	69 (71)	105	137 (16)
15	29—34	60	70	106	138
16	35	61	107 (71)	107	138
17	36, 62	62	69	108	139
18	38	63	69 (71)	109	139
19	39	64	69 (71)	110	139 (153)
20	20, 21	65	54	111	139
21	40	66	54	112	139
22	49	67	54, 55	112 b	140
23	50	68	. . .	113	65, 66
24	54	69	. .	114	**92-94, 130, 131-134, 136**
25	55	70	. . .	115	68
26	56	71	. . .	116	68
27	35, 36, 62	72	. . .	117	67
28	43	73	64	118	152
29	43	74	161, 162	119 }	
30	44	75	. . .	120 }	116—126
31	44	76	. . .	121 }	
32	37	77	. . .	122 }	
33	45	78 }		123 }	
34	51	79 }		124 }	116—119
35	46	80 }	154—159	125 }	
36	47	81 }		126 }	
37	8	82 }		127 }	
38	69, 70	83 }		128 }	143
39	101	84	151, 160	129 }	
40	100	85	. . .	130	163—164
41	102	86	85	131	144—147
42	(109)	87	84, 86—88	132	145
43	72	88	. . .	133	148
44	72	89	142	134	144
45	73	90	97, 98	135	—
46	73 (71)	91	99	136	143

Versicherungs-Bedingungen

der

Bremischen

See-Versicherungs-Gesellschaften.

★

Revidiert 1875.

Inhalt.

Erster Abschnitt.

Von der Übernahme der Versicherungen.

§ 1.

Der Versicherer übernimmt für die bedungene Prämie alle Gefahren, welchen der versicherte Gegenstand auf der versicherten Reise ausgesetzt ist, wenn nicht eine Ausnahme in diesen Bedingungen vorbehalten oder durch schriftliche Klausel in der Police, welche den gedruckten vorgeht, mit dem Versicherten vereinbart worden ist.

§ 2.

Die bedungene Prämie ist von dem Versicherungsnehmer, in Ermangelung einer anderweiten Übereinkunft, innerhalb dreier Monate, vom Tage des Abschlusses der Versicherung an gerechnet, zu bezahlen; der Versicherer ist befugt, von dem Versicherungsnehmer die Akzeptation eines Wechsels für den Betrag derselben zu verlangen.

Bei einer vor Bezahlung der Prämie oder vor Einlösung des Wechsels eintretenden Zahlungsunfähigkeit des Versicherungsnehmers muß jedoch sogleich Sicherheit für die richtige Zahlung der Prämie geleistet werden, widrigenfalls der Versicherungsvertrag als gebrochen und die Verbindlichkeit des Versicherers als ohne weiteres erloschen betrachtet wird. Sollte aber die Versicherung, für welche die Prämie noch rückständig blieb, schon abgelaufen sein, so haften für solche rückständige Schuld auch etwaige Ansprüche des zahlungsunfähigen Versicherungsnehmers aus sonstigen Versicherungen mit Ausnahme der nicht für eigene Rechnung, sondern in Auftrag abgeschlossenen (s. § 41).

§ 3.

Die übernommene Gefahr fängt bei Versicherungen auf Güter in dem Augenblicke an, wo solche vom Lande scheiden, um an Bord des Schiffes gebracht zu werden, und endigt, wenn dieselben am Bestimmungsplatze wieder ausgeladen und ans Land gebracht sind. Ist dieses Ausladen aber nicht innerhalb der ersten einundzwanzig Tage nach demjenigen, an welchem das Schiff an seinem Löschplatze angekommen war, geschehen, so ist die Versicherung erloschen, sofern und soweit nicht erhebliche und unvermeidliche, von dem Versicherten zu erweisende Umstände die Entladung verzögerten.

§ 4.

Bei Versicherungen auf Schiffe (Kasko) fängt die Gefahr in dem Augenblicke an, in welchem das Schiff den Anfang macht, für die versicherte Reise Ballast oder Güter einzunehmen; sie endigt mit dem einundzwanzigsten Tage nach demjenigen, an welchem es auf seinem Löschplatze angekommen war, wenn und soweit nicht erhebliche und unvermeidliche, von dem Versicherten zu erweisende Umstände eine längere Zeit zum Löschen erforderlich machen. Ist aber die Ausladung der Güter, oder bei in Ballast gegangenen Schiffen, des Ballastes, vor Ablauf der einundzwanzig Tage geschehen, so ist damit auch zugleich die Gefahr für den Versicherer beendigt.

Auch dann hört diese Gefahr auf, wenn das Schiff angefangen hat, Ladung zu einer neuen Reise einzunehmen, ungeachtet die einundzwanzig Tage noch nicht abgelaufen sind, und ungeachtet die Ausladung der Güter oder des Ballastes, womit das Schiff gekommen war, noch nicht beendigt ist.

Wenn das Schiff den Bestimmungshafen im beschädigten Zustande erreicht, so dauert das Risiko bis zur Beendigung der Reparatur fort gegen eine Prämienzulage von 1/4 Proz. für jede angefangenen 14 Tage, es sei denn, daß der Versicherte das Risiko vorher kündige.

§ 5.

Bei der Versicherung der Fracht beginnt und endet die Gefahr in Ansehung der Unfälle, welchen das Schiff und dadurch die Fracht ausgesetzt ist, mit demselben Zeitpunkte, in dem die Gefahr bei der Versicherung des Schiffes für dieselbe Reise beginnen und enden würde. In Ansehung der Unfälle, welchen die Güter ausgesetzt sind, und dadurch die Fracht ausgesetzt ist, beginnt die Gefahr, sobald die Güter an Bord des Schiffes aufgenommen sind, und endet mit dem Zeitpunkt, in welchem die Gefahr bei der Versicherung der Güter für dieselbe Reise enden würde.

§ 6.

Wenn der Versicherer Gefahren übernimmt, deren Dauer nach Tagen, Monaten oder Jahren bestimmt ist, so wird der erste Tag von seinem Anfange, d. h. gleich nach Mitternacht, und der letzte Tag bis zu seinem Ende gerechnet.

Die Zahlung der Prämie für Versicherungen dieser Art geschieht für das erste Jahr, oder für den ganzen versicherten Zeitraum, nach

Vorschrift des § 2, und in gleicher Weise bei weiteren Prolongationen derselben. Tritt bei einer solchen Versicherung der Fall ein, daß über solche Zeitbestimmung hinaus von dem Schiffe keine Kunde eingelaufen ist, so wird die festgesetzte Prämie verhältnismäßig weiter bis zum Ablauf der Frist berechnet, nach welcher das Schiff gemäß den im § 64 angegebenen Terminen als verschollen anzunehmen ist.

Wenn das Schiff bei Ablauf der Versicherungszeit auf einer Reise begriffen ist, jedoch nur, wenn es zu der Zeit den damaligen Lade- und Expeditionsplatz wirklich verlassen hat, oder, wenn es bei Ablauf der Versicherungszeit seinen dermaligen Bestimmungsplatz zwar erreicht hat, die im § 4 vorgesehene Beendigung der Gefahr der Reise aber noch nicht eingetreten ist, dann soll die Versicherung bis zum Ende der Gefahr solcher Reise in Gemäßheit von § 4 und unter Prämienzulage pro rata der Zeitprämie fortdauern.

Unterliegt das Schiff bei Ablauf der Zeitversicherung im Bestimmungshafen einer Reparatur für Rechnung der Versicherer, dann dauert das Risiko bis zur Beendigung derselben gegen pro rata nachzuzahlende Prämie fort.

§ 7.

Eine Versicherung nach einem oder mehreren benannten Orten endigt an dem ersten dieser Orte, welchen das Schiff erreicht. Ebenso endigt eine Versicherung nach einer Insel oder nach einem Lande, ohne Benennung des Ortes, an demjenigen Orte solcher Insel oder solchen Landes, an welchem das Schiff zuerst ankommt. Lautet die Versicherung aber nach einem und einem oder mehreren anderen Orten eines Landes oder einer Insel, so endigt solche erst an demjenigen dieser Orte, welchen das Schiff zuletzt erreicht. Werden jedoch bei einer Versicherung dieser Art Güter an einem der Orte gelandet, um später mit demselben oder einem andern Schiffe die Reise fortzusetzen, so ist die Gefahr am Lande ausgeschlossen.

Eine Versicherung von einem oder mehreren benannten Orten, oder von einem Lande oder von einer Insel, ohne Angabe des Ladeplatzes, beginnt, falls das Schiff mehrere Orte berührt, von demjenigen dieser benannten Orte, oder von demjenigen nicht benannten Orte eines Landes oder einer Insel, welchen das Schiff zuletzt verlassen hat. Lautet dagegen die Versicherung von einem und einem oder mehreren anderen Orten eines Landes oder einer Insel, so fängt die Gefahr für den Versicherer im ersten dieser Orte an.

Zweiter Abschnitt.

Beschränkung der Versicherung durch Klauseln und Vorbehalte.

§ 8.

Ein Beitrag zur Havarie-Grosse wird von dem Versicherer nur dann vergütet, wenn diese Havarie-Grosse, ohne die Unkosten der Dispachierung, und ohne etwaige Deputations-Provision, mehr als ein Prozent vom ganzen kontribuierenden Werte ausmacht.

§ 9.

Bei in Ballast fahrenden Schiffen kommen die Aufwendungen für Heuer, Kost und Logis der Schiffsbesatzung während des Aufenthalts in einem Nothafen dem Versicherer nicht zur Last.

§ 10.

Eine Partikulär-Havarie wird von dem Versicherer, insofern bei Abschluß der Versicherung nicht eine andere Übereinkunft getroffen ist, nur dann vergütet, wenn solche an sich, und ohne Zuziehung der Unkosten, mindestens drei Prozent von der Taxe beträgt; bei Waren: nachdem der Schaden, welcher aus deren Beschädigung entstanden und durch das in den §§ 60 und 61 vorgeschriebene Verfahren ermittelt ist, auf das Verhältnis zurückgeführt worden, welches der Wert im unbeschädigten Zustande zu dem versicherten Betrage ergibt (vergl. § 27); bei Schiffen: von der in der Police vereinbarten, sonst aber nach § 31 zu bestimmenden Taxe, und zwar nach vorgängigem Abzuge der im § 59 bestimmten Kürzung für den Unterschied zwischen alt und neu an den Reparaturkosten.

§ 11.

Wenn bei Schiffen, die auf Zeit oder für mehrere Reisen zugleich versichert sind, Havarie-Partikuläre oder Havarie-Grosse eintritt, so muß die Aufmachung beider für jede Reise besonders geschehen, und sowohl die Havarie-Partikuläre, wie die Havarie-Grosse muß dann auf jeder Reise die festgesetzten Prozente betragen, um von dem Versicherer vergütet zu werden.

Als eine Reise wird auch eine solche angesehen, welche das Schiff in Ballast zu dem Zwecke unternommen hat, um an dem Bestimmungsorte Ladung für eine fernere Reise nach einem anderen Platze einzunehmen.

§ 12.

Wenn in Gemäßheit dieser Bedingungen oder vermittelst besonderer Übereinkunft eine Versicherung auf Waren mit der Klausel gemacht ist: „frei von Beschädigung, wenn unter gewissen — z. B. fünf oder mehr — Prozenten“, so muß der Schaden, um vergütet zu werden, an sich, ohne Zuziehung der Unkosten, die benannten Prozente von der Taxe betragen. (Vergl. § 10.)

§ 13.

Bei einer Versicherung auf Waren mit der Klausel: „frei von gewissen — z. B. zehn oder mehr — ersten Prozenten Beschädigung“ werden die Unkosten gleich mit zum Schaden gezogen, und eine Vergütung des Überschusses geschieht also, soweit der Schaden (vergl. § 10) einschließlich der Unkosten mehr als die ausgenommenen Prozente von der Taxe (Serie s. § 28) beträgt. Es werden also, nachdem der Schaden in Gemäßheit dieser Bedingungen ermittelt ist (§§ 60 und 61), von dem so ermittelten Betrage des Schadens noch die vorbehaltenen Prozente der Taxe (Serie), nicht des Gesundwertes, gekürzt. Wenn die Güter nach einem stattgefundenen Strandungsfalle den Bestimmungsplatz im beschädigten Zustande erreichen, so wird der Schaden ebenso dispachiert und vergütet, als wenn die Güter „frei von Beschädigung, außer im Strandungsfalle“, versichert wären.

§ 14.

Bei einem ohne Zutun des Versicherten durch den Schiffer vorgenommenen Verkauf im Nothafen kommen die in den beiden vorhergehenden Paragraphen erwähnten Klauseln nicht zur Anwendung und wird der ganze Schaden vergütet, wenn er drei Prozent von der Taxe (Serie) beträgt.

Behufs Ermittlung des Schadens an denjenigen Gütern, welche den Bestimmungsplatz erreichen, wird die Taxe (Serie) nach Maßgabe des im Nothafen verkauften Teiles derselben vermindert.

§ 15.

Gilt die Versicherung „frei von Beschädigung außer im Strandungsfalle“ und das Schiff strandet, die versicherten Güter aber erreichen beschädigt ihre Bestimmung, so muß diese Beschädigung zehn Prozent der Taxe (Serie) erreichen, um zu einer Vergütung zu berechtigen. Insoweit aber nach einem Strandungsfalle die beschädigten Güter ohne Zutun des Versicherten, oder mit ausdrücklicher Genehmigung des Versicherers, im Nothafen oder am Strandungsplatze verkauft werden, wird der dadurch entstandene Verlust nur dann vergütet, wenn er mindestens zehn Prozent von der auf das verkaufte Quantum entfallenden Versicherungssumme beträgt.

Behufs Ermittlung des Schadens an denjenigen Gütern, welche den Bestimmungsplatz erreichen, wird die Taxe (Serie) nach Maßgabe des im Nothafen verkauften Teiles derselben vermindert.

§ 16.

Ein Strandungsfall ist vorhanden, wenn das Schiff auf einen Grund gerät und festsitzen bleibt, oder nur durch Anwendung ungewöhnlicher Maßregeln, als z. B. Kappen der Masten, Werfen oder Löschung eines Teiles der Ladung — nicht durch Anwendung gewöhnlicher Maßregeln, als z. B. Winden auf den Ankern, Backstellung der Segel — abgebracht wird, oder durch ungewöhnlich hohe Flut abkommt, und wenn das Schiff durch solches Festsitzen Schaden am Rumpfe erlitten hat, der so bedeutend ist, daß sich die Beschädigung der Güter hieraus erklären läßt.

Der Strandung sind gleichzuachten Kentern, Versinken, Scheitern und Verbrennen des Schiffs, sowie Schaden am Schiffe durch Eis oder Kollision, wenn derselbe so bedeutend ist, daß sich die Beschädigung der Güter daraus erklären läßt.

Hat eine Strandung oder ein dieser gleichzuachtender anderer Unfall sich ereignet, so haftet der Versicherer für jede die in § 15 angeführten 10 Prozent erreichende Beschädigung, welche infolge eines solchen Seeunfalls entstanden ist, nicht aber für eine sonstige Beschädigung. Es wird bis zum Nachweis des Gegenteils vermutet, daß eine Beschädigung, welche möglicherweise Folge des eingetretenen Seeunfalls sein kann, infolge desselben entstanden ist.

Eine Beschädigung, welche erweislich ohne Selbstentzündung der versicherten Güter durch Feuer oder durch Löschung eines solchen Feuers oder durch Beschießen entstanden ist, wird als ein Schaden, von welchem der Versicherer durch die Klausel frei von Beschädigung außer im Strandungsfalle", befreit wird, nicht angesehen.

§ 17.

Im Falle von Beschädigung an Waren, welche (sei es mit oder ohne spezielle Bezeichnung oder Benennung derselben) ohne eine besondere anderweitige, in die Police eingerückte Verabredung, versichert sind, gelten:

a. Artikel, welche zu einer der in dem nachstehenden Verzeichnisse sub A. bis E. erwähnten Klassen gehören, stillschweigend als mit derjenigen Bedingung versichert, welche bei der betreffenden Klasse bemerkt ist, und haftet der Versicherer daher nur dann, wenn der Schaden die bei solcher Klasse bemerkte Höhe erreicht,

wogegen

b. alle übrigen nachstehend sub A. bis E. nicht genannten oder ausgenommenen Artikel, sowie die genannten ebenfalls, wenn in anderer als der dabei angegebenen Verpackung, stillschweigend als mit der Klausel „frei von Beschädigung außer im Strandungsfalle", versichert gelten und behandelt werden.

Litt. A. Artikel, welche als frei von Beschädigung, wenn unter drei Prozent versichert, gelten (Artikel mit s. g. reiner Police):

Asphalt;
Baumwolle in eckigen und geschnürten oder gepreßten Ballen;
Borax in Fässern;
Kaffee in Fässern;
Cochenille in Seronen, Kisten und Fässern;
Garn und Zwirn in Kisten und Fässern, mit Ausnahme von Türkischrot-Garn;
Harz in Fässern und Kisten;
Holz, Nutz- und Bauholz, mit Ausnahme von Dielen und tannenen Bohlen;
Indigo in Kisten und Seronen;
Kleidungsstücke, neue in Kisten als Handelsartikel, mit Ausnahme von Hüten;
Manufakturwaren in Kisten oder Fässern, nämlich Gewebe aus allen Arten Rohstoffe, wie Seide, Flachs, Baumwolle, Wolle, Bast, Hanf, Jute, Haar und andere — einfach oder gemischt;
Opium in Kisten;
Pech in Fässern;
Quecksilber in Metallgefäßen;
Schafswolle in gepreßten Ballen;
Schellack und Sticklack in Kisten;
Schildpatt in Fässern und Kisten;
Segeltuch in Kisten;
Talg in Fässern;
Tee in Kisten;

Terpentin in Fässern;

Wachs in Fässern und Kisten.

Sogenannte Ballots, welche außer in Leinen noch in Wachstuch, Teertuch oder in Öltuch verpackt sind, gelten inbetreff der Beschädigung den Kisten gleich.

Litt. B. Artikel, welche als frei von Beschädigung, wenn unter fünf Prozent versichert, gelten:

Baumwolle in runden Ballen;

Garn, Leinen- und Baumwollen- in Packen, mit Ausnahme von Türkischrot-Garn;

Gewürze in Fässern und Kisten;

Reis in Fässern;

Seide, Flock-, Roh- und gezwirnte.

Litt. C. Artikel, welche als frei von Beschädigung, wenn unter zehn Prozent versichert, gelten:

Alaun in Fässern und Kisten;

Alkali in Fässern;

Amidam in Fässern und Kisten;

Arsenik;

Asche, Pott-, Perl-, Stein- und Waid-Asche in Fässern;

Bindfaden (Segelgarn) in Fässern, Kisten und Packen;

Bleiweiß in Fässern;

Bleizucker in Fässern;

Borsten in Fässern und Kisten;

Braunstein in Fässern;

Bürstenwaren in Fässern und Kisten;

Kakao in Säcken und Fässern;

Kaffee in Säcken;

Kampfer in Kisten;

China in Kisten, Seronen und Fässern;

Zigarren in doppelten Kisten;

Cotton bagging in Packen mit Umschlag von Matten oder Rapper;

Cristall tartari in Fässern und Kisten;

Cutch in Fässern und Kisten;

Farbewaren, trockene, auch Farbeholzextrakte, in Fässern und Kisten;

Filz in Kisten und Packen;

Fischbein in Fässern und Kisten;

Flachs in Fässern und Packen;
Gallen;
Gambier in Verpackung;
Garn, Wollen-, in Packen;
Gewürze in Säcken;
Gummi in Fässern und Kisten, mit Ausnahme von Gummigutt;
Haare in Fässern und Kisten, sowie Pferdehaare auch in Ballen;
Hasenfelle in Fässern und Kisten;
Hausenblasen in Fässern und Kisten;
Hirsch- und Rehfelle in Fässern und Kisten;
Hüte, Filz- und seidene in Fässern und Kisten;
Kleesaat in Fässern;
Krapp in Fässern;
Kurzwaren in Fässern und Kisten, mit Ausnahme von Uhren, Spiegeln, Spielzeug, Nadeln und musikalischen Instrumenten;
Lacdye in Kisten;
Ledertuch in Kisten;
Leinsaat in Tonnen;
Manufakturwaren in Ballen, nämlich Gewebe aus allen Arten Rohstoffe;
Pelzwerk in Fässern und Kisten;
Posamentierwaren in Kisten und Fässern;
Querzitron in Fässern;
Rhabarber in Kisten;
Reis in Säcken, jedoch nur in zu vereinbarenden Taxen;
Säcke in Packen;
Sago in Fässern und Kisten;
Sassaparille in Seronen;
Schafswolle in ungepreßten Ballen;
Schwefel und Schwefelblüten in Kisten und Fässern;
Segeltuch in Packen;
Soda in Fässern;
Spiegelgläser, unbelegte;
Tauwerk, geteertes;
Turmerik in Ballen;
Vitriol in Fässern und Kisten;
Wachstuch in Kisten;
Weinstein in Fässern und Kisten;

Zucker in Broden oder Tafeln, in Fässern und Kisten von einem europäischen Hafen zum andern.

Litt. D. Artikel, welche als frei von den ersten zehn Prozent Beschädigung versichert, gelten:

Alle rohe und halb oder ganz fabrizierte Tabake unter irgend einer Benennung und Verpackung, mit Ausnahme von lose im Schiffe verladenen, und von amerikanischen Stengeln in Packen, Scraps und europäischen Blättern und Stengeln;

Tabaksblätter in Fässern und Kisten aus nordamerikanischen Häfen gelten indes: frei von Beschädigung, wenn unter sieben und ein halb Prozent;

Tabaksstengel in Fässern und Kisten aus nordamerikanischen Häfen dagegen: frei von Beschädigung, wenn unter zehn Prozent und dann mit Abzug der ersten fünf Prozent des Versicherungswertes der beschädigten Fässer für innere oder Landbeschädigung.

Litt. E. Beschädigung an rohem Zucker in Fässern oder Kisten wird nur dann vergütet, wenn sich zugleich ein Untergewicht herausstellt:

a. bei weißem Rohzucker, sowie gestampftem, raffiniertem Zucker in Kisten oder Fässern von drei Prozent,
b. bei gelben oder braunen Rohzuckern von fünf Prozent,
c. bei Muskovaden und Bastern von acht Prozent des Bruttogewichts per Kiste oder Faß.

Ist dieses Untergewicht vorhanden, so wird der gesamte Schaden an der betreffenden Kiste oder dem betreffenden Fasse vergütet.

Rohe Zucker in Kranjangs gelten, wenn direkt vom Produktionslande oder auch von hier abgeladen, als frei von Beschädigung, wenn unter zehn Prozent versichert, jedoch nur in Taren von nicht weniger als 8000 Mark.

§ 18.

Wenn versicherte Güter im beschädigten Zustande den Bestimmungsort erreichen, und zur Berechnung des Schadens das Gewicht oder die Maße ausgemittelt werden muß, welche dieselben in unbeschädigtem Zustande gehabt hätten, so ist solches in der Regel nach der mittleren Auslieferung gleicher Güter unter ähnlichen Umständen anzunehmen, insofern darüber keine ausdrückliche Bestimmung im Nachstehenden oder in der Police gemacht ist.

Diese ausdrückliche Bestimmung tritt ein:

1) bei der Auslieferung des Gewichts von rohem Zucker, welcher nach § 17 Litt. E. versichert ist.

Es wird nämlich angenommen:

a. daß roher Zucker in Kisten in unbeschädigtem Zustande wie folgt nach hiesigem Gewicht ausliefern müßte:

die Spanische Brutto-Arrobe	11½	Kilogr.	Brutto
die Brasilische Brutto-Arrobe	14½	"	"
der Englische Brutto-Zentner	50½	"	"
von den Vereinigten Staaten von N.-A. die 100 ℔ Brutto	45	"	"
von Frankreich und Holland die 50 Kilogr. Brutto	50	"	"
ferner in Kranjangs von Java der Netto-Pikul	58¾	"	Netto.

Als Regel gilt ferner:

b. daß diese Gewichtsreduktion auf beschädigte Muskovaden und Bastern-Zucker in Fässern nur Anwendung findet, wenn keine unbeschädigte gleiche Ware bei demselben oder mit einem gleichzeitig expedierten anderen Schiffe zur Norm vorhanden ist, und daß von dem durch jene Gewichtsreduktion ermittelten Schaden für gewöhnliches Untergewicht fünf Prozent abgezogen werden.

2) Bei solchen Gütern, welche durch das bei der Beschädigung angezogene Wasser an Gewicht oder Maße zunehmen, muß auf das noch in der Ware vorhandene Wasser Rücksicht genommen werden und darf die Berechnung des Gewichts oder der Maße in gesundem Zustande sich nicht höher stellen, als die Auslieferung des Beschädigten ergeben hat, es sei denn, daß ein wirklicher Verlust an Quantität infolge des Seeunfalls nachgewiesen werden kann.

§ 19.

Flüssige Waren, unter einer allgemeinen oder besonderen Benennung, sind nur in den nachstehend sub A. dieses Paragraphen benannten Fällen für Leckage oder Bruch versichert, und zwar unter den folgenden sub B. bestimmten Abzügen für gewöhnliche Leckage.

A. Fälle, die Anspruch auf Vergütung für Leckage oder Bruch begründen:

1) wenn die betreffenden versicherten Waren oder ein Teil derselben in einem Nothafen entladen waren;

2) wenn das Schiff aufgebracht und länger als zwei Monate angehalten gewesen, es sei denn der Kriegsmolest von der Versicherung ausgenommen, oder dieselbe nur für Seegefahr geschlossen;

3) im Strandungsfalle, mit Beziehung auf § 16;

4) wenn das Schiff gestoßen, d. h. mit Heftigkeit einen festen oder harten Gegenstand berührt hat, ohne darauf sitzen zu bleiben; oder auch, wenn dasselbe durch Ansegeln eine heftige Erschütterung erlitten hat.

B. Abzug für gewöhnliche Leckage:

a. bei Reisen nach einem Hafen in der Nordsee:

auf weißen Wein von Bordeaux	4	Prozent
„ roten Wein von dito	3	„
„ beide, auf der Mutter	8	„
„ weißen Wein, von den übrigen Häfen in der Bucht von Frankreich	6	„
„ roten Wein, desgleichen	4	„
„ Wein von Lissabon und Porto	4	„
„ Wein von den Spanischen und Französischen Häfen im Mittelländischen Meere	5	„
„ Wein von Italien	5	„
„ Branntwein von Frankreich oder Spanien	4	„
„ Essig von Frankreich	3	„
„ Rum von England	5	„
„ Rum von Westindien oder Nordamerika	8	„
„ Rum von Brasilien	10	„
„ Arrak von Batavia	10	„
„ Honig von Westindien	10	„
„ Sirup von England und Frankreich	8	„
„ Sirup (Molasses) von Ostindien	20	„
„ Terpentinöl von Häfen Europas, in doppelten Fässern	5	„
„ desgleichen in einfachen Fässern	10	„
„ desgleichen von Amerika 5 Pzt. mehr;		
„ Petroleum in Fässern von Nordamerika	2½	„
„ Hanföl, Tran und Teer, aus Rußland, Norwegen oder Schweden	5	„
„ Olivenöl aus Häfen des Mittelländischen Meeres in Fässern mit eisernen Reifen	5	„

b. von europäischen Häfen nach Westindien und Amerika:

auf Wein, Branntwein, Essig, Öl, Teer in gewöhnlicher Fustage . . . . 5 Prozent

c. von einem Hafen der Nordsee nach einem anderen derselben oder der Ostsee:

auf Wein, Branntwein, Rum, Sirup, Honig, Öl und Tran . . . . 3 „

Bei sonstigen hier nicht benannten Gegenständen und Reisen findet ein den obigen Bestimmungen angemessenes Verhältnis statt. Die Vergütung eines Mehreren tritt aber nur dann ein, wenn die gefundene Leckage einer jeden Taxe diese als gewöhnlich angenommene Leckage um drei Prozent übersteigt.

An Flüssigkeiten aller Art in Flaschen und Krügen werden, wenn Defekte in obigen Fällen zur Vergütung kommen, die ersten fünf Prozent der Taxe (Serie) abgezogen und nur ein Mehreres wird vergütet.

Falls zur Ermittelung der Extraleckage eine Reduktion des Gewichts oder der Maße des Verschiffungsortes zu denjenigen des Bestimmungsortes erforderlich ist, so ist das normale Verhältnis und nicht das Rendiment zu Grunde zu legen.

Bei einem dem Versicherer zur Last fallenden Verkauf im Nothafen wird von jedem Abzuge wegen ordentlicher oder außerordentlicher Leckage abgesehen und wird in solchem Falle der Schaden in Gemäßheit des § 15 vergütet.

§ 20.

Bei einer Versicherung mit der Klausel „frei von Kriegsmolest" ist keinerlei Folge einer feindseligen Behandlung durch diese Versicherung gedeckt, und sie läuft gänzlich ab in dem Augenblicke, da das Schiff, welches so versichert ist oder welches den so versicherten Gegenstand enthält, irgendwo, wenn auch nur zur Untersuchung, gewaltsam eingebracht ist.

Es wird demnach bei einer solchen Versicherung eine Beraubung, Beschädigung oder Vernichtung des versicherten Gegenstandes durch Kriegsschiffe oder Kaper, mögen diese Kriegsschiffe oder Kaper anerkannten oder nicht anerkannten Mächten angehören, nicht vergütet, und ebenfalls nicht eine Havarie-Grosse, die aus einem Seewurf oder einer sonstigen Aufopferung, zur Vermeidung dieser Gefahren oder zur Befreiung aus denselben, hervorgehen mag.

Vereinbart sich der Versicherte mit dem Versicherer über einen Wiederanfang der Versicherung für den Fall der Freigabe des Schiffes innerhalb eines bestimmten Termins, es geschehe dies nun bei Abschluß des Vertrags oder auch erst, nachdem das Schiff aufgebracht worden, so bedarf es einer besonderen Übereinkunft, wenn Beschädigung, Leckage oder irgend ein sonstiger Mangel an der Ware mit einbegriffen sein soll.

§ 21.

Bei einer Versicherung mit der Klausel „bloß für Seegefahr" wird das Risiko des Versicherers zwar durch Anhaltung und Aufbringung des Schiffes nicht unterbrochen, sondern dauert bis zum Ende der versicherten Reise oder bis zur Kondemnation des versicherten Gegenstandes fort, aber der Versicherer haftet weder für Beraubung, Beschädigung oder Vernichtung des versicherten Gegenstandes durch Kriegsschiffe oder Kaper (siehe § 20), noch für die Kosten, welche entstehen aus der Anhaltung und Reklamierung, aus der Blockade des Aufenthaltshafens oder der Zurückweisung von einem blockierten Hafen oder aus dem freiwilligen Aufenthalte wegen Kriegsgefahr; ebensowenig haftet der Versicherer für sonstige unmittelbare Folgen einer feindseligen Behandlung; ebenfalls nicht für den Schaden, welcher aus der Kondemnation des Schiffes für die freigegebenen Güter durch den Verkauf derselben oder deren Beförderung zum Bestimmungsplatz entstehen mag.

Dauert die Anhaltung länger als zwei Monate, so ist der Versicherer von dem Ersatz aller Beschädigung, Leckage, sowie Bruchs und jedes sonstigen Mangels an den versicherten Gütern frei, es sei denn, daß das Schiff nach seiner Freigabe auf der Fortsetzung seiner Reise strande, in welchem Falle die Bestimmungen der §§ 15 und 16, wie bei einer Versicherung mit der Klausel „frei von Beschädigung, außer im Strandungsfalle", zur Anwendung kommen.

§ 22.

Ist die „behaltene oder sichere Fahrt" eines Schiffes versichert, so ist mit der Ankunft desselben in seinem Bestimmungshafen die Versicherung erloschen. Der Versicherer ist zur Zahlung nur dann verpflichtet, wenn das Schiff gänzlich verunglückt, wenn es durch Seeraub verloren geht, wenn es von Feindes Hand für gute Prise erklärt, oder wenn es in einem Nothafen nach ordnungsmäßiger Besichtigung als der Reparatur unwert kondemniert wird (siehe

§§ 36, 58, 59); oder auch, wenn es beim Ausbleiben aller Nachrichten gemäß den Bestimmungen des § 64 als verschollen anzunehmen ist.

Unterbleibt die Fortsetzung der Reise wegen Unterlassung der von den Besichtigern angeordneten Reparatur, so ist der Versicherer entschlagen. Der Versicherer ist bei solcher Versicherung frei von jeder Havarie-Grosse wie partikuläre.

§ 23.

Wenn eine Versicherung unter der Bedingung: „frei von Beschädigung" ohne weiteren Vorbehalt und Ausnahme geschlossen ist, so ersetzt der Versicherer im Beschädigungsfalle weder die dadurch entstandene Verminderung des Wertes, noch irgend eine Verminderung des versicherten Gegenstandes selbst, es sei im Gewicht, in der Masse oder in sonstiger Hinsicht.

§ 24.

Bei Versicherungen „nur gegen Totalverlust" gilt als solcher, wenn das versicherte Schiff oder die versicherte Ware versinkt oder aufbrennt, oder im Kriege für gute Prise erklärt wird oder durch Seeraub verloren geht, oder gemäß den Bestimmungen des § 64 als verschollen anzunehmen ist. Außer diesen Fällen erkennen die Versicherer einen Totalverlust im Sinne dieser Klausel nur dann an:

1) für das Schiff, wenn dasselbe auf Strand gerät und entweder zertrümmert oder nicht wieder abgebracht werden kann, während etwa Teile des Wracks oder Inventars gerettet werden;
2) für die Ware, wenn sie aus einem verunglückten Schiffe seetriftig geworden, nachher aber noch auf irgend eine Weise geborgen wird;

und wenn in beiden Fällen der Schaden, einschließlich aller Unkosten für die Bergung, mindestens fünfundsiebzig Prozent der Taxe oder, in Ermangelung einer solchen, des Versicherungswertes beträgt.

Wird der Totalverlust eines gestrandeten Schiffes oder der von Waren in einem solchen, durch Anwendung außerordentlicher Unkosten für die Abbringung desselben, resp. Bergung aus demselben, verhütet, so erstattet der Versicherer solche Unkosten, soweit sie dem versicherten Gegenstande zur Last fallen, wogegen er von allen anderweitigen, etwa in Havarie-Grosse oder sonst berechneten Kosten und Beiträgen frei ist.

§ 25.

Wenn Kriegs- und Marinebedürfnisse unter der allgemeinen Benennung von Güter, Waren oder Kaufmannschaften versichert worden sind, so gilt diese Versicherung nur „frei von Kriegsmolest“.

Namentlich ist eine spezielle Benennung bei folgenden Gegenständen erforderlich: Pulver und Blei, Kugeln, Kanonen, Flinten, Pistolen, Säbel, Degen und jede Art von Ammunition und Armatur, sowie auch lange Messer und Sackhauer; ferner Schwefel, Salpeter, Pech, Teer, Harz, Hanf, Tauwerk, Segel, Masten, Schiffsbauholz, Metall zu Schiffsbekleidung und zum Schiffsbau gebräuchliches Eisenwerk, Segeltuch, Ravenstuch, flämisch Leinen und Säcke.

Außerdem finden die Bestimmungen dieses Paragraphen auf alle sonstigen Gegenstände Anwendung, welche bei den im Kriege begriffenen Mächten für Kriegskonterbande gelten, oder vor Abschluß der Versicherung dafür erklärt sein mögen.

§ 26.

Eine Versicherung auf Gold, Silber und Platina, gemünzt oder ungemünzt, auf Papiergeld, Schuldverschreibungen, Aktien und Dokumente aller Art, sowie auf echte Spitzen und Perlen, Juwelen und Kleinodien, auf Kunstwerke der Malerei oder Bildhauerei und etwaige Seltenheiten ist ganz ungültig ohne Rückgabe der Prämie, wenn diese Gegenstände nicht ausdrücklich genannt, sondern unter irgend einer allgemeinen Bezeichnung angegeben sind.

§ 27.

Als Versicherungswert von Gütern — solange ein solcher nicht durch Übereinkunft festgestellt (taxiert) ist — gilt der Einkaufsbetrag einschließlich aller Unkosten bis an Bord und der Assekuranzprämie, und ist als solcher im Fall von Schaden zu erweisen.

Soll vorausbezahlte Fracht oder Frachtvorschuß mit eingeschlossen sein, so ist solches besonders anzugeben.

Soll imaginärer Gewinn mit versichert werden, so kann solches durch die Beifügung „einschließlich imaginären Gewinn“ bis zu zehn Prozent von dem wie oben festgestellten Versicherungswert geschehen. Will aber der Versicherte bei einer vorläufigen Versicherung einen höheren imaginären Gewinn decken, so müssen die Prozente ausgesprochen werden.

Ist der Betrag der Güter durch Wechsel eingezogen oder gedeckt, so geschieht die Berechnung desselben zu dem bedungenen Kurse, sonst aber wird derselbe zu dem möglichst direkten, am Ausstellungstage der Faktura am Abladungsplatze bestehenden Wechselkurse, in Ermangelung eines solchen nach dem Wert allgemein gangbarer Münzen, in hiesiger Währung berechnet.

Neben der Versicherung des Einkaufsbetrages kann auch eine besondere Versicherung der am Bestimmungsplatze zu bezahlenden Fracht, Zölle und sonstigen Unkosten stattfinden, die dann aber allein dazu dient, den Versicherten für denjenigen Teil des Schadens zu decken, der im Fall von Havarie auf jene Unkosten fällt, und wird der teilweise Schaden mit denselben Prozenten wie auf die Güter selbst vergütet, jedoch nur bis zur vollen Entschädigung des Versicherten. Erreichen also die Güter nicht den Bestimmungsplatz, so kommt auch diese Versicherung nicht zur Anwendung, und die Prämie wird alsdann mit Einhaltung von ein Viertel Prozent zurückgegeben.

Ist aber, sei es bei Abschluß der Versicherung oder später, eine Taxe der Ware nach Stückzahl, Maße, Gewicht, oder aber durch Bestimmung des Kurses für eine fremde Valuta verabredet, so gilt eine solche Taxe als der durch Vereinbarung zwischen Versicherten und Versicherer festgestellte Versicherungswert der Güter.

Diese vereinbarte Taxe, sonst aber der erwiesene Versicherungswert der Güter, wird nicht allein bei gänzlichem Verluste derselben zum Vollen vergütet, sondern wird auch, wenn die Güter nach erlittener Beschädigung den Bestimmungsort nicht erreichen können, und diese Beschädigung dem Versicherer nach diesen Bedingungen (§§ 14, 15) zur Last kommt, unter Abzug des Geretteten, und im Verhältnis zur Versicherungssumme bezahlt.

Erreichen aber Güter im beschädigten Zustande den Bestimmungsplatz, so dient die Taxe oder der nach ihr ermittelte verhältnismäßige Versicherungswert des beschädigten Teils derselben nur dazu, den entstandenen Schaden darauf zurückzuführen (vergl. § 10), und im Fall sich daraus ergibt, daß er die vorbehaltenen Prozente beträgt, werden von dem Versicherungswerte, wenn dieser kleiner ist als der nach § 60 ermittelte Wert im unbeschädigten Zustande, so viele Prozente bezahlt, als sich Schaden auf diesen erweiset; ist aber der Versicherungswert größer als der Wert im unbeschädigten Zustande, so wird der wirklich erlittene Schaden vergütet.

Bei teilweiser Versicherung wird der Schaden nach Verhältnis der Versicherungssumme zum Versicherungswerte resp. zur Policentaxe vergütet.

§ 28.

Eine Einteilung nach Taxen (Serien), welche in bezug auf die Bedingungen eine jede als eine besondere Versicherung gelten, ist vor Ankunft des Schiffes, spätestens vor Eröffnung der Luken aufzugeben; im Unterlassungsfalle werden die Taxen (Serien), wenn sie vorbehalten waren, nach der bei Schließung der Versicherung übereingekommenen Norm reguliert; wenn aber eine solche Norm nicht verabredet war, so unterbleibt jede andere Einteilung, als die in der verschiedenen Natur der Güter begründet ist.

Als übliche Taxen gelten solche von mindestens 2000 Mark, wobei nur die letzte kleiner, jedoch nicht unter 1000 Mark sein darf. Es bedarf einer besonderen Übereinkunft, wenn statt der Abschiffungs-Märkte und Nummern, oder in deren Ermangelung Landungsbezeichnungen gelten sollen; diese sind dann auf Kosten des Versicherten, unter spezieller Aufsicht der Agenten der Versicherer am Löschungsplatze, aufzunehmen.

§ 29.

Imaginärer Gewinn kann auch abgesondert von den Gütern versichert und taxiert werden, nur muß der Versicherte dabei aufgeben, auf welche Güter speziell der imaginäre Gewinn gilt und ob, wo und wie dieselben anderweitig durch ihn oder für seine Rechnung versichert sind, widrigenfalls gelten die Güter als „frei von Beschädigung außer im Strandungsfalle" versichert. Gehen die Güter unterwegs verloren, es sei durch Zufälligkeiten der Elemente oder durch willkürliche Aufopferung bei dem Versuch zur Rettung von Schiff und Ladung, so wird der darauf versicherte erwartete Gewinn, oder, im letzteren Falle, so viel dessen nicht mit im Havarie-Grosse vergütet worden, als Totalschaden bezahlt. Findet ein Verkauf der Güter im Nothafen statt, so wird der etwaige Gewinn darauf gegen den versicherten Gewinn in Abrechnung gebracht. Erreichen dagegen die Güter ihre Bestimmung im beschädigten Zustande, so wird der teilweise Schaden auf erwarteten Gewinn mit eben so vielen Prozenten, wie auf die Güter selbst bezahlt, jedoch nur bis zur vollen Entschädigung des Versicherten.

§ 30.

Ebenfalls kann eine zu verdienende Kommission nach einer festen Taxe, so wie auch nach gewissen Prozenten vom Verkaufsertrage, versichert werden, wobei es dann nur der speziellen Angabe der Güter, worauf die Kommission verdient werden soll, nicht aber der Angabe der Versicherung dieser Güter bedarf. Verunglücken die Güter, so wird ein Totalschaden bezahlt, und ebenfalls geschieht dies, wenn sie in einem Nothafen verkauft werden müssen und die Kommission daselbst dem Versicherten nicht zugute kommt; anderenfalls die letztere darauf abzurechnen ist. Erreichen aber die Güter im beschädigten Zustande den Bestimmungsplatz, so wird der durch die Beschädigung entstandene Ausfall an der Kommission in demselben Verhältnis vergütet, wie der Ausfall am Bruttowert der Güter nach den gewöhnlichen Bedingungen zu ersetzen sein würde.

Eine zu verdienende Makler-Courtage kann in gleicher Weise versichert werden; jedoch begründet ein durch Seebeschädigung veranlaßter Ausfall an der Courtage, wenn die Güter ihren Bestimmungsplatz erreichen, keinen Anspruch für Schadenersatz an den Versicherer.

§ 31.

Versicherte Schiffe oder Schiffsparte, die in der Police nicht taxiert sind, werden zur Berechnung in partikulärer Havarie nach dem Verhältnis von hundertsiebzig Mark für jede Registertonne angenommen.

§ 32.

Jede willkürliche Abweichung eines Schiffes von der versicherten Reise hebt, selbst im Fall einer damit beabsichtigten oder bewirkten Abkürzung derselben, die Verbindlichkeit des Versicherers auf Kasko und Fracht auf. Auch für jedes andere versicherte Interesse wird die Versicherung durch eine solche Abweichung aufgehoben, wenn der Versicherte dieselbe genehmigte. Eine durch Notfälle oder durch das Gebot der Menschlichkeit bewirkte Abweichung, sowie auch das Anlaufen englischer Häfen im Kanal, oder an der Südküste Irlands, hat jedoch keine Beeinträchtigung der Versicherung zur Folge.

§ 33.

Bei Versicherungen mit der Bedingung, daß das Schiff unter Convoye gehe, wird vorausgesetzt, daß das Schiff gleich, vom Abgangshafen an, die versicherte Reise unter Convoye antrete und bis zum Bestimmungshafen unter deren Begleitung bleibe; die Versicherung gilt daher für den Teil der Reise, welchen der Schiffer willkürlich ohne Convoye macht, nur „frei von Kriegsmolest“.

§ 34.

Für Schaden, welcher durch Handlungen des Versicherten wider die Ein- und Ausfuhrgesetze eines Landes oder auch durch Mangel an den gehörigen Dokumenten entsteht, leistet der Versicherer keinen Ersatz.

§ 35.

Ein Schaden, welcher durch inneren Verderb der Ware oder aus der Beschaffenheit der Fustagen und sonstigen Gefäße oder Umschläge entsteht, z. B. wenn Früchte verderben, Getreide sich erhitzt, Wein sauer wird oder ausleckt, wird von dem Versicherer nicht ersetzt, und ebensowenig ein durch Mäuse- oder Rattenfraß entstandener Schaden.

§ 36.

Bei der Versicherung eines Schiffes oder seiner Frachtgelder wird vorausgesetzt, und ist der Reeder dafür verantwortlich, daß das Schiff seefähig sei, d. h. daß es dicht, fest, wohl kalfatert und mit allem Nötigen in seiner Ausrüstung versehen sei, um die vorhabende Reise antreten und mit Sicherheit Güter über See bringen zu können. Wenn ein versichertes Schiff ohne äußeren Unfall leck oder sonst schadhaft wird und dieserhalb einer Ausbesserung bedarf, oder gänzlich verloren geht, so gilt zum Beweise des Gegenteils der Schaden als durch den bei Antritt der Reise nicht seetüchtigen Zustand des Schiffes veranlaßt und ist der Versicherer dafür nicht verantwortlich. Und wird ein Schiff als unfähig zur Fortsetzung seiner Reise kondemniert, so ist, um einen Anspruch an den Versicherer zu begründen, zu erweisen, daß solche Unfähigkeit von auf der versicherten Reise erlittenen Unfällen herrühre.

Bei Versicherung eines Schiffes oder seiner Frachtgelder oder der behaltenen Fahrt oder behaltenen Ankunft desselben wird die Kondemnation des Schiffes und der darauf begründete Verkauf desselben in einem Nothafen nur dann anerkannt, wenn die Unmöglichkeit der Reparatur eines auf der versicherten Reise entstandenen Schadens sowie der Versegelung nach einem andern Hafen zur Herstellung desselben genügend nachgewiesen wird, oder wenn die von den ordnungsmäßig zugezogenen Sachverständigen (§ 58) geschätzten Reparaturkosten für die auf der versicherten Reise erlittene und gemäß dieser Bedingungen durch den Versicherer zu vergütende Beschädigung, jedoch ohne Abzug der sonst üblichen Kürzung für Unterschied zwischen alt und neu (vergl. § 59) und ohne Abzug einer etwaigen Vergütung in Havarie-Grosse, mindestens fünfundsiebzig Prozent von der Taxe in der Police betragen.

Kann darüber kein Beweis beigebracht werden, oder unterbleibt die Reparatur etwa wegen Mangel an Geldmitteln, so wird der auf der letzten Reise erlittene Schaden auf Grundlage der Taxation der Reparatur dispachiert und vergütet.

Am Bestimmungsplatze ist eine Kondemnation unzulässig und ein erlittener Schaden wird, wenn die Herstellung daselbst unterbleibt, nur auf Grundlage der Taxation von dem Versicherer vergütet, selbst wenn die Reparatur erweislich am Bestimmungsplatze nicht zu beschaffen ist.

§ 37.

Wenn Anker, Ankerketten oder Taue brechen, oder wenn beigesetzte Segel beschädigt, vom Winde zerrissen oder fortgeführt werden, ohne daß dazu ein äußerer Unfall, z. B. das Brechen von Rundhölzern, Hineinschlagen von Sturzseen Veranlassung gab, so wird solches als Folge ihrer Schadhaftigkeit oder der Abnutzung im gewöhnlichen Gebrauche angesehen, und der Versicherer ist also nicht zum Ersatz dafür verpflichtet, ebensowenig dafür, wenn das Beschädigte, Zerrissene oder Gebrochene demnächst weggekappt werden mußte.

§ 38.

Wenn ein auf den Walfischfang gegangenes Schiff während des Fanges im Eise Schaden leidet, so kommt der Versicherer dafür nicht auf, außer wenn das Schiff gänzlich verunglückt.

§ 39.

Wird ein für eine bestimmte Reise versichertes Schiff durch höhere Macht von seinem Bestimmungsplatze abgewiesen, so bleibt die Versicherung auf Schiff und Fracht in Kraft bis zu dem Platze, nach welchem das Schiff verwiesen wird oder nach welchem zu segeln der Schiffer sich veranlaßt findet; sie endigt daselbst nach Maßgabe von §§ 4 und 5.

Für die in einem solchen Schiffe befindlichen Waren bleibt die Versicherung noch weitere drei Monate, vom Tage der Ankunft an gedachtem Platze, in Kraft, wenn sie während dieser Frist nicht ausgeladen werden; sie erstreckt sich für dieselben in solchem Fall auch weiter bis zum Bestimmungsplatze, wenn nach Wegfall des Hindernisses, innerhalb dieser Frist, das Schiff seine Reise dahin fortsetzt.

Sollte sich an dem Platze, wohin das Schiff versegelt ist, Beschädigung am Schiffe oder an den Waren ergeben, welche nach diesen Bedingungen von dem Versicherer zu vergüten ist, so ist in deren Betreff auf vorgeschriebene Weise (§§ 58—61) zu verfahren, und tritt dabei für Waren die gleiche Berechnung ein, als hätten sie in einem Nothafen verkauft werden müssen.

Auf versicherte Fracht ist das zu ersetzen, was die Landungsinteressenten an der Fracht zu kürzen befugt sind.

§ 40.

Wird das Schiff am Bestimmungsplatze oder in einem Nothafen, ohne oder mit Löschung der Ladung, unter Quarantäne gelegt, so bleibt die Versicherung auch während der Dauer derselben in Kraft, ohne daß jedoch eine Kostenvergütung, noch auch Ersatz für die durch Maßregeln der Quarantäne unmittelbar entstandene Beschädigung verlangt werden kann.

Wenn ein Schiff zur Abhaltung von Quarantäne nach einem Quarantänehafen verwiesen wird, oder einen solchen aufzusuchen hat, so bleibt die Versicherung, wenn bei Abschluß derselben kein abweichender Vorbehalt vereinbart war, in betreff des versicherten Gegenstandes für die Reise dahin, während des Aufenthalts daselbst und nach Ablauf der Quarantänezeit für die Reise zum Bestimmungshafen zurück ohne Unterbrechung in Kraft. Der Versicherer ist aber für keinerlei durch die Verweisung oder die Quarantäne veranlaßten Kosten und ebenso wenig für Beschädigung, Untergewicht oder Leckage an der Ware, welche durch die Aus- und Einladung, Lagerung oder Reinigung veranlaßt worden, verantwortlich, haftet indes für die Feuersgefahr während des Lagerns am Lande.

Dritter Abschnitt.

Besondere Pflichten des Versicherten.

§ 41.

Die Versicherung ist ein Vertrag, der seinem Wesen nach auf gegenseitiger guter Treue beruht. Der Versicherer übernimmt vermittels dieses Vertrages, die Entschädigung des Versicherten getreulich zu leisten, wogegen der Versicherte alle ihm obliegenden Pflichten ebenfalls getreulich erfüllen, auch für das Tun und Unterlassen derjenigen haften muß, in deren Auftrage er handelt, sowie derjenigen Personen und deren Beauftragten, deren Handlungen er zu vertreten hat.

Als Versicherter gilt nicht bloß der Versicherungsnehmer, das heißt derjenige, welcher das Versicherungsgeschäft hier abschließt, sondern auch der ursprünglich Beteiligte, sowie jede Mittelsperson, durch welche der Auftrag zur Versicherung direkt oder indirekt hierher gelangt. Alle diese Personen sind kollektiv verpflichtet, weshalb in Fällen, wo die Handlungen oder Unterlassungen, oder die Wissenschaft einer derselben, in Frage kommt, diese auf Verlangen des Versicherers zur eidlichen Bestärkung ihrer Angaben oder zur eidlichen Entkräftung der ihr gemachten Vorwürfe verbunden ist.

Die Bezahlung eines Schadens geschieht jedoch nur an den Versicherungsnehmer, auf dessen Namen die Police lautet, gegen welchen der Versicherer auch dann seine Prämienforderung für die betreffende Police zu kompensieren berechtigt ist, wenn die Versicherung nicht für eigene Rechnung, sondern im Auftrag abgeschlossen wurde.

Die Übertragung der Rechte des Versicherten oder der Police an andere ist nur nach erfolgter schriftlicher Genehmigung auf derselben durch den Versicherer und nach vorgängiger Zahlung der Prämie gültig.

Der Versicherer leistet vollständige Zahlung nur unter Tilgung seiner Unterschrift, Teilzahlungen gegen Abschreibung auf der Police; ist letztere verloren, so hängt es von ihm ab, zu bestimmen, unter welchem Vorbehalte oder welcher Verbürgung er den genügend konstatierten Schaden ersetzen will.

Ein auf vorausgesetzte Sicherheit der Police geleisteter Vorschuß begründet keinen Anspruch an den Versicherer, auch dann nicht, wenn der Darleiher im guten Glauben an die Richtigkeit der eingebrachten Schadenforderung diesen Vorschuß geleistet hätte.

§ 42.

Wer einen Gegenstand versichern lassen will, muß bei seinem Antrage alle zur richtigen Schätzung der Gefahr dienenden, ihm bekannten Umstände anzeigen; namentlich muß er nicht allein

1) die letzten ihm zugekommenen Nachrichten, sondern auch alle sonstigen ihm bekannten Umstände anzeigen, die zur richtigen Schätzung der Gefahr dienen, wobei es im Unterlassungsfalle nicht zu seiner Entschuldigung gereicht, wenn er dasjenige, was ihm darüber zur Kunde gekommen war, nicht für erheblich oder für nicht ganz zuverlässig gehalten hat.
2) Er muß ebenfalls anzeigen, wenn er den Auftrag zur Versicherung oder die Nachricht, welche ihn zur Versicherung veranlaßte,

auf andere Weise als brieflich direkt vom Lade- oder Abgangsorte des Schiffes empfing.

3) Er muß ferner bestimmt anzeigen, in welche andere Häfen oder auf welche andere Reeden das zu versichernde Schiff oder dasjenige, welches den zu versichernden Gegenstand enthält, unterwegs ein- oder anzulaufen die Freiheit haben soll. Geschieht aber dennoch ein An- oder Einlaufen ohne Wissen und Willen eines versicherten Ladungs-Interessenten, so ist derselbe dieserhalb außer Verantwortung.

Bei Dampfschiffen ist das Anlaufen gewöhnlicher und/oder anderer Stationen und Plätze, sowie Löschen und Laden daselbst, überhaupt die Vornahme aller Handlungen, welche die auf den Konnossementen gedruckten Regulative der betreffenden Transportgesellschaften gestatten, ohne Präjudiz.

Bei Versicherungen auf Güter und Kontanten in Postschiffen oder in Kriegsschiffen ist eine Angabe der Zwischenhäfen nicht erforderlich; es genügt die Angabe des Abgangs- und Bestimmungshafens; auch beeinträchtigt eine Überladung aus einem Kriegsschiff in ein anderes Kriegsschiff die Versicherung nicht.

Das Anlaufen englischer Häfen im Kanal oder an der Südküste Irlands ist ohne Präjudiz, sofern es nicht um Güter zu laden oder zu löschen geschieht.

4) Ebenfalls muß angezeigt werden, wenn den letzten Nachrichten zufolge das Schiff noch nicht an dem Orte angekommen war, wo die Versicherung anfangen soll, sowie auch wenn es bereits von demselben abgegangen war.

5) Bei Versicherung auf Kasko oder auf Frachtgelder eines Schiffes, welches ganz oder teilweise mit für das Schiff oder die Fracht besonders gefährlichen Gegenständen beladen ist oder beladen werden soll, als namentlich ganz oder teilweise mit gebranntem Kalk, mit Naphtha (refined spirits) oder rohem Petroleum, oder ganz oder zu einem erheblichen Teile mit Eisenbahnschienen, Roh- oder Blockeisen, mit Guano, losem Salz oder sonstigen dem Schmelzen unterworfenen Waren, oder mit losem Getreide oder Schiffsbauholz, muß davon Anzeige gemacht werden.

Die Unterlassung derjenigen Anzeigen, welche nach vernünftigem Ermessen auf den Entschluß des Versicherers, sich überall, oder so wie geschehen, auf die Versicherung einzulassen, von Einfluß sein konnten, namentlich der vorstehend sub 1 bis 5 gedachten, annulliert die Versicherung und die Prämie ist dennoch verfallen. Dieses gilt selbstredend nur von denjenigen Anzeigen, auf deren Unterlassung nicht andere Präjudize hier namhaft gemacht sind.

§ 43.

Wenn ein Schiff in Ballast geht oder in der unter Ziffer 5 des vorhergehenden Paragraphen angegebenen Weise mit den darin bezeichneten oder sonstigen für das Schiff oder die Fracht besonders gefährlichen Gegenständen beladen ist oder beladen wird, ohne daß der Versicherte bei Abschluß der Versicherung Kunde davon hatte, so muß er dem Versicherer diesen Umstand anzeigen, sobald er denselben in Erfahrung bringt, und eine angemessene Prämienverbesserung dafür bezahlen.

§ 44.

Wenn Güter auf dem Verdecke des Schiffes oder sonst außerhalb des Schiffsraumes, der Poop oder der Kajüten geladen sind, so leistet der Versicherer für Beschädigung solcher Güter sowie für Seewurf und Überbordspülen derselben keinen Ersatz, und bezahlt den Verlust dieser Güter nur bei einem Totalverlust des Schiffes, wenn nicht etwa zu erweisen ist, daß die Decklast schon vor dem Eintritt des letzteren über Bord geworfen oder gespült war.

Ebenso wenig wird bei einer Versicherung auf Frachtgelder der durch den Verlust solcher Güter entstandene Ausfall ersetzt.

§ 45.

Bei Versicherungen auf Güter, welche aus einem Seeschiffe übergeladen worden, ohne vorher ans Land gebracht und daselbst gehörig untersucht zu sein, leistet der Versicherer keinen Ersatz für Beschädigung, noch für sonstige Mängel: es sei denn, daß der unbeschädigte Zustand der Güter zur Zeit der Überladung gehörig nachgewiesen wird.

Die Gefahr fängt bei solchen Versicherungen erst mit dem Augenblicke an, in welchem die betreffenden Güter an Bord des Schiffes gelangt sind, worin sie übergeladen werden.

§ 46.

Versicherung auf Kasko oder Frachtgelder von klinkerartig gebauten Schiffen ist ungültig, wenn diese Bauart nicht aufgegeben war. Auch auf Ladung in solchen ist sie ungültig, wenn dem Versicherten diese Bauart des Schiffes bekannt war.

§ 47.

In Kriegszeiten muß die Flagge des Schiffes aufgegeben werden; und wenn dies unrichtig geschehen, gilt die Versicherung nur frei von Kriegsmolest, nach den im § 20 darüber enthaltenen Bestimmungen.

§ 48.

In Kriegszeiten muß, wenn auf das Kasko oder auf Frachtgelder eines Schiffes versichert werden soll, welches während desselben Krieges den Angehörigen eines der kriegführenden Staaten gehört hat, und welches nach der Erwerbung noch nicht in einem Hafen des Staates gewesen ist, dessen Flagge es führt, von diesem Umstande Anzeige gemacht werden.

Bei Versicherung auf Güter tritt dieselbe Verbindlichkeit zur Anzeige hinsichtlich des Schiffes ein, wenn der Versicherte mit dem Umstande bekannt war.

Die gleiche Verpflichtung findet auch bei gekauften Prisenschiffen statt, und müssen solche jedenfalls mit einer legalen Kondemnationsakte versehen sein.

Unterbleibt in allen diesen Fällen die vorgeschriebene Anzeige, oder ist das Schiff mit einer legalen Kondemnationsakte nicht versehen, so gilt die Versicherung nur als frei von Kriegsmolest geschlossen.

§ 49.

Eine Reassekuranz muß als solche aufgegeben werden, auch ist Zeit und Ort der ursprünglichen Versicherung dabei mit anzuführen, nebst allen sonstigen dem Antragsteller bekannten Umständen, welche auf die Schätzung des Risikos Einfluß haben können, gleich wie solches auch im § 42 im allgemeinen angegeben ist. Unterbleiben diese Angaben, so leistet der Versicherer, als Übernehmer der Reassekuranz, keinen Schadenersatz, während dennoch die Prämie verfallen ist.

§ 50.

Wer einen Bodmereibrief versichern lassen will, muß dabei den Gegenstand der Verbodmung aufgeben. Geschieht solches nicht, so wird angenommen, daß in diesem Bodmereibriefe Schiff und Ladung nebst den Frachtgeldern verpfändet sind, und wenn eine Schadenforderung gemacht wird, und sich dabei herausstellt, daß nur das Schiff, mit oder ohne die Frachtgelder und die Ladung nicht mit verbodmet worden, so ist der Versicherer zu keiner größeren Vergütung verbunden, als er würde leisten müssen, wenn Schiff, Fracht und Ladung gemeinschaftlich verbodmet wären. Ein Anspruch an den Versicherer findet aber gar nicht statt, wenn das verbodmete Schiff nur mit Ballast ging und davon bei der Versicherung keine Anzeige gemacht wurde.

Ebenfalls muß es, bei Versicherung eines Bodmereibriefes, ausdrücklich angegeben werden, wenn auf demselben Schiffe mit Wissen des Versicherten, noch ein späterer Bodmereibrief, oder später entstandene Schiffsschulden haften. Wird dies verschwiegen, so gilt dem Versicherer gegenüber der ihm zur Versicherung angetragene Bodmereibrief als die jüngste Schiffsschuld.

Ferner muß angezeigt werden, ob der zu versichernde Bodmereibrief im Abgangs- oder in einem Nothafen gezeichnet wurde; indem sonst das Letztere vorausgesetzt wird, und die im Abgangshafen geschehene Verbodmung nicht als Gegenstand der Versicherung gilt, mithin auch der darauf fallende Schaden von dem Versicherer nicht zu ersetzen ist.

Wenn ein Bodmereibrief für eine ältere, vor dem Anfange der letzten Reise des Schiffes entstandene Schuld gezeichnet war, so kann nur vermittelst einer ausdrücklichen Übereinkunft die Versicherung desselben stattfinden, widrigenfalls solche ungültig und dessenungeachtet die Prämie zu bezahlen ist.

Falls noch ein früherer Bodmereibrief auf dem Schiffe haftet, solcher möge während oder vor der letzten Reise gezeichnet sein, so ist auch davon bei Versicherung eines späteren Bodmereibriefes Anzeige zu machen, insofern der Versicherte davon unterrichtet ist; wenn er dies verhehlt, verliert er allen Anspruch auf Schadenersatz.

Der Versicherungswert eines Bodmereibriefes schließt die darin stipulierte Bodmereiprämie ein, und erstreckt sich also auf die ganze Forderung des Bodmereibrief-Inhabers, nicht aber auf die für die Versicherung desselben zu zahlende Prämie.

§ 51.

Wird bei der Versicherung von Havariegeldern nicht angezeigt, daß dieselben die Ladung allein oder doch diese mit betreffen, so wird angenommen, daß solche lediglich Schiff und Fracht angehen.

Fährt das Schiff in Ballast, so ist dies bei der Versicherung von Havariegeldern anzuzeigen, widrigenfalls die Versicherung für den Versicherer unverbindlich und die Prämie verfallen ist.

§ 52.

Wenn wegen Strandung eines Schiffes, oder sonstiger Unfähigkeit desselben zur Vollendung seiner Reise die Ladung mit einem andern Schiffe nach ihrem Bestimmungsplatze gebracht werden muß, so liegt es dem Versicherten ob, davon sofort Anzeige zu machen und den Übergang und die Fortdauer der Gefahr auf die Police bemerken zu lassen, auch über die Versicherung der Unkosten sich mit dem Versicherer zu verständigen, zu deren Ersatz dieser sonst nicht verpflichtet ist.

§ 53.

Der Versicherte ist übrigens verpflichtet — unbeschadet der aus den Bedingungen der Versicherung entspringenden, besonderen Rechte und Pflichten — unter allen Umständen so zu handeln, wie er tun würde, wenn er nicht versichert wäre, und jede Ermäßigung an Kosten und Schaden ihm selbst gewonnen oder erspart würde; Berechnung von Kommission am Bestimmungsplatze auf partikulären Schaden an Waren ist unzulässig; bei Schaden an Schiffen wird sie vom Versicherer nur dann anerkannt, wenn ein Dritter zu solcher Berechnung berechtigt war.

Vierter Abschnitt.

Sonstige allgemeine Grundsätze der Schaden-Vergütung.

§ 54.

Soll der Versicherer wegen Schaden auf irgend einen versicherten Gegenstand in Anspruch genommen werden, so hat der Versicherte demselben davon schriftliche Anzeige zu machen, sobald er selbst von diesem Schaden Kunde erhält.

§ 55.

Jeder Schaden, dessen Ersatz von dem Versicherer gefordert wird, muß nicht nur genügend erwiesen werden, sondern der Versicherte muß auch sein Interesse, oder dasjenige seines Kommittenten an den versicherten Gegenständen, sowie im letzteren Falle zugleich den Auftrag zur Versicherung nachweisen.

§ 56.

Ein Schaden, welcher durch eigenes Verschulden des Versicherten oder seiner Vertreter entstanden ist, wird von dem Versicherer nicht vergütet.

§ 57.

Jeden auf den Versicherer fallenden Schaden, dessen Vergütung vom Schiffer, z. B. wegen ungeeigneten Ballastes, ungenügender Garnierung oder Stauung, oder aus sonstigen Gründen von irgend einem

Dritten gefordert werden kann, muß der Versicherte zunächst von diesem beizutreiben suchen; nach eingeleitetem gerichtlichen Verfahren ist der Versicherer zur vorgängigen Bezahlung verpflichtet, jedoch mit der Befugnis, vorab eine genügende Sicherheit für die weitere Erfüllung obiger Verbindlichkeit des Versicherten, wie auch eintretendenfalls für die Rückzahlung zu erlangen. Die darauf verwendeten Unkosten ersetzt der Versicherer.

§ 58.

Der Nachweis des Schadens und seines Umfanges bei Versicherungen auf Kasko, behaltene Fahrt oder behaltene Ankunft des Schiffes und Frachtgelder kann dem Versicherer gegenüber nur in der nachstehenden Weise geführt werden:

1) Wenn das Schiff Havarie erlitten hat, so ist der Schaden an Kasko und Zubehör, dessen Umfang und die Art seiner Entstehung, so rasch als es den Umständen nach tunlich ist, durch Sachverständige zu untersuchen und zu taxieren, denen das Schiffsjournal und die Verklarung vorzulegen ist.

   Zu dem Zubehör des Schiffes wird das bei demselben befindliche Reservegut gerechnet, wenn es bei der Versicherung des Kasko nicht ausdrücklich ausgeschlossen ist.

2) Die Sachverständigen müssen gemeinschaftlich von dem Versicherer oder dessen Agenten und dem Versicherten oder dessen Vertreter — dem Kapitän — ernannt werden, es sei denn, daß der Versicherte oder dessen Vertreter auf seine Mitwirkung dabei verzichtet. Können sie sich über die Personen der Sachverständigen nicht einigen, so ernennt jeder Teil einen.

3) Der Versicherte oder dessen Vertreter hat sich, so schnell es den Umständen nach tunlich ist, an den Agenten der Versicherer zu wenden, falls ein solcher für den Platz, wo das Schiff liegt, bestellt ist und so wie sub 2 angegeben gemeinschaftlich mit demselben die Sachverständigen zu ernennen. An Plätzen, für welche kein solcher Agent bestellt ist, hat sich der Versicherte oder dessen Vertreter an den Konsul des Deutschen Reiches, und wo auch ein solcher nicht vorhanden ist, an eine sonstige öffentliche Behörde zu wenden und so wie sub 2 angegeben, mit derselben die Sachverständigen zu ernennen. Als öffentliche Behörde im Sinne dieses Paragraphen gelten auch andere europäische oder nordamerikanische Konsuln, Lloydsagenten, Notare, welche gesetzlich oder herkömmlich an dem Orte, wo das Schiff liegt, befugt sind,

Havarie-Angelegenheiten zu leiten, und die Kommandanten europäischer oder amerikanischer Kriegsschiffe.

Dem Versicherer ist es unbenommen, bei dieser Ernennung der Sachverständigen entweder direkt mitzuwirken oder sich dabei durch besonders bevollmächtigte Personen vertreten zu lassen.

Kann keine der sub 3 bezeichneten Personen oder Behörden zu einer Miternennung der Sachverständigen veranlaßt werden, sei es, daß dieselben ihre Mitwirkung verweigern oder daß sie überhaupt gar nicht existieren, so muß dieser Umstand von dem Schiffer vor Ergreifung weiterer Maßregeln in dem Schiffsjournal ordnungsmäßig notiert werden.

Nachdem dies geschehen, ist der Versicherte oder dessen Vertreter befugt, nach eigenem Ermessen zwei Sachverständige zuzuziehen, deren Erklärungen alsdann denselben Glauben genießen, wie wenn sie gemeinschaftlich von dem Versicherer und dem Versicherten ernannt wären, insofern sie in ihrem Besichtigungsatteste die Wahrheit der obigen Eintragung in das Schiffsjournal ausdrücklich bestätigen.

4) Können die so ernannten Sachverständigen sich nicht über ein gemeinschaftliches Gutachten verständigen, so haben sie einen Obmann zu erwählen, dessen Ausspruch dann allein maßgebend ist.

5) Das Gutachten der Sachverständigen muß schriftlich ausgestellt, von den Vertretern der Versicherer (cfr. Nr. 3) beglaubigt sein und folgende spezielle Punkte enthalten:

a. die Angabe, von wem die Sachverständigen ernannt sind;

b. eine spezielle Aufzählung der einzelnen vorgefundenen Schäden;

c. eine Erklärung der Sachverständigen darüber, welche der vorgefundenen Schäden sie Seeunfällen der letzten Reise und nicht etwa Altersschwäche des Schiffes, Fäulnis, Wurmfraß oder der Unterlassung der Reparatur eines früheren Seeschadens zuschreiben. Fehlt es an einer solchen ausdrücklichen Erklärung, so wird freilich bis auf weiteres angenommen, daß sämtliche aufgezählte Schäden Seeunfällen der letzten Reise zuzuschreiben seien, indes bleibt dem Versicherer der Beweis des Gegenteils, insbesondere auf Grund der Verklarung und der Reparaturrechnungen, sowie der Besichtigungsdokumente vorbehalten;

d. eine Taxation der Reparaturkosten derjenigen Schäden, welche die Sachverständigen Seeunfällen der letzten Reise zuschreiben, es sei denn, daß eine solche an dem Besichtigungsorte nachweislich nicht gebräuchlich oder daß die Besichtiger sie in ihrem Besichtigungsatteste für unausführbar erklären. In diesen beiden Fällen muß das Besichtigungsattest indes jedenfalls eine spezifizierte Angabe der von den Sachverständigen für erforderlich erachteten Reparaturen enthalten;

e. falls ein Anspruch gegen den Versicherer auf die Reparaturunfähigkeit des Schiffes gestützt werden soll, die ausdrückliche Erklärung der Sachverständigen, daß die Reparatur überhaupt nicht möglich oder doch an dem Orte, wo das Schiff sich befindet, nicht bewerkstelligt und das Schiff auch nicht nach einem andern Hafen, wo die Reparatur auszuführen wäre, gebracht werden könne.

6) Die vollzogene Wiederherstellung der Schäden, falls der Versicherte dazu schreitet, ist demnächst durch Vorlage der Rechnungen zu erweisen.

7) Die von den Sachverständigen auszustellende schriftliche Erklärung (Nr. 5) muß vor Beendigung der Reparatur und vor dem Verkaufe des Schiffes verfaßt sein. Später verfaßte Atteste und Gutachten sind dem Versicherer gegenüber gänzlich unbeweisend.

8) Eine Abweichung von den vorstehenden Vorschriften über die Ermittlung und den Nachweis des Schadens kann durch Berufung darauf, daß der Vertreter des Versicherers sie genehmigt oder vorgeschrieben habe, niemals gerechtfertigt werden, es sei denn, daß dieser Vertreter von dem Versicherer dazu ausdrücklich ermächtigt worden wäre. In allen andern Fällen beschränkt sich der Wirkungskreis des Vertreters des Versicherers lediglich auf die oben beschriebene Mitwirkung bei der Ernennung der Sachverständigen, auf die Kontrolle und auf die Beglaubigung der Havarie-Dokumente.

Nur dann soll eine Abweichung von dem vorstehenden Verfahren der Versicherten nicht präjudizieren:

a. wenn die Schiffer und die etwaigen Korrespondenten des Versicherten an demjenigen Platze, wo der Schaden ermittelt werden mußte, nicht damit bekannt waren, daß die Versicherung auf Grundlage der vorstehenden Bedingungen geschlossen sei und der Versicherte nachweislich außer stande war, den Schiffer oder die Korrespondenten rechtzeitig davon zu unterrichten;

b. wenn nur Fracht oder behaltene Fahrt des Schiffes oder behaltene Ankunft desselben auf Grundlage der vorstehenden Bedingungen versichert ist, das Kasko selbst dagegen ganz oder zum größten Teile auf Grundlage anderer Bedingungen oder Gesetze;

c. wenn bei Kaskoversicherungen nur der geringere Teil auf Grundlage der vorstehenden Bedingungen, der größere Teil dagegen auf Grundlage anderer Bedingungen oder Gesetze versichert ist.

In diesen drei Fällen genügt es, wenn der Versicherte oder dessen Vertreter bei Ermittlung des Schadens und seines Umfanges, sowie der Art seiner Entstehung nur so verfährt, wie es entweder das deutsche Handelsgesetzbuch oder dasjenige Assekuranzrecht vorschreibt, nach welchem das Kasko resp. der größere Teil desselben versichert ist. Eine Kondemnation wegen Reparaturunwürdigkeit wird jedoch nur im Nothafen und nur dann anerkannt, wenn nachgewiesen wird, daß die auf der versicherten Reise erlittene, dem Versicherer zur Last fallende Beschädigung, jedoch ohne Abzug des Unterschiedes zwischen alt und neu, sowie einer etwaigen Vergütung in Havarie-Grosse, mindestens fünfundsiebzig Prozent von der Taxe in der Police (in Ermangelung einer solchen Taxe s. § 31) beträgt.

9) Die Reparatur, wo eine solche überhaupt vorgenommen wird, muß, sobald es den Umständen nach geschehen kann, begonnen und mit tunlichster Eile beendigt werden. Verzögert der Versicherte oder dessen Vertreter sie ohne einen nach billigem Ermessen völlig ausreichenden Grund und läßt es sich nach dem Gutachten Sachverständiger als nicht unwahrscheinlich betrachten, daß der Schaden durch die Verzögerung größer geworden sei, so ist der Versicherer zu einem Abzuge von mindestens 25 Prozent von der ihm zur Last fallenden Summe berechtigt, unbeschadet seines Rechtes zu einem größeren Abzuge, falls er beweist, daß der Schaden durch die Verzögerung um mehr als 25 Prozent zugenommen habe.

Es soll als ausreichender Grund der Verzögerung der Reparatur angesehen werden, wenn der Schiffer mit Genehmigung der Vertreter der Versicherer zuvor unter Einsendung der Schadentaxation um Verhaltungsmaßregeln nachsucht.

§ 59.

Bei einem partiellen Schaden am Schiffe und Zubehör besteht der Schaden, wenn das Schiff nicht wegen Reparaturunfähigkeit oder Reparaturunwürdigkeit verkauft worden ist (§ 36), in dem ordnungsmäßig nach den Vorschriften des vorhergehenden Paragraphen ermittelten Betrage der Reparaturkosten, soweit dieselben Beschädigungen betreffen, welche dem Versicherer zur Last fallen.

Differieren indes die taxierten Reparaturkosten von den wirklich verausgabten, so vergütet der Versicherer nur denjenigen Betrag, welcher sich nach Vergleich beider als der geringere herausstellt, und zwar unter Abzug des Unterschiedes zwischen alt und neu.

Unterbleibt die Reparatur, so wird nur die taxierte Summe unter gleichem Abzuge ersetzt.

Fand jedoch die Ermittlung des Schadens in einem Weserhafen statt, so ist der Versicherte befugt, den Schaden nach der dem Versicherer vor Beginn irgend welcher Reparatur einzureichenden Taxation unter Abzug des Unterschiedes zwischen alt und neu ersetzt zu verlangen, muß aber dieses Verlangen dem Versicherer ebenfalls vor Beginn irgend welcher Reparatur erklären.

Wird wie vorstehend die Taxation der Reparaturkosten allein zur Grundlage gemacht, so erlischt das Risiko der Versicherer selbst bei Zeitversicherungen mit der desfallsigen Anzeige ohne Rückvergütung von Prämien.

Die Kosten für Anschaffung der zur Vornahme der Reparatur am Bestimmungsplatze erforderlichen Gelder fallen dem Versicherer nicht zur Last, mit Ausnahme der gewöhnlichen Trattenkommissionen und Wechselspesen.

Der Abzug wegen des Unterschiedes zwischen alt und neu beträgt ein Dritteil; es treten jedoch dabei folgende Ausnahmen und Beschränkungen ein:

1) kein Abzug findet statt:
   a. von dem Betrage solcher vorläufigen und notdürftigen Reparaturen, welche in einem Nothafen nur zu dem Zwecke ausgeführt wurden, um das Schiff in den Stand zu setzen, die Reise nach einem Platze, wo die eigentliche Reparatur ausgeführt werden könne, zu unternehmen;
   b. bei Schaden an Schiffsankern;

c. bei Schaden am Körper des Schiffs und seiner Bemastung, wenn das Schiff zur Zeit der Beschädigung noch kein volles Jahr zu Wasser war;

d) bei Schaden an Segeln, Tauen, Ketten und sonstigen Gerätschaften eines neuen Schiffs, für welches sie neu angeschafft sind, auf der ersten Reise;

e) bei Schaden an Segeln, Tauen und Ankerketten auch auf späteren Reisen, wenn sie erweislich noch ganz neu und zum ersten Male gebraucht waren.

2) Ankerketten, die schon gebraucht waren, werden mit $^1/_6$ Abzug ersetzt.

3) Schaden an der Kupfer- oder Metallhaut auf der ersten Reise nach Umlegung derselben wird ohne Abzug ersetzt; desgleichen auf ferneren Reisen bis zum Ablauf des ersten Jahres nach Umlegung derselben mit $^1/_5$ Abzug,

desgleichen im 2. Jahre mit $^2/_5$ Abzug,
desgleichen im 3. Jahre mit $^3/_5$ Abzug,
desgleichen im 4. Jahre mit $^4/_5$ Abzug.

Nach Ablauf des vierten Jahres kommt eine Kupfer- oder Metallhaut gar nicht mehr zur Vergütung.

Eine Zinkhaut oder Eisenblechhaut kommt in den ersten 3 Jahren mit demselben Abzuge, später gar nicht mehr zur Vergütung.

Die hier für die Kupfer-, Metall-, Zink- und Eisenblechhaut angenommene Zeit gilt vom Tage der beendigten Umlegung bis zu dem der begonnenen Wiederabnahme, und der Abzug versteht sich von dem Kostenbetrage der neuen Haut mit Zuziehung der Umlegungskosten, zu welchen jedoch die Kosten der Kalfaterung unter dem Metall nicht gerechnet werden. Auch ist dabei der Unterschied im Gewichte zwischen der alten Haut zur Zeit der Umlegung derselben und der neuen in Anschlag zu bringen. Hatte die alte Haut eine Spiekerhaut zur Unterlage, oder eine Unterlage von Filz oder Papier, so wird deren Erneuerung mit zu den Umlegungskosten gerechnet.

4) Ist ein Schiff bloß mit einer hölzernen Wurm- oder Spiekerhaut ohne darüber gelegtes Kupfer, Metall, Zink oder Eisenblech umgeben, so wird deren gewöhnliche Dauer nur auf 3 Jahre angenommen und eine Erneuerung derselben nach Ablauf dieser Zeit nicht vergütet. Im Falle einer früheren Erneuerung tritt der gewöhnliche Abzug von $^1/_3$ ein.

5) Falls bei Gelegenheit einer Reparatur neue Stücke in das Schiff hineingebracht wurden, die nicht bloß einen Ersatz für dergleichen gebrochene Stücke bilden und deren Einfügung dem Versicherten zu besonderem Vorteile gereicht, so findet dafür ein außerordentlicher Abzug statt.

Von dem vollen Betrage aller dem Versicherer zur Last fallenden Reparaturkosten kommt der volle Erlös oder Wert der etwa noch vorhandenen alten Stücke, welche durch neue ersetzt werden oder zu ersetzen sind, in Abzug. Findet ein solcher Abzug und zugleich ein Abzug wegen des Unterschiedes zwischen alt und neu statt, so ist zunächst der erstere und sodann erst von dem verbleibenden Betrage der letztere zu machen.

Wird das Schiff überall wegen absoluter Reparaturunfähigkeit, oder wird es in einem Not- oder Zwischenhafen wegen relativer Reparaturunfähigkeit oder wegen Reparaturunwürdigkeit zum Verkauf, welcher öffentlich geschehen muß, gebracht, so besteht der Schaden in dem Unterschiede zwischen dem Reinerlös und dem Versicherungswerte. Die übernommene Gefahr endet für den Versicherer erst mit dem Verkauf des Schiffes oder des Wracks. In allen anderen Fällen eines Verkaufs besteht der Schaden nur in dem Betrage der gehörig taxierten Reparaturkosten unter den oben näher angegebenen Abzügen.

Der Versicherer hat außerdem die zur Ermittlung und Feststellung des ihm zur Last fallenden Schadens erforderlichen Kosten, insbesondere die Kosten der Besichtigung, der Abschätzung, des Verkaufs und der Anfertigung der Dispache zu tragen.

§ 60.

Der Nachweis des Schadens und seines Umfanges bei Versicherungen auf Güter kann dem Versicherer gegenüber nur in der nachstehenden Weise geführt werden:

1) Wenn Güter beschädigt am Bestimmungsorte ankommen, so sind dieselben durch Sachverständige zu untersuchen und demnächst unter gehöriger Ankündigung zum öffentlichen Verkauf zu bringen, nachdem vor demselben, und zwar frühestens am Tage vorher, der derzeitige Marktwert in unbeschädigtem Zustande taxiert worden ist. Die Besichtigung muß bei Verlust der Entschädigungsansprüche innerhalb 14 Tagen, der Verkauf innerhalb vier Wochen nach der Entladung der Güter stattfinden, wenn und insoweit nicht der Versicherte die unvermeidliche Notwendigkeit einer längeren Verzögerung genügend nachweisen kann

Als Regel gilt demzufolge der öffentliche Verkauf der beschädigten Waren gegen bare Zahlung, doch mag auch da, wo der örtliche Gebrauch solches mit sich bringt, statt desselben der Minderwert der beschädigten Ware durch ordnungsmäßig bestellte sachkundige Personen abgeschätzt werden und diese Abschätzung zur Ermittlung des verhältnismäßigen Schadenersatzes dienen.

2) Von den Sachverständigen, sowohl zur Besichtigung des Schadens als auch zur Taxation des gesunden Wertes ernennt in einem Weserhafen der Versicherer, an einem anderen Platze der Agent der Versicherer, wenn ein solcher für den Platz, wo die Besichtigung stattfindet, bestellt ist, sonst einer der übrigen in § 58 sub 3 als Vertreter der Versicherer genannten Personen oder Behörden in der dort angegebenen Reihenfolge den einen, der Versicherte oder dessen Vertreter den andern. Können diese beiden sich nicht einigen, so haben sie einen Obmann zu wählen, dessen Ausspruch dann allein entscheidend ist. Eine Abweichung von den vorstehenden Bestimmungen soll nur dann dem Versicherten nicht präjudizieren:

a. wenn nach dem örtlichen Rechte des Bestimmungsplatzes eine dortige Behörde die Konstatierung des Schadens vornimmt, ohne dem Versicherten resp. dessen Vertreter die beschriebene Mitwirkung dabei zu gestatten. In diesem Falle genügen die ordnungsmäßigen Atteste einer solchen Behörde oder der von ihr ernannten Sachverständigen selbst dann, wenn dieselben ihrer Form nach den nachstehenden näheren Vorschriften nicht entsprechen; indessen hat auch in diesem Falle der Versicherte oder dessen Vertreter vor der Besichtigung dem für den Platz etwa ernannten Agenten der Versicherer Anzeige von der Beschädigung zu machen;

b. wenn keine der in § 58 sub 3 aufgezählten Personen zu einer Mitwirkung bei der Ernennung der Sachverständigen veranlaßt werden kann, sei es, daß dieselben ihre Mitwirkung verweigern oder daß sie überhaupt nicht existieren. — In diesem Falle ist der Versicherte resp. dessen Vertreter befugt, nach eigenem besten Ermessen zwei Sachverständige zuzuziehen, deren Erklärungen alsdann denselben Glauben genießen, wie wenn sie gemeinschaftlich von dem Versicherer und dem Versicherten ernannt wären.

3) Bei der Besichtigung muß das Beschädigte von dem Unbeschädigten getrennt werden, selbst bis zu einzelnen Stücken in den

einzelnen Kollis, soweit dies nach dem Urteile der Sachverständigen geschehen kann, ohne den vollen Wert des gesund gebliebenen Teiles des Kolli zu beeinträchtigen.

4) Das von den Sachverständigen schriftlich auszustellende Gutachten muß folgende Punkte enthalten:
   a. die Angabe des Tages der Besichtigung und der Taxation;
   b. die Angabe, von wem sie zu Sachverständigen ernannt sind;
   c. die Angabe der Lokalität, wo die Ware besichtigt und taxiert ist.

   Ferner bei der Besichtigung:
   d. die Angabe, daß und an welchen Gütern sie Beschädigung vorgefunden haben, welcher Art die Beschädigung ist und in welchem Maße;
   e. die Angabe, welchen äußeren Unfällen der Reise oder welchen sonstigen Ursachen sie die Beschädigung zuschreiben.

   Und bei der Taxation:
   die Taxation des derzeitigen Brutto-Marktwertes der Ware im unbeschädigten Zustande. Unter Bruttowert wird der Wert inklusive Zoll verstanden, wenn nicht die Ware im Entrepot oder in Bond verkauft und nachgewiesenermaßen am Orte ein Marktpreis ohne Zoll üblich ist. Wenn am Bestimmungsplatze kein Marktwert der Ware existiert, so haben die Sachverständigen den Wert derselben im unbeschädigten Zustande nach bestem Ermessen zu ermitteln. Ist im Taxationsatteste nur der Wert, nicht aber der Zahlungstermin angegeben, so werden von dem Werte drei Prozent für Zeitverkauf abgezogen, vorausgesetzt, daß nicht erhellt, daß der Verkauf auch auf Zeit geschehen ist.

5) Wenn Güter in einem Nothafen oder in einem Zwischenhafen wegen Beschädigung mit Vorwissen und Genehmigung des Versicherten oder seines Vertreters verkauft werden, so muß der Schaden und dessen Entstehung ganz in derselben Weise ermittelt werden wie am Bestimmungsorte. Einer Taxation des Wertes im unbeschädigten Zustande bedarf es indessen nicht.

Erfolgt dagegen der Verkauf in einem Nothafen oder Zwischenhafen ohne Vorwissen und Genehmigung des Versicherten oder seines Vertreters, so hat der Versicherte in gleicher Weise und mit gleicher Sorgfalt, wie er anwenden würde, wenn er nicht versichert wäre, den Schiffer zu einer Rechtfertigung des Verkaufes und zur Ablieferung des Erlöses anzuhalten.

§ 61.

Ist die Ware am Bestimmungsorte angekommen, so ergibt der Unterschied zwischen dem, wie in § 60 beschrieben, ermittelten Bruttowerte derselben im unbeschädigten Zustande und demjenigen im beschädigten Zustande den Umfang des Schadens und ist dann in Gemäßheit des Versicherungsvertrages und der Vorschriften der bezüglichen Paragraphen dieser Bedingungen, namentlich der §§ 10, 12, 13 und 27 Absatz 8 und 9, ferner zu ermitteln, ob und inwieweit derselbe zu Lasten der Versicherung ist. Der Versicherer hat außerdem die zur Ermittlung und Feststellung des ihm zur Last fallenden Schadens erforderlichen Kosten, insbesondere die Kosten der Besichtigung, der Abschätzung, des Verkaufs und der Anfertigung der Dispache zu tragen.

Ist die Ware im Nothafen verkauft, so ist neben § 60 Nr. 5, § 27 Absatz 7 und 9 dieser Bedingungen für Ermittlung und Berechnung des der Versicherung zur Last fallenden Schadens maßgebend.

§ 62.

Die Fracht kann bis zu ihrem Bruttobetrage versichert werden, insoweit sie nicht bereits durch die Versicherung der Ausrüstungskosten, der Heuer und der Versicherungskosten versichert ist.

Als Versicherungswert der Fracht gilt der Betrag der in den Frachtverträgen bedungenen Fracht, und wenn eine bestimmte Fracht nicht bedungen ist oder insoweit Güter für Rechnung des Reeders verschifft sind, der Betrag der am Abladungsorte zur Abladungszeit üblichen Fracht.

In bezug auf einen von dem Versicherer zu ersetzenden Schaden ist die Taxe der Fracht nicht maßgebend.

Ist bei der Versicherung der Fracht nicht bestimmt, ob dieselbe ganz oder ob nur ein Teil derselben versichert sei, so gilt die ganze Fracht als versichert.

Ist nicht bestimmt, ob die Brutto- oder Nettofracht versichert sei, so gilt die Bruttofracht als versichert.

Ist vereinbart, daß die Nettofracht versichert sein solle, so gelten als solche in Ermangelung einer anderen Verabredung zwei Dritteile der Bruttofracht.

Wenn die Fracht der Hinreise und die Fracht der Zurückreise unter einer Versicherungssumme versichert sind und nicht bestimmt ist, welcher Teil der Versicherungssumme auf die Fracht der Hinreise und welcher Teil auf die Fracht der Zurückreise falle, so wird die Hälfte derselben auf die Fracht der Hinreise, die Hälfte auf die Fracht der Zurückreise gerechnet.

Es bedarf einer besonderen Aufgabe, wenn nicht Reeder, sondern andere Beteiligte die Fracht eines Schiffes versichern lassen. Wird dieselbe unterlassen, so braucht der Versicherer im Fall eines Schadens keinen Ersatz zu leisten.

Bei der Versicherung auf Fracht für Güter, welche dem Schmelzen unterliegen und deshalb als leichtverderbliche Ladung anzusehen sind, wird angenommen, daß die Fracht, wie gebräuchlich, für das ausgelieferte Maß geschlossen sei, wenn nicht angezeigt sein sollte, daß sie für das eingenommene Maß bedungen worden, und hat der Versicherer demgemäß, wenn die Anzeige, daß das Schiff solche Ladung führt, unterlassen ist, auch den Verlust an der Fracht nicht zu ersetzen, welcher dadurch entstanden ist, daß erweislich infolge von Seeunfällen ein Teil der Ladung weggeschmolzen ist, wogegen der Versicherer, wenn diese Anzeige erfolgt ist, für solchen Verlust haftet.

Bei partiellem Verluste der Fracht besteht der Schaden in demjenigen Teile der bedungenen oder in deren Ermangelung der üblichen Fracht, welche verloren gegangen ist.

Ist die Bruttofracht versichert, so kommt von einem vom Versicherer zu ersetzenden Schaden an derselben derjenige Teil der darin enthaltenen Ausrüstungskosten und Heuer in Abzug, welcher infolge eines Unfalles erspart wird.

§ 63.

Die Aufmachung einer Havarie-Partikuläre geschieht durch hiesige von den See-Versicherungs-Gesellschaften anerkannte Dispacheurs, insofern nicht etwa ausnahmsweise ein anderes hierüber verabredet ist.

§ 64.

Als verschollen, so daß der Versicherer für die gezeichnete Summe, sei es auf Kasko, Ladung, Fracht oder anderes Interesse, in Anspruch zu nehmen ist, wird ein Schiff angesehen, welches von dem Tage angerechnet, an welchem es den Abgangsort verließ, innerhalb der weiter unten in diesem Paragraphen bestimmten Fristen seine Bestimmung nicht erreicht hat; ist aber nach Abgang des Schiffes den Beteiligten noch Nachricht über dasselbe zugegangen, so soll der Ort, an welchem es zuletzt unzweifelhaft noch existiert hat, als Abgangsort angesehen werden.

Der Versicherte hat in solchem Falle zur Begründung seines Anspruchs nachzuweisen, an welchem Tage das Schiff vom Abgangshafen nach See abgegangen ist, und ebenfalls eine von obrigkeitlicher oder anderer geeigneter Behörde am Bestimmungshafen ausgefertigte, vom Agenten der hiesigen See-Versicherungs-Gesellschaften oder, wo ein solcher nicht ist, vom deutschen und in dessen Ermangelung vom Konsul einer andern Nation, beglaubigte Bescheinigung darüber beizubringen, daß das Schiff an dem Tage, mit welchem der entsprechende Termin für die versicherte Reise schließt, noch nicht daselbst angekommen war.

Ebenfalls hat derselbe genügende Erklärungen darüber abzugeben, daß ihm sonst keine Kunde über das Schiff oder über den versicherten Gegenstand zugekommen ist.

Sind diese Beweise und Erklärungen beigebracht, und ist zugleich das Interesse des Versicherten genügend dargetan, so tritt die Verpflichtung des Versicherers zur Zahlung ein.

Die erwähnten Zeitfristen für die verschiedenen Reisen von oder nach der Weser sind:

- für europäische Reisen nördlich bis Bergen oder St. Petersburg, und südlich bis Gibraltar: Sechs Monate; doch wird bei Reisen im Winter nach und von der Ostsee der Termin um zwei Monate verlängert;
- für desgl. über diese Häfen hinaus, nördlich bis Archangel und südlich mit Einschluß der kanarischen Inseln, des Mittelländischen und des Schwarzen Meeres: Acht Monate;
- für Reisen nach oder von den Vereinigten Staaten von Nordamerika und den westindischen Inseln: Acht Monate;
- für desgl. nach oder von Kanada, der Ostküste von Mexiko und von Südamerika bis Rio Grande do Sul: Zehn Monate;
- für desgl. nach oder von dem La Plata Strome und nach oder von der Westküste von Afrika bis zum Cap der guten Hoffnung: Zehn Monate;
- für desgl. über das Cap der guten Hoffnung und Cap Horn hinaus, östlich bis Java und westlich an der amerikanischen Küste bis Mazatlan: Zwölf Monate;
- für desgl. nach und von allen noch entfernteren Häfen: Vierzehn Monate;
- für Reisen auf den Robbenschlag und Walfischfang nach der Ostküste von Grönland und nach Spitzbergen und zurück: Zwölf Monate;
- für desgl. nach der Westküste von Grönland und der Davisstraße und zurück: Fünfzehn Monate;

für desgl. nach dem Stillen Ozean und zurück: Fünfzehn Monate.

Die Termine für Reisen von und nach anderen Häfen als der Weser werden im entsprechenden Verhältnisse und mit Rücksicht auf die jedesmal obwaltenden Umstände angenommen, und ebenso wird verfahren, wenn nach Abgang eines Schiffes noch Nachricht über dasselbe eingegangen ist.

Bei Reisen von Dampfschiffen sind die verschiedenen Fristen zur Hälfte anzunehmen.

Kommt nach bereits geschehener Zahlung der Versicherungssumme seitens des Versicherers der als verloren angenommene Gegenstand ganz oder teilweise wieder zutage, so hat der Versicherte das empfangene Geld dem Versicherer zurückzuzahlen und dagegen etwaige Ansprüche für partiellen Schaden abzurechnen.

§ 65.

Ein eigentlicher Abandon des versicherten Gegenstandes ist nicht zulässig; solange letzterer ganz oder teilweise, in welchem Zustande es auch sein möge, vorhanden, hat der Versicherte für die Erhaltung dessen, was noch einen Geldwert hat, soviel als möglich, sonst aber für dessen Verwertung zu sorgen.

Die Hinzuziehung eines Vertreters der Versicherer begründet auch keine Ausnahme hiervon, indem die Wirksamkeit desselben sich auf die Kontrolle beschränkt.

§ 66.

Jeden Schaden, welchen der Versicherer in Gemäßheit der Police und obiger Bedingungen zu vergüten hat, bezahlt er ohne weiteren Abzug bis zum vollen Belauf seiner Zeichnung. Die Schadensforderung kann nur dann hundert Prozent übersteigen:

1) wenn mit Genehmigung des Versicherers Verwendungen zum Besten des versicherten Gegenstandes vorgenommen sind;
2) wenn solche Verwendungen freilich ohne vorhergängige Genehmigung des Versicherers vorgenommen sind, es jedoch nicht möglich war, vorher den Versicherer zu befragen und die Verwendungen den Umständen nach als notwendige oder zweckmäßige erscheinen und wenn die dazu erforderlichen Kosten weder durch Bodmerei beschafft, noch durch Versicherung von dem Versicherten gedeckt werden konnten.

Wenn zwei Monate nach der im § 54 erwähnten Anzeige des Schadens verflossen sind und der Belauf desselben ohne Verschulden des Versicherten noch nicht liquide gestellt und berechnet, resp. die Dispache noch nicht vorgelegt, wohl aber durch ungefähre Ermittlung eines hiesigen anerkannten Dispacheurs (§ 63) die Summe festzustellen ist, welche dem Versicherer mindestens zur Last fällt, so hat der Letztere zwei Drittel dieser Summe in Anrechnung auf seine Schuld vorläufig zu zahlen gegen genügende Kaution für etwaige Rückerstattung.

Fünfter Abschnitt.

Von Ristorno und Verjährung.

§ 67.

In allen Fällen, wenn das Risiko des Versicherers noch nicht angefangen hat und die versicherte Reise rückgängig wird, kann der Versicherte die Annullierung der Police und die Rückgabe der bezahlten Prämie unter Abzug von ein Viertel Prozent von der versicherten Summe für den Ristorno fordern.

§ 68.

Nach Anfang der Gefahr kann die Aufhebung der Versicherung nicht mehr verlangt werden; wünscht der Versicherte sie, so hat er sich darüber und über den zurückzugebenden Teil der Prämie mit dem Versicherer zu verständigen.

§ 69.

Falls ein und dasselbe Interesse doppelt oder mehrfach versichert worden, so ist jede Versicherung darauf ungültig, die Prämie aber dennoch zu bezahlen. Lieferte jedoch der Versicherte den Beweis, daß die erste Versicherung ohne sein Vorwissen genommen sei, so ist er befugt, die Ristornierung der späteren gegen ein Viertel Prozent Vergütung zu verlangen.

§ 70.

Wenn mehr versichert ist, als wofür, im Fall von Schaden, der Versicherer hätte in Anspruch genommen werden können, wird das Mehrere gegen ein viertel Prozent Vergütung an den Versicherer ristorniert. Versicherungen von demselben Tage ristornieren im gleichen Verhältnis.

§ 71.

Versäumt der Versicherte die Anmeldung eines auf einer europäischen Reise entstandenen Schadens länger als achtzehn Monate, oder eines auf einer anderen Reise entstandenen länger als zwei Jahre, vom Tage der Police an gerechnet, so sind alle Ansprüche an den Versicherer erloschen, und zwar dergestalt, daß sie auch nicht als Einreden geltend gemacht werden können; nicht weniger, wenn Ansprüche zwar erhoben, aber im Falle verweigerter Zahlung nicht innerhalb dreier Jahre, vom nämlichen Tage an gerechnet, bei Gericht anhängig gemacht sind.

Nur dann, wenn der Versicherte nachweist, daß eine rechtzeitige Anmeldung oder eine gerichtliche Geltendmachung seines Anspruches den Umständen nach unmöglich war, kommt ihm noch von dem Augenblicke an, da er zur Anmeldung oder zur gerichtlichen Geltendmachung imstande war, eine neue Frist von sechs Monaten zugute. Indessen darf in keinem Falle die Frist fünf Jahre vom Tage der Police an überschreiten.

Sechster Abschnitt.

Von Entscheidung entstandener Streitigkeiten.

§ 72.

Alle zwischen dem Versicherer und dem Versicherten über eine Versicherung entstehenden Streitigkeiten gehören in erster Instanz ausschließlich vor das Handelsgericht der freien Hansestadt Bremen.

§ 73.

Für das Verfahren in solchen Streitsachen gelten zwar die jedesmaligen für das Handelsgericht und die höheren Instanzen bestehenden gesetzlichen Vorschriften, jedoch unterwerfen sich die Beteiligten durch Abschließung einer Versicherung nach vorstehenden Bedingungen zugleich folgenden Bestimmungen (§§ 74 bis 77):

§ 74.

Der Umstand, daß ein Mitglied des Gerichts Aktionär einer oder mehrerer der beteiligten Seeversicherungs-Gesellschaften ist, oder zu einem Aktionär in einer der im § 292 der bremischen Gerichtsordnung von 1820 erwähnten Beziehungen steht, hindert dessen Teilnahme an der Leitung und Entscheidung solcher Streitsachen nicht, sofern nicht dieses Mitglied zugleich **Direktor** bei einer der beteiligten Versicherungs-Gesellschaften, oder **persönlich** und abgesehen von seiner Eigenschaft als Aktionär bei der Sache beteiligt ist, oder mit einem persönlich Beteiligten in einer der im § 292 der gedachten Gerichtsordnung angegebenen Beziehungen steht.

Dagegen werden wegen der besonderen Beziehungen, in welchen die **Bevollmächtigten** der hiesigen Seeversicherungs-Gesellschaften unter einander stehen, die **sämtlichen Bevollmächtigten** derselben der Teilnahme an den Entscheidungen in Seeversicherungssachen sich tunlichst enthalten, wenn auch nur **eine** der hiesigen Seeversicherungs-Gesellschaften bei dem Rechtsstreite beteiligt ist.

§ 75.

Für die Beweis- und Gegenbeweisführung erkennen die Parteien im voraus solche Beweis- und Gegenbeweismittel und Gründe als beweisend und genügend an, welche nach kaufmännischer Ansicht ausreichen, wenn dieselben auch nach den gewöhnlichen Regeln des Prozesses nicht genügen sollten.

§ 76.

Gegen Urteile des Handelsgerichts sind zwar alle gegen handelsgerichtliche Erkenntnisse stattnehmigen Rechtsmittel zulässig, jedoch mit der Beschränkung, daß die Appellation an das Reichs-Ober-Handelsgericht nur dann eingelegt werden kann, wenn und insoweit durch ein vom Obergerichte in der Appellations-Instanz abgegebenes Urteil ein Erkenntnis des Handelsgerichts abgeändert worden ist. Auch in diesem Falle kann jedoch nur diejenige Partei die dritte Instanz anrufen, zu deren Ungunsten das Urteil der ersten Instanz abgeändert ist.

§ 77.

Ein Antrag auf Aktenversendung ist überall unstatthaft.

Entwurf Allgemeiner Deutscher Seeversicherungs-Bedingungen.

Herausgegeben
von einer von den deutschen Seeversicherern
eingesetzten Kommission.

Hamburg 1910.

★

Inhaltsübersicht.

Inhalt der Paragraphen.

Erster Abschnitt. **Allgemeine Bestimmungen.**

I. Interesse.

II. Versicherungswert. Unter-, Über-, Doppelversicherung.

§ 13 III. Versicherungstreue.

IV. Police. Prämie. Ristornogebühr.

V. Anzeigepflicht Gefahränderung

VI Umfang der Haftung des Versicherers.

Erster Abschnitt.

Allgemeine Bestimmungen.

I. Interesse.

§ 1.

Versicherbares Interesse.

(1) Jedes in Geld schätzbare Interesse, welches jemand daran hat, daß Schiff oder Ladung die Gefahren der Seeschiffahrt besteht, kann versichert werden.

(2) Insbesondere können versichert werden:

das Schiff;
die Güter;
von der Ankunft der Güter am Bestimmungsort erwarteter Gewinn (imaginärer Gewinn);
von der Ankunft der Güter am Bestimmungsort erwartete Provision;
vom Verfrachter endgültig erhaltene Fracht;
vom Befrachter endgültig bezahlte Fracht;
sonstige Fracht;
Schiffsmiete;
Überfahrtsgelder;
Bodmereigelder;
Havereigelder;
sonstige Forderungen, zu deren Deckung der Seegefahr ausgesetzte Gegenstände dienen;
die vom Versicherer übernommene Gefahr (Rückversicherung).

In der einen dieser Versicherungen ist die andere nicht enthalten; insbesondere gilt eine Versicherung nur dann als Rückversicherung, wenn sie bei der Schließung des Vertrages ausdrücklich als solche bezeichnet wird. Wird das Interesse unrichtig bezeichnet, so ist die Versicherung für den Versicherer nicht verbindlich; der Versicherer kann sich jedoch nicht darauf berufen, daß Schiffsmiete als für bestimmte Zeit geschlossene Fracht oder daß solche Fracht als Schiffsmiete oder daß endgültig erhaltene Fracht als Fracht bezeichnet ist.

§ 2.

Fehlendes Interesse.

(1) Ein Vertrag, dem ein versicherbares Interesse nicht zu Grunde liegt, ist nichtig. Dies gilt insbesondere von Wettversicherungen.

(2) Dem Versicherer gebührt gleichwohl die Prämie, es sei denn, daß er bei der Schließung des Vertrags den Nichtigkeitsgrund kannte.

§ 3.

Verpflichtung zur Prämienzahlung bei fehlendem Interesse.

(1) Der Versicherungsnehmer ist im Falle des § 2 Abs. 1 von der Verpflichtung zur Zahlung der Prämie frei, wenn er bei der Schließung des Vertrags den Nichtigkeitsgrund weder kannte noch kennen mußte. Wird der Vertrag von einem Bevollmächtigten oder einem Vertreter ohne Vertretungsmacht geschlossen, so kommt in bezug auf die Kenntnis oder das Kennenmüssen nicht nur die Person des Vertreters, sondern auch diejenige des Versicherungsnehmers in Betracht.

(2) Die Verpflichtung des Versicherungsnehmers zur Zahlung der Prämie bleibt bestehen, wenn der Versicherungsnehmer nicht, sobald er von dem Nichtigkeitsgrunde Kenntnis erlangt, dies dem Versicherer unverzüglich mitteilt. Das Gleiche gilt, wenn seit dem Abschlusse des Vertrags ein Jahr verstrichen ist und der Versicherungsnehmer den Nichtigkeitsgrund dem Versicherer nicht innerhalb des Jahres mitgeteilt hat.

(3) Ist der Versicherungsnehmer von der Verpflichtung zur Zahlung der Prämie frei, so kann der Versicherer die Ristornogebühr verlangen.

§ 4.

Wegfall des Interesses vor Beginn der Versicherung. Künftiges Interesse.

(1) Fällt das Interesse, für das die Versicherung genommen ist, vor dem Beginne der Versicherung weg oder gelangt, falls die Versicherung für ein künftiges Interesse genommen ist, das Interesse nicht zur Entstehung, so ist der Versicherungsnehmer von der Verpflichtung zur Zahlung der Prämie frei. Die Verpflichtung bleibt bestehen, wenn seit dem Abschlusse des Vertrags ein Jahr verstrichen ist und der Versicherungsnehmer dem Versicherer nicht unverzüglich nach dem Ablaufe des Jahres mitteilt, daß das Interesse weggefallen oder nicht entstanden ist. Ist der Versicherungsnehmer von der Verpflichtung zur Zahlung der Prämie frei, so kann der Versicherer die Ristornogebühr verlangen.

(2) Die Verpflichtung des Versicherungsnehmers zur Zahlung der Prämie wird dadurch, daß das Interesse, für das die Versicherung genommen ist, nach dem Beginne der Versicherung wegfällt, nicht berührt.

§ 5.

Versicherungsbeginn vor Vertragsschließung.

(1) Die Versicherung kann auch so genommen werden, daß sie in einem vor der Schließung des Vertrags liegenden Zeitpunkte beginnt. Dem Versicherer steht in diesem Falle ein Anspruch auf die Prämie nicht zu, wenn er bei der Schließung des Vertrags wußte, daß die Möglichkeit des Eintritts des Versicherungsfalls schon ausgeschlossen war. Der Versicherer ist von der Verpflichtung zur Leistung frei, wenn der Versicherungsnehmer bei der Schließung des Vertrags wußte oder wissen mußte, daß der Versicherungsfall schon eingetreten war; dem Versicherer gebührt die Prämie, sofern er nicht bei der Schließung von dem Eintritte des Versicherungsfalls Kenntnis hatte.

(2) Wird der Vertrag von einem Bevollmächtigten oder einem Vertreter ohne Vertretungsmacht geschlossen, so kommt in bezug auf die Kenntnis oder das Kennenmüssen nicht nur die Person des Vertreters, sondern auch diejenige des Vertretenen in Betracht.

II. Versicherungswert. Unter-, Über-, Doppelversicherung.

§ 6.

Versicherungswert.

(1) Als Wert des versicherten Interesses gilt dessen voller Wert.

(2) Ist durch Vereinbarung der Versicherungswert auf einen bestimmten Betrag (Taxe) festgesetzt, so kann der Versicherer eine Herabsetzung der Taxe verlangen, wenn die Taxe den Versicherungswert erheblich übersteigt. Ist die Versicherungssumme niedriger als die Taxe, so haftet der Versicherer, auch wenn die Taxe herabgesetzt ist, für den Schaden nur nach dem Verhältnisse der Versicherungssumme zu der durch die Vereinbarung festgesetzten Taxe.

(3) Ist der Versicherungswert als „vorläufig taxiert" bezeichnet, so gilt er nicht als taxiert.

§ 7.

Besondere Taxe.

(1) Wenn bei der Versicherung mehrerer Gegenstände oder eines Inbegriffs von Gegenständen im Vertrage nur eine Versicherungssumme bestimmt ist, aber einzelne Gegenstände besonders taxiert sind, so gelten diese Gegenstände als besonders versichert. Dies gilt insbesondere dann, wenn einzelne Teile eines gleichartigen Gutes besonders taxiert sind (Serien).

(2) Die Bestimmung des Abs. 1 findet keine Anwendung, wenn nicht festzustellen ist, welche Güter zu einer Serie gehören.

(3) Die Bestimmung des Abs. 1 findet auch dann keine Anwendung, wenn die Serien durch die bei ordnungsmäßiger Löschung der Güter sich ergebende Reihenfolge bestimmt werden sollen, die Reihenfolge jedoch nicht bei oder sofort nach der Löschung durch Bezeichnung der Güter mit Landungsnummern oder in ähnlicher Weise festgestellt wird. Der Versicherungsnehmer hat bei der Feststellung der Reihenfolge wenn tunlich den Versicherer oder den für den Havereibezirk bestellten Havariekommissar des Versicherers hinzuzuziehen; ist die Zuziehung unterblieben, so kann sich der Versicherungsnehmer auf die Feststellung nicht berufen. Die Serien sind nach der bei der Löschung sich ergebenden Reihenfolge nur dann zu bestimmen, wenn es besonders vereinbart ist.

§ 8.

Unterversicherung.

Ist die Versicherungssumme niedriger als der Versicherungswert, so gilt für den nicht gedeckten Teil des Versicherungswerts der Versicherungsnehmer als Selbstversicherer. Insbesondere hat der Versicherer den Schaden und die Aufwendungen nur nach dem Verhältnisse der Versicherungssumme zum Versicherungswert zu ersetzen.

§ 9.

Überversicherung.

(1) Soweit die Versicherungssumme den Versicherungswert übersteigt, ist der Vertrag nichtig. Auf die Verpflichtung des Versicherungsnehmers zur Zahlung der Prämie und der Restornogebühr finden die Bestimmungen des § 2 Abs. 2 und des § 3 entsprechende Anwendung.

(2) Schließt der Versicherungsnehmer den Vertrag in der Absicht, sich aus der Überversicherung einen rechtswidrigen Vermögensvorteil

zu verschaffen, so ist der Vertrag nichtig. Dem Versicherer gebührt gleichwohl die Prämie, es sei denn, daß er bei der Schließung des Vertrages den Nichtigkeitsgrund kannte.

§ 10.

Haftung der Versicherer bei Doppelversicherung.

(1) Ist ein Gegenstand gegen dieselbe Gefahr bei mehreren Versicherern versichert und übersteigen die Versicherungssummen zusammen den Versicherungswert, so sind die Versicherer in der Weise als Gesamtschuldner verpflichtet, daß dem Versicherungsnehmer jeder Versicherer für den Betrag haftet, dessen Zahlung ihm nach seinem Vertrag obliegt, der Versicherungsnehmer aber im ganzen nicht mehr als den Betrag des Schadens verlangen kann.

(2) Die Versicherer sind im Verhältnisse zu einander zu Anteilen nach Maßgabe der Beträge verpflichtet, deren Zahlung ihnen dem Versicherungsnehmer gegenüber vertragsmäßig obliegt. Findet auf eine der Versicherungen ausländisches Recht Anwendung, so kann der Versicherer, für den das ausländische Recht gilt, gegen den anderen Versicherer keinen Anspruch auf Ausgleichung nur geltend machen, wenn er selbst nach dem für ihn maßgebenden Rechte zur Ausgleichung verpflichtet ist.

(3) Hat der Versicherungsnehmer eine Doppelversicherung in der Absicht genommen, sich dadurch einen rechtswidrigen Vermögensvorteil zu verschaffen, so ist der in dieser Absicht geschlossene Vertrag nichtig; der Versicherer kann die ganze Prämie verlangen, es sei denn, daß er bei der Schließung des Vertrags den Nichtigkeitsgrund kannte.

§ 11.

Minderung der Prämie bei Doppelversicherung.

(1) Hat der Versicherungsnehmer den Vertrag, durch den die Doppelversicherung entstanden ist, ohne Kenntnis von der anderen Versicherung geschlossen, so kann er, sofern die Versicherung noch nicht begonnen hat, von dem Versicherer verlangen, daß die Versicherungssumme, unter verhältnismäßiger Minderung der Prämie, auf den Betrag des Anteils herabgesetzt wird, den der Versicherer im Verhältnisse zu dem anderen Versicherer zu tragen hat. Das Recht erlischt, wenn der Versicherungsnehmer es nicht unverzüglich geltend macht, nachdem er von der Doppelversicherung Kenntnis erlangt hat.

(2) Der Versicherer kann im Falle einer Herabsetzung der Versicherungssumme die Ristornogebühr verlangen.

§ 12.

Mitteilung mehrerer Versicherungen.

Wer für ein Interesse gegen dieselbe Gefahr bei mehreren Versicherern Versicherung nimmt, hat dem Versicherer von der anderen Versicherung unverzüglich Mitteilung zu machen.

III. Versicherungstreue.

§ 13.

Alle Beteiligten haben Treu und Glauben im höchsten Maße zu betätigen.

IV. Police. Prämie. Ristornogebühr.

§ 14.

Aushändigung einer Police.

(1) Der Versicherer hat dem Versicherungsnehmer auf Verlangen eine von ihm unterzeichnete Urkunde über den Versicherungsvertrag (Police) auszuhändigen.

(2) Ist die Police abhanden gekommen oder vernichtet, so kann der Versicherungsnehmer von dem Versicherer die Ausstellung einer Ersatzurkunde verlangen. Unterliegt die Police der Kraftloserklärung, so ist der Versicherer erst nach der Kraftloserklärung zur Ausstellung verpflichtet. Die Kosten der Ersatzurkunde hat der Versicherungsnehmer zu tragen.

§ 15.

Legitimation durch die Police.

(1) Ist eine Police ausgestellt, so ist der Versicherer nur gegen Rückgabe der Police zu leisten verpflichtet.

(2) Behauptet der Versicherungsnehmer, zur Rückgabe außerstande zu sein, so genügt das öffentlich beglaubigte Anerkenntnis, daß die Schuld erloschen sei. Diese Bestimmung findet keine Anwendung, wenn die Police der Kraftloserklärung unterliegt.

§ 16.

Inhalt der Police.

Der Inhalt der Police gilt als von dem Versicherungsnehmer genehmigt, wenn dieser nicht unverzüglich nach der Aushändigung widerspricht.

§ 17.

Fälligkeit der Prämie und der Nebenkosten.

(1) Der Versicherungsnehmer hat die Prämie und die Nebenkosten sofort nach dem Abschlusse des Vertrages zu zahlen. Die Prämie und

die Nebenkosten sind insbesondere auch dann sofort fällig, wenn sie nach der Verkehrssitte oder nach der im Verkehre zwischen dem Versicherer und dem Versicherungsnehmer bestehenden Übung erst später gezahlt werden.

(2) Ist im Vertrage für die Zahlung der Prämie eine Zeit bestimmt, so kann der Versicherer die Zahlung sofort verlangen, wenn die Versicherung endigt. Das Gleiche gilt, wenn in den Vermögensverhältnissen des Versicherungsnehmers eine wesentliche Verschlechterung eintritt, durch die der Anspruch auf die Prämie gefährdet wird; jedoch kann der Versicherungsnehmer in diesem Falle die Ausübung des Rechtes durch Sicherheitsleistung abwenden.

§ 18.

Nichtzahlung der Prämie.

(1) Wird die Prämie auf eine nach dem Eintritte der Fälligkeit erfolgende schriftliche Mahnung des Versicherers nicht unverzüglich gezahlt, so ist der Versicherer von der Verpflichtung zur Leistung frei, wenn der Versicherungsfall vor der Zahlung eintritt.

(2) Der Versicherer ist, wenn die Zahlung nicht binnen zwei Werktagen seit der Mahnung bewirkt wird, berechtigt, das Versicherungsverhältnis ohne Einhaltung einer Kündigungsfrist zu kündigen. Wird das Versicherungsverhältnis gekündigt, so gebührt dem Versicherer bei Reiseversicherungen gleichwohl die Prämie, bei Zeitversicherungen die Ristornogebühr.

§ 19.

Leistungsort für die Prämie und die Nebenkosten.

Leistungsort für die Entrichtung der Prämie und der Nebenkosten ist der Ort der gewerblichen Niederlassung des Versicherers oder seines Vertreters, von der aus der Vertrag geschlossen ist.

§ 20.

Ristornogebühr.

Die Ristornogebühr beträgt die Hälfte der Prämie, jedoch höchstens 1/4 % der Versicherungssumme.

V. Anzeigepflicht. Gefahränderung.

§ 21.

Anzeigepflicht.

(1) Der Versicherungsnehmer hat bei der Schließung des Vertrags alle ihm bekannten Umstände, die für die Übernahme der Gefahr

erheblich sind, dem Versicherer anzuzeigen. Er hat insbesondere Nachrichten, die ihm zugegangen und für die Übernahme der Gefahr erheblich sind, dem Versicherer mitzuteilen, und zwar auch dann, wenn er die Nachricht für unbegründet oder unzuverlässig hält.

(2) Umstände, von denen der Versicherungsnehmer vor der Annahme eines auf die Schließung des Vertrags gerichteten Antrags Kenntnis erlangt, sind so schnell, wie dies im ordnungsmäßigen Geschäftsgange tunlich ist, jedenfalls aber in derselben oder in ähnlicher Weise anzuzeigen, in welcher der Antrag übermittelt ist.

§ 22.

Verletzung der Anzeigepflicht.

(1) Ist den Bestimmungen des § 21 zuwider die Anzeige eines erheblichen Umstandes unterblieben oder ist über einen erheblichen Umstand eine unrichtige Anzeige gemacht worden, so ist der Versicherer von der Verpflichtung zur Leistung frei. Das Gleiche gilt, wenn die Anzeige eines erheblichen Umstandes deshalb unterblieben ist, weil der Versicherungsnehmer den Umstand infolge von Fahrlässigkeit nicht kannte.

(2) Die Verpflichtung des Versicherers bleibt bestehen, wenn der Versicherer den nicht angezeigten Umstand oder die Unrichtigkeit kannte. Das Gleiche gilt, wenn die Anzeige ohne Verschulden des Versicherungsnehmers unterblieben ist.

(3) Bleibt die Verpflichtung des Versicherers gemäß Abs. 2 Satz 2 bestehen, so gebührt dem Versicherer eine der höheren Gefahr entsprechende höhere Prämie (Zuschlagsprämie). Das Gleiche gilt, wenn bei der Schließung des Vertrags ein erheblicher Umstand dem Versicherer nicht angezeigt worden ist, weil er dem anderen Teile nicht bekannt war und nicht bekannt zu sein brauchte.

§ 23.

Gefahrerhebliche Umstände.

(1) Als erheblich gelten insbesondere:

1. Umstände, nach denen der Versicherer ausdrücklich gefragt hat;
2. Umstände, die der Versicherungsnehmer unrichtig angegeben hat, wenn er die Richtigkeit der Anzeige zugesichert hat;
3. Umstände, die der Versicherungsnehmer absichtlich unrichtig angegeben hat;
4. Umstände, die eine Verzögerung der Reise herbeizuführen geeignet sind.

(2) Bei einer Versicherung, die sich auf das Schiff bezieht, gilt insbesondere als erheblich:

1. der Umstand, daß sich das Schiff zur Zeit der Schließung des Vertrags nicht an dem Orte befunden hat, wo die Reise angetreten ist oder angetreten werden soll; ist die Versicherung im Auftrag eines anderen genommen, so tritt an die Stelle der Zeit der Vertragsschließung die Zeit, zu welcher die den Auftrag enthaltende Erklärung abgesendet ist.
2. der Umstand, daß das Schiff in Ballast fährt oder fahren soll.

(3) Bei einer Versicherung, die sich auf die Güter bezieht, gilt insbesondere als erheblich:

1. der Umstand, daß das Schiff oder die Güter sich zur Zeit der Schließung des Vertrags nicht an dem Orte befunden haben, wo die Güter abgeladen sind oder abgeladen werden sollen; ist die Versicherung im Auftrag eines anderen genommen, so tritt an die Stelle der Zeit der Vertragsschließung die Zeit, zu welcher die den Auftrag enthaltende Erklärung abgesendet ist;
2. der Umstand, daß die Güter beschädigt sind;
3. der Umstand, daß die Güter in das zur Ausführung der versicherten Reise bestimmte Schiff im Anschluß an eine andere Reise übergeladen sind oder übergeladen werden sollen;
4. der Umstand, daß die Güter nach ihrer Beförderung zum Bestimmungsort ganz oder zum Teil ausgepackt, wegen ihrer Unverkäuflichkeit oder aus einem anderen Grunde wieder verpackt und auf der versicherten Reise zurück- oder weiterbefördert werden sollen, insbesondere der Umstand, daß die Güter Retourwaren sind.

(4) Bei einer Versicherung von Bodmereigeldern gilt insbesondere der Umstand als erheblich, daß die Verbodmung vor dem Antritte der versicherten Reise stattgefunden hat.

(5) Als unrichtige Anzeige eines erheblichen Umstandes gilt insbesondere:

1. die unrichtige Angabe des Schiffsnamens, es sei denn, daß die Unrichtigkeit nur unwesentlich ist;
2. die unrichtige Angabe des Ortes, wo die Reise des Schiffes angetreten ist oder endigen soll;
3. die unrichtige Angabe des Ortes, wo sich das Schiff zur Zeit der Schließung des Vertrages befunden hat;
4. bei einer Versicherung, die sich auf die Güter bezieht, die unrichtige Angabe des Abladungs- oder des Bestimmungsorts.

§ 24.

Anzeigepflicht bei Vertragsschließung durch Vertreter.

(1) Wird der Vertrag von einem Bevollmächtigten oder von einem Vertreter ohne Vertretungsmacht geschlossen, so kommt für die Befreiung des Versicherers von der Verpflichtung zur Leistung nicht nur die Kenntnis und das Kennenmüssen des Vertreters, sondern auch die Kenntnis und das Kennenmüssen des Versicherungsnehmers in Betracht.

(2) Der Versicherungsnehmer kann sich im Falle des Abs. 1 darauf, daß die Anzeige eines erheblichen Umstandes ohne Verschulden unterblieben ist, nur berufen, wenn weder dem Vertreter noch ihm selbst ein Verschulden zur Last fällt. Ist der Vertrag von einem Bevollmächtigten im Auftrage des Versicherungsnehmers geschlossen, so ist der Versicherungsnehmer verpflichtet, den Bevollmächtigten von erheblichen Umständen, von denen der Versicherungsnehmer nach Erteilung des Auftrags Kenntnis erlangt, so schnell, wie dies im ordnungsmäßigen Geschäftsgange tunlich ist, jedenfalls aber in derselben oder in ähnlicher Weise zu benachrichtigen, in welcher die den Auftrag enthaltende Erklärung übermittelt ist.

§ 25.

Gefahränderung.

(1) Wird nach dem Abschlusse des Vertrags die Gefahr geändert, so ist der Versicherer von der Verpflichtung zur Leistung frei, wenn der Versicherungsfall nach der Änderung der Gefahr eintritt.

(2) Als eine Änderung der Gefahr ist es insbesondere anzusehen, wenn die Gefahr erhöht, oder wenn der Antritt oder die Vollendung der Reise erheblich verzögert, oder wenn von dem angegebenen oder üblichen Reisewege abgewichen wird. Die Abweichung vom Reisewege gilt als eingetreten, wenn der Entschluß abzuweichen, zur Ausführung gebracht ist, mag auch tatsächlich eine Abweichung noch nicht stattgefunden haben.

(3) Als eine Änderung der Gefahr ist es auch anzusehen, wenn die Reise durch besondere Maßregeln beschleunigt wird, insbesondere wenn das Schiff zusammenhängendes Eis durchbricht oder wenn die Güter infolge eines vorübergehenden Reisehindernisses auf einem anderen als dem im Vertrage bestimmten oder dem üblichen Wege zum Bestimmungsorte befördert werden. Das Gleiche gilt, wenn das Schiff andere als die angegebenen Häfen oder diese Häfen in

anderer als der angegebenen oder üblichen Reihenfolge anläuft; diese Bestimmung findet jedoch keine Anwendung, wenn das Anlaufen zum Zwecke der Ordereinholung erforderlich und gebräuchlich ist oder wenn die Versicherung sich auf Stückgüter bezieht und durch das Anlaufen die Gefahr nicht erheblich erhöht wird.

§ 26.

Besondere Fälle der Gefahränderung.

(1) Die Verpflichtung des Versicherers zur Leistung bleibt im Falle einer Änderung der Gefahr bestehen:

1. wenn der Versicherungsnehmer die Änderung nicht vorgenommen und nicht gestattet hat;
2. wenn die Änderung auf den Eintritt des Versicherungsfalls und auf den Umfang der Leistung des Versicherers keinen Einfluß hat üben können;
3. wenn die Änderung durch ein Ereignis, für das der Versicherer haftet, veranlaßt ist;
4. wenn die Änderung durch ein Gebot der Menschlichkeit veranlaßt ist.

(2) In den Fällen des Abs. 1 Nr. 1 und 2 gebührt dem Versicherer eine Zuschlagsprämie.

(3) In den Fällen des Abs. 1 Nr. 1 und 3 umfaßt eine Güterversicherung die Kosten der Umladung und der einstweiligen Lagerung sowie die Mehrkosten der Weiterbeförderung.

§ 27.

Anzeige von der Gefahränderung.

(1) Der Versicherungsnehmer hat in den Fällen des § 26 Abs. 1, sobald er von der Änderung der Gefahr Kenntnis erlangt, dem Versicherer unverzüglich Anzeige zu machen.

(2) Wird die Anzeige nicht unverzüglich gemacht, so ist der Versicherer von der Verpflichtung zur Leistung frei, wenn der Versicherungsfall nach dem Zeitpunkt eintritt, in dem die Anzeige dem Versicherer hätte zugehen müssen. Die Verpflichtung des Versicherers bleibt bestehen, wenn ihm in diesem Zeitpunkte die Änderung der Gefahr bekannt war; das Gleiche gilt, wenn durch die Änderung die Gefahr nicht oder nur unerheblich erhöht ist oder wenn die Änderung keinen Einfluß auf den Eintritt des Versicherungsfalls und auf den Umfang der Leistung des Versicherers gehabt hat.

§ 28.

Anzeigepflichtverletzung und Gefahränderung hinsichtlich eines Teiles der versicherten Gegenstände.

Liegen die Voraussetzungen, unter denen der Versicherer wegen einer Verletzung der Bestimmungen über die Anzeigepflicht oder über die Gefahränderung von der Verpflichtung zur Leistung frei ist, in Ansehung eines Teiles der Gegenstände vor, auf die sich die Versicherung bezieht, so ist der Versicherer in Ansehung des übrigen Teiles nur frei, wenn anzunehmen ist, daß er für diesen allein den Vertrag unter den gleichen Bestimmungen nicht geschlossen haben würde. Der Versicherungsnehmer ist in diesem Falle von der Verpflichtung zur Zahlung eines entsprechenden Teiles der Prämie frei; der Versicherer kann jedoch insoweit die Ristornogebühr verlangen.

VI. Umfang der Haftung des Versicherers.

§ 29.

Umfang der Haftung im allgemeinen.

Der Versicherer trägt alle Gefahren, denen das Schiff oder die Güter während der Dauer der Versicherung ausgesetzt sind. Er haftet insbesondere für einen Schaden, der durch Eindringen von Seewasser, Schiffszusammenstoß, Strandung, Schiffbruch, Brand, Explosion, Blitzschlag, Erdbeben, Eis oder durch Diebstahl, Seeraub, Plünderung oder andere Gewalttätigkeiten verursacht wird, und zwar auch dann, wenn der Schaden auf dem Verschulden einer Person der Schiffsbesatzung beruht. Soweit nicht ein anderes bestimmt ist, haftet er jedoch nicht für einen mittelbaren Schaden, insbesondere nicht für einen Schaden, der durch eine Verzögerung der Reise verursacht wird.

§ 30.

Große oder gemeinschaftliche Haverei.

(1) Die Versicherung umfaßt die Beiträge zur großen Haverei.

(2) Sind ausschließlich Güter des Reeders geladen, so gelten auch die Aufopferungen, die zur großen Haverei gehören würden, wenn das Eigentum an den Gütern einem anderen zustände, im Sinne dieser Bedingungen als große Haverei.

(3) Sind keine Güter geladen, so gelten auch die Aufopferungen, die zur großen Haverei gehören würden, wenn Güter geladen wären, im Sinne dieser Bedingungen als große Haverei. Dies gilt jedoch nicht von den für die Schiffsbesatzung aufgewendeten Löhnen oder

Unterhaltskosten, die nach den für die Aufmachung der Dispache maßgebenden Bestimmungen zur großen Haverei gehören.

§ 31.

Die dem Versicherungsnehmer zustehenden Havereivergütungen.

Der Versicherer steht für die Entrichtung der dem Versicherungsnehmer gebührenden Beiträge wie ein Bürge ein, dem die Einrede der Vorausklage zusteht. Die Einrede der Vorausklage ist ausgeschlossen, wenn anzunehmen ist, daß die Rechtsverfolgung gegen den zur Entrichtung des Beitrags Verpflichteten nicht zur Befriedigung des Versicherungsnehmers führen wird.

§ 32.

Ursache der großen Haverei.

Der Versicherer haftet nur insoweit für die Beiträge, als diese durch einen ihm zur Last fallenden Unfall verursacht sind.

§ 33.

Verhältnis des Beitragswerts zum Versicherungswert.

(1) Übersteigt der Versicherungswert den Beitragswert, so haftet der Versicherer für die Aufopferungen auch insoweit, als der dem Versicherungsnehmer gebührende Beitrag den Betrag nicht erreicht, der dem Versicherungsnehmer gebührt haben würde, wenn bei der Schadensberechnung der Versicherungswert zugrunde gelegt wäre.

(2) Übersteigt der Beitragswert den Versicherungswert, so haftet der Versicherer für die Beiträge nur im Verhältnisse des Versicherungswerts zum Beitragswert.

§ 34.

Große-Haverei-Dispache.

(1) Für den Umfang der Verpflichtungen des Versicherers ist die Dispache maßgebend.

(2) Die Dispache ist von einem ein für allemal amtlich bestellten oder von dem Versicherer anerkannten Dispacheur und in Ermangelung eines solchen von einem anderen geeigneten Dispacheur aufzumachen.

(3) Die Dispache ist am Bestimmungsort oder, wenn dieser nicht erreicht wird, an dem Orte, wo die Reise endigt, aufzumachen. An die Stelle dieses Ortes tritt der Ort des Heimatshafens des Schiffes, wenn nach den zwischen den Beteiligten im voraus getroffenen Vereinbarungen die Dispache am Orte des Heimatshafens aufzumachen ist.

(4) Die Dispache ist nach den Vorschriften aufzumachen, die an dem im Abs. 3 bezeichneten Orte für die Aufmachung einer Dispache im Falle einer großen Haverei gelten. An die Stelle dieser Vorschriften treten die Vorschriften, die an dem Orte des Heimatshafens des Schiffes für die Aufmachung einer Dispache im Falle einer großen Haverei gelten, oder die York-Antwerp Rules, wenn nach den zwischen den Beteiligten im voraus getroffenen Vereinbarungen die Dispache gemäß diesen Bestimmungen aufzumachen ist.

(5) Der Versicherungsnehmer hat bei der Aufmachung der Dispache das Interesse des Versicherers wahrzunehmen. Insbesondere hat der Versicherer die durch die Aufmachung der Dispache verursachten Kosten nur insoweit zu ersetzen, als sie erforderlich waren.

(6) Die Dispache ist auch dann maßgebend, wenn die für ihre Aufmachung maßgebenden Vorschriften unrichtig angewendet oder wenn tatsächliche Unrichtigkeiten in ihr enthalten sind, es sei denn, daß der Versicherungsnehmer die Unrichtigkeit zu vertreten hat. Der Versicherer braucht jedoch die Dispache insoweit nicht gegen sich gelten zu lassen, als infolge der Unrichtigkeit für den Versicherungsnehmer eine Vergütung festgestellt ist, die im Falle richtiger Aufmachung der Dispache nicht festgestellt worden wäre.

(7) Steht dem Versicherungsnehmer wegen der Unrichtigkeit der Dispache ein Anspruch gegen einen an der großen Haverei Beteiligten zu, so geht der Anspruch auf den Versicherer über, soweit dieser den Versicherungsnehmer entschädigt. Auf den Übergang finden die Bestimmungen des § 49 entsprechende Anwendung.

(8) Die Bestimmung des Abs. 1 findet keine Anwendung, wenn infolge eines Umstandes, den der Versicherungsnehmer nicht zu vertreten hat, eine Dispache nicht aufgemacht wird. Der Versicherer haftet in diesem Falle für den durch eine Aufopferung entstandenen Schaden nach den für seine Haftung im Falle einer besonderen Haverei geltenden Bestimmungen.

(9) In den Fällen des § 30 Abs. 2 und 3 finden die Bestimmungen der Abs. 1 bis 8 keine Anwendung. Für die Schadensberechnung sind in diesen Fällen die York-Antwerp Rules mit Ausnahme der Regel 18 maßgebend.

§ 35.

Aufwendungen.

(1) Dem Versicherer fallen zur Last:

1. die Aufwendungen, die der Versicherungsnehmer bei dem Eintritte des Versicherungsfalls zur Abwendung oder Minderung

des Schadens macht und den Umständen nach für geboten halten durfte;

2. die Aufwendungen, die der Versicherungsnehmer bei dem Eintritte des Versicherungsfalls gemäß den Weisungen des Versicherers macht;

3. die Kosten, die durch die Ermittlung und Feststellung des dem Versicherer zur Last fallenden Schadens entstehen, soweit ihre Aufwendung den Umständen nach geboten war. Jedoch hat der Versicherer die Kosten nicht zu erstatten, die dem Versicherungsnehmer durch die Zuziehung eines Sachverständigen, eines Beistandes oder eines sonstigen Beauftragten entstehen, es sei denn, daß der Versicherungsnehmer nach dem Vertrage zu der Zuziehung verpflichtet war.

(2) Die im Abs. 1 Nr. 1 und 2 bezeichneten Aufwendungen fallen dem Versicherer auch dann zur Last, wenn sie erfolglos bleiben; der Versicherer hat den für die Aufwendungen erforderlichen Betrag auf Verlangen des Versicherungsnehmers vorzuschießen. Ist ein Teil des Versicherungswerts nicht versichert und ist streitig, ob die Befolgung der Weisungen des Versicherers zur Abwendung oder Minderung des Schadens geboten erscheint, so hat der Versicherer den Betrag der durch die Befolgung entstehenden Aufwendungen auch insoweit vorzuschießen, als die Aufwendungen dem Versicherungsnehmer zur Last fallen; der Versicherer ist verpflichtet, die ganzen gemäß seinen Weisungen gemachten Aufwendungen zu ersetzen, wenn er die Befolgung der Weisungen den Umständen nach nicht für geboten halten durfte.

§ 36.

Verschulden des Versicherungsnehmers.

(1) Der Versicherer haftet nicht für einen Schaden, der von dem Versicherungsnehmer vorsätzlich oder fahrlässig verursacht wird. Er hat jedoch den von dem Versicherungsnehmer durch eine fehlerhafte Führung des Schiffes (nautisches Verschulden) verursachten Schaden zu ersetzen, es sei denn, daß dem Versicherungsnehmer eine vorsätzliche oder grobfahrlässige Handlungsweise zur Last fällt; als nautisches Verschulden gilt jedoch nicht ein Verschulden in Ansehung der Übernahme, Stauung, Verwahrung oder Ablieferung der Güter.

(2) Bei einer Versicherung, die sich auf die Güter bezieht, haftet der Versicherer auch nicht für einen Schaden, der von dem Ablader oder dem Empfänger in dieser Eigenschaft vorsätzlich oder fahrlässig verursacht wird.

§ 37.

Schaden von weniger als 3 %.

(1) Der Versicherer haftet nicht für einen Schaden, wenn dieser 3 % des Versicherungswerts nicht erreicht. Ist eine Taxe vereinbart, so kann der Versicherer zum Zwecke der Feststellung des Verhältnisses zwischen dem Versicherungswert und dem Betrage des Schadens eine Heraufsetzung der Taxe verlangen, wenn der Versicherungswert die Taxe erheblich übersteigt.

(2) Der Versicherer haftet für Beiträge zur großen Haverei auch dann, wenn diese 3 % des Versicherungswerts nicht erreichen. Das Gleiche gilt von der Haftung für den durch einen Schiffszusammenstoß entstandenen mittelbaren Schaden und für die im § 26 Abs. 3 und im § 35 bezeichneten Aufwendungen und Kosten. Schäden, für die der Versicherer nach diesen Bestimmungen unbeschränkt haftet, kommen für die Berechnung des nach Abs. 1 für die Haftung des Versicherers maßgebenden Schadensbetrags nicht in Betracht.

(3) Als Schaden im Sinne des Abs. 1 gilt der während einer Reise entstandene Schaden. Ist die Versicherung für mehrere Reisen genommen, so erstreckt sich die Reise auf die ihr folgende Zwischenzeit; entsprechendes gilt im Falle einer Zeitversicherung.

§ 38.

Haftung nur für Seegefahr.

(1) Der Versicherer trägt nicht die Gefahr eines Krieges. Er haftet insbesondere nicht dafür, daß infolge von Maßregeln einer kriegführenden Macht die versicherte Sache angehalten, aufgebracht, genommen, reklamiert, beschädigt oder vernichtet wird.

(2) Bei einer Versicherung, die sich auf das Schiff bezieht, ist der Versicherer von der Verpflichtung zur Leistung frei, wenn infolge der Kriegsgefahr das Schiff einen Hafen anläuft oder aufgebracht wird, es sei denn, daß der Versicherungsnehmer, sobald er hiervon Kenntnis erlangt, unverzüglich dem Versicherer erklärt, daß die Verpflichtung bestehen bleiben soll. Bleibt die Verpflichtung bestehen, so gebührt dem Versicherer eine Zuschlagsprämie.

(3) Bei einer Versicherung, die sich auf die Güter bezieht, ist der Versicherer von der Verpflichtung zur Leistung frei, wenn die Güter infolge der Kriegsgefahr gelöscht werden, es sei denn, daß der Versicherungsnehmer, sobald er von der bevorstehenden oder bewirkten Löschung Kenntnis erlangt, unverzüglich dem Versicherer erklärt, daß die Verpflichtung bestehen bleiben soll. Bleibt die Verpflichtung be-

stehen, so gebührt dem Versicherer eine Zuschlagsprämie. Dauert in diesem Falle der Aufenthalt länger als zwei Monate, so haftet der Versicherer für eine später entstehende Beschädigung oder Leckage auch dann nur im Falle einer Strandung, wenn er sonst auch in anderen Fällen haftet; die Bestimmungen des § 113 über die Haftung des Versicherers im Strandungsfalle finden entsprechende Anwendung.

(4) Der Kriegsgefahr steht die Gefahr der auf gewaltsame Änderung von Staatseinrichtungen gerichteten Bewegungen gleich.

§ 39.

Grenzen der Haftung.

(1) Der Versicherer haftet nur bis zur Höhe der Versicherungssumme.

(2) Aufwendungen, die der Versicherer gemäß § 35 zu ersetzen hat, fallen ihm ohne Rücksicht darauf zur Last, ob sie zusammen mit der übrigen Entschädigung die Versicherungssumme übersteigen.

(3) Sind Aufwendungen zur Abwendung oder Minderung oder zur Ermittlung oder Feststellung eines Schadens oder zur Wiederherstellung oder Ausbesserung der durch den Unfall beschädigten Sache gemacht oder Beiträge zur großen Haverei geleistet oder ist eine persönliche Verpflichtung des Versicherungsnehmers zur Entrichtung solcher Beiträge entstanden, so haftet der Versicherer für einen Schaden, der durch einen späteren Unfall verursacht wird, ohne Rücksicht auf die ihm zur Last fallenden früheren Aufwendungen und Beiträge.

(4) Soweit die Entschädigung und die Aufwendungen oder Beiträge die Versicherungssumme mit Rücksicht darauf übersteigen, daß der Versicherungsnehmer den einem Dritten durch einen Schiffszusammenstoß zugefügten Schaden ersetzen muß, finden die Bestimmungen der Abs. 2 und 3 keine Anwendung.

§ 40.

Befreiung von der Haftung nach einem Unfall.

(1) Der Versicherer ist nach dem Eintritte des Versicherungsfalls berechtigt, sich durch Zahlung der Versicherungssumme von allen weiteren Verbindlichkeiten zu befreien. Der Versicherer bleibt jedoch zum Ersatze der Kosten verpflichtet, welche zur Abwendung oder Minderung des Schadens oder zur Wiederherstellung oder Ausbesserung der versicherten Sache verwendet worden sind, bevor seine Erklärung, daß er sich durch Zahlung der Versicherungssumme befreien wolle, dem Versicherungsnehmer zugegangen ist; die Bestimmung des § 39 Abs. 4 findet entsprechende Anwendung.

(2) Das Recht, sich durch Zahlung der Versicherungssumme zu befreien, erlischt, wenn es nicht binnen drei Werktagen nach dem Zeitpunkt, in dem der Versicherer von dem Versicherungsfall und seinen Folgen Kenntnis erlangt hat, ausgeübt wird.
(3) Der Versicherer erwirbt durch die Zahlung keine Rechte an den versicherten Gegenständen.

VII. Reise. Zeitversicherung.

§ 41.
Reise.

Im Sinne dieser Bedingungen gilt als Reise jede Fahrt, zu der das Schiff von neuem ausgerüstet oder die auf Grund eines neuen Frachtvertrags oder nach vollständiger Löschung der Ladung angetreten wird, sowie jede Zureise in Ballast.

§ 42.
Zeitversicherung.

Ist die Dauer der Versicherung nach Tagen, Wochen, Monaten oder nach einem mehrere Monate umfassenden Zeitraum bestimmt, so beginnt die Versicherung am Mittage des Tages, an dem der Vertrag geschlossen wird. Sie endigt am Mittage des letzten Tages der Frist. Für die Zeitberechnung ist der Ort, an dem das Schiff sich befindet, maßgebend.

VIII. Unfallsanzeige. Schadensabwendung.

§ 43.
Unfallsanzeige.

Der Versicherungsnehmer hat jeden Unfall, der das Schiff oder die Ladung trifft, auch wenn dadurch ein Entschädigungsanspruch für ihn nicht begründet wird, dem Versicherer unverzüglich anzuzeigen, sofern der Unfall für die von dem Versicherer zu tragende Gefahr von Erheblichkeit ist.

§ 44.
Abwendung und Minderung des Schadens.

(1) Der Versicherungsnehmer ist verpflichtet, bei dem Eintritte des Versicherungsfalls nach Möglichkeit für die Abwendung und Minderung des Schadens zu sorgen, insbesondere wenn zu diesem Zwecke Havereigelder aufzuwenden sind, bei deren Beschaffung und Versicherung mitzuwirken. Er hat dabei die Weisungen des Versicherers

zu befolgen und, wenn die Umstände es gestatten, solche Weisungen einzuholen. Sind mehrere Versicherer beteiligt und sind von ihnen entgegenstehende Weisungen gegeben, so hat der Versicherungsnehmer nach eigenem pflichtmäßigen Ermessen zu handeln.
(2) Der Versicherungsnehmer hat die Weisungen des Versicherers auch dann zu befolgen, wenn ein Teil des Versicherungswerts nicht versichert ist.

IX. Andienung, Nachweis, Ersatz des Schadens.

§ 45.
Andienung des Schadens.

(1) Der Versicherungsnehmer hat einen Schaden, für den der Versicherer haftet, diesem innerhalb eines Jahres seit der Beendigung der Versicherung und, wenn das Schiff verschollen ist, seit dem Ablaufe der Verschollenheitsfrist durch eine schriftliche Erklärung anzudienen. Durch die Absendung der Erklärung wird die Frist gewahrt.
(2) Der Entschädigungsanspruch des Versicherungsnehmers erlischt, wenn der Schaden nicht rechtzeitig angedient wird.

§ 46.
Nachweis des Schadens.

(1) Der Versicherungsnehmer hat dem Versicherer anzugeben, worin das versicherte Interesse besteht, in welcher Weise der versicherte Gegenstand der Seegefahr ausgesetzt war und durch welchen Unfall der Schaden verursacht ist, sowie eine geordnete Zusammenstellung der Beträge mitzuteilen, die der Versicherer für die einzelnen Schäden und Aufwendungen zu entrichten hat (Schadensrechnung). Der Versicherungsnehmer hat Belege insoweit vorzulegen, als ihm die Beschaffung billigerweise zugemutet werden kann.
(2) Die Schadensrechnung muß im Falle einer besonderen Haverei auf Verlangen des Versicherers von einem ein für allemal amtlich bestellten oder von dem Versicherer anerkannten Dispacheur und in Ermangelung eines solchen von einem anderen geeigneten Dispacheur an dem Orte, wo der Vertrag geschlossen ist, aufgestellt sein.

§ 47.
Befreiung von der Nachweispflicht.

Ist vereinbart, daß der Versicherungsnehmer den Ersatz des Schadens ohne Vorlegung der im § 46 bezeichneten Belege, insbesondere ohne den Nachweis des versicherten Interesses, verlangen kann, so hat der Versicherungsnehmer die Richtigkeit der ihm nach § 46 obliegenden Angaben glaubhaft zu machen.

§ 48.

Ersatz des Schadens.

Der Versicherungsnehmer kann die Zahlung nicht eher verlangen, als er die in den §§ 46 und 47 bezeichneten Obliegenheiten erfüllt hat und seit der Erfüllung ein Monat verstrichen ist. Sind die Obliegenheiten bis zum Ablaufe von zwei Monaten seit der Andienung des Schadens infolge eines Umstandes, den der Versicherungsnehmer nicht zu vertreten hat, nicht erfüllt, so kann der Versicherungsnehmer in Anrechnung auf die Gesamtforderung die Zahlung von zwei Dritteilen des Betrags verlangen, den der Versicherer nach Lage der Sache mindestens zu zahlen hat.

X. Übergang von Schadensersatzansprüchen.

§ 49.

(1) Steht dem Versicherungsnehmer ein Anspruch auf Ersatz des Schadens gegen einen Dritten zu, so geht der Anspruch auf den Versicherer über, soweit dieser dem Versicherungsnehmer den Schaden ersetzt. Der Versicherungsnehmer ist verpflichtet, dem Versicherer die zur Geltendmachung des Anspruchs erforderliche Auskunft zu erteilen und die ihm zum Beweise des Anspruchs dienenden Urkunden, soweit sie sich in seinem Besitze befinden, auszuliefern, ihm auch auf Verlangen eine öffentlich beglaubigte Urkunde über den Übergang des Anspruchs auszustellen; die Kosten hat der Versicherer zu tragen.

(2) Der Versicherungsnehmer bleibt auch nach dem Übergange des Anspruchs verpflichtet, für die Minderung des Schadens, insbesondere durch Zurückhaltung der Fracht, zu sorgen. Er hat, sobald er eine für die Geltendmachung des Anspruchs erhebliche Nachricht erhält, dem Versicherer unverzüglich Anzeige zu machen und ihm auf Verlangen die zur Geltendmachung des Anspruchs erforderliche Hülfe zu leisten, insbesondere den Anspruch im eigenen Namen gerichtlich geltend zu machen. Die Kosten hat der Versicherer zu tragen und auf Verlangen vorzuschießen.

(3) Gibt der Versicherungsnehmer seinen Anspruch gegen den Dritten oder ein zur Sicherung des Anspruchs dienendes Recht auf, so wird der Versicherer von seiner Ersatzpflicht insoweit frei, als er aus dem Anspruch oder dem Rechte hätte Ersatz erlangen können.

XI. Zahlungsfähigkeit des Versicherers.

§ 50.

Im Falle der Zahlungsunfähigkeit des Versicherers kann der Versicherungsnehmer von dem Vertrage zurücktreten oder für Rechnung des Versicherers anderweit Versicherung nehmen. Der Versicherer kann die Ausübung dieses Rechtes durch Sicherheitsleistung abwenden.

XII. Verjährung.

§ 51.

Die Ansprüche aus dem Versicherungsverhältnisse verjähren in fünf Jahren. Die Verjährung beginnt mit dem Schlusse des Jahres, in dem die Versicherung endigt oder die Verschollenheitsfrist abläuft.

XIII. Veräußerung der versicherten Sache.

§ 52.

Veräußerung im allgemeinen.

(1) Wird die versicherte Sache von dem Versicherungsnehmer veräußert, so tritt anstelle des Veräußerers der Erwerber in die während der Dauer seines Eigentums aus dem Versicherungsverhältnisse sich ergebenden Rechte und Pflichten des Versicherungsnehmers ein. Für die Prämie haften der Veräußerer und der Erwerber als Gesamtschuldner.

(2) Der Versicherer hat in Ansehung der durch das Versicherungsverhältnis gegen ihn begründeten Forderungen die Veräußerung erst dann gegen sich gelten zu lassen, wenn er von ihr Kenntnis erlangt; die Vorschriften der §§ 406 bis 408 des Bürgerlichen Gesetzbuchs finden entsprechende Anwendung.

(3) Der Versicherer haftet nicht für die Gefahren, die nicht eingetreten sein würden, wenn die Veräußerung unterblieben wäre.

(4) Der Erwerber ist berechtigt, das Versicherungsverhältnis ohne Einhaltung einer Kündigungsfrist zu kündigen. Das Kündigungsrecht erlischt, wenn es nicht innerhalb eines Monats nach dem Erwerb ausgeübt wird; hatte der Erwerber von der Versicherung keine Kenntnis, so bleibt das Kündigungsrecht bis zum Ablauf eines Monats von dem Zeitpunkt an bestehen, in dem der Erwerber von der Versicherung Kenntnis erlangt. Kündigt der Erwerber, so haftet er für die Prämie nicht.

(5) Bei einer Zwangsversteigerung der versicherten Sache finden die Bestimmungen der Abs. 1 bis 4 entsprechende Anwendung.

§ 53.

Veräußerung versicherter Schiffe und Schiffsparten.

(1) Die Bestimmungen des § 52 gelten auch im Falle der Veräußerung einer Schiffspart.

(2) Wird ein versichertes Schiff veräußert, so endigt die Versicherung; dem Versicherer gebührt von der auf die spätere Zeit entfallenden Prämie nur der dritte Teil. Wird das Schiff veräußert, während es unterwegs ist, so endigt die Versicherung erst mit dem Zeitpunkt, in dem nach den §§ 65 bis 67 die Versicherung am nächsten Bestimmungsort endigen würde.

XIV. Versicherung für fremde Rechnung.

§ 54.

Versicherung für eigene Rechnung, für fremde Rechnung, für Rechnung wen es angeht.

(1) Ergibt sich aus den Umständen nicht, daß der Versicherungsnehmer die Versicherung im eigenen Namen für einen anderen nehmen will (Versicherung für fremde Rechnung), so gilt die Versicherung als für Rechnung des Versicherungsnehmers genommen (Versicherung für eigene Rechnung).

(2) Wird die Versicherung für einen anderen genommen, so ist, auch wenn der andere benannt wird, anzunehmen, daß der Vertragschließende nicht als Vertreter, sondern im eigenen Namen für fremde Rechnung handelt.

(3) Wird die Versicherung für Rechnung „wen es angeht" genommen oder ist sonst aus dem Vertrage zu entnehmen, daß unbestimmt gelassen werden soll, ob eigenes oder fremdes Interesse versichert ist, so finden die Bestimmungen über die Versicherung für fremde Rechnung Anwendung, wenn sich ergibt, daß fremdes Interesse versichert ist.

§ 55.

Rechtsstellung des Versicherten.

(1) Die Rechte aus dem Vertrage stehen dem Versicherten zu. Die Aushändigung einer Police kann jedoch nur der Versicherungsnehmer verlangen.

(2) Der Versicherte kann ohne Zustimmung des Versicherungsnehmers über seine Rechte nur verfügen und diese Rechte nur gerichtlich geltend machen, wenn er im Besitz einer Police ist.

§ 56.

Rechtsstellung des Versicherungsnehmers.

(1) Der Versicherungsnehmer kann über die Rechte, die dem Versicherten aus dem Vertrage zustehen, im eigenen Namen verfügen.
(2) Ist eine Police ausgestellt, so ist der Versicherungsnehmer ohne Zustimmung des Versicherten zur Annahme der Zahlung sowie zur Übertragung der Rechte des Versicherten nur befugt, wenn er im Besitze der Police ist.
(3) Der Versicherer ist zur Zahlung an den Versicherungsnehmer nur verpflichtet, wenn dieser ihm gegenüber nachweist, daß der Versicherte seine Zustimmung zu der Versicherung erteilt hat.

§ 57.

Verhältnis des Versicherungsnehmers zum Versicherten.

Der Versicherungsnehmer ist nicht verpflichtet, dem Versicherten oder, falls über das Vermögen des Versicherten der Konkurs eröffnet ist, der Konkursmasse die Police auszuliefern, bevor er wegen der ihm gegen den Versicherten in bezug auf die versicherte Sache zustehenden Ansprüche befriedigt ist. Er kann sich für diese Ansprüche aus der Entschädigungsforderung gegen den Versicherer und nach der Einziehung der Forderung aus der Entschädigungssumme vor dem Versicherten und dessen Gläubigern befriedigen.

§ 58.

Aufrechnung.

Der Versicherer kann gegen die Entschädigungsforderung eine Forderung, die ihm gegen den Versicherungsnehmer zusteht, insoweit aufrechnen, als sie auf einem zwischen dem Versicherer und dem Versicherungsnehmer geschlossenen Versicherungsvertrage beruht.

§ 59.

Kennen, Kennenmüssen, Verschulden.

(1) Für die im Falle der Verschweigung oder der unrichtigen Anzeige eines Gefahrumstandes eintretenden Rechtsfolgen kommt nicht nur die Kenntnis oder das Kennenmüssen des Versicherungsnehmers, sondern auch die Kenntnis oder das Kennenmüssen des Versicherten in Betracht. Der Einwand, daß die Anzeige eines erheblichen Umstandes ohne Verschulden unterblieben ist, kann dem Versicherer nur entgegengesetzt werden, wenn weder dem Versicherungsnehmer noch dem Versicherten ein Verschulden zur Last fällt.

(2) Ist die Versicherung so genommen, daß sie in einem vor der Schließung des Vertrages liegenden Zeitpunkte beginnt, so ist der Versicherer von der Verpflichtung zur Leistung frei, wenn der Versicherungsnehmer oder der Versicherte bei der Schließung wußte oder wissen mußte, daß der Versicherungsfall schon eingetreten war.

(3) Auf die Kenntnis oder das Kennenmüssen des Versicherten kommt es nicht an, wenn der Vertrag ohne sein Wissen geschlossen ist. Das Gleiche gilt, wenn eine rechtzeitige Benachrichtigung des Versicherungsnehmers nicht tunlich war; eine Benachrichtigung gilt nicht als rechtzeitig, wenn sie nicht so schnell, wie dies im ordnungsmäßigen Geschäftsgange tunlich ist, mindestens aber in derselben oder in ähnlicher Weise erfolgt wie die Übermittlung der Erklärung, welche den Auftrag zur Schließung des Vertrags enthält.

(4) Hat der Versicherungsnehmer den Vertrag ohne Auftrag des Versicherten geschlossen und bei der Schließung den Mangel des Auftrags dem Versicherer nicht angezeigt, so braucht dieser den Einwand, daß der Vertrag ohne Wissen des Versicherten geschlossen ist, nicht gegen sich gelten zu lassen.

Zweiter Abschnitt.

Besondere Bestimmungen über die Versicherung einzelner Gegenstände.

Erster Titel.

Kaskoversicherung.

§ 60.

Haftung des Versicherers für mittelbaren Kollisionsschaden.

(1) Der Versicherer haftet auch für einen Schaden, den der Versicherungsnehmer infolge eines Zusammenstoßes des Schiffes mit einem anderen Schiffe dadurch erleidet, daß er den durch den Verlust oder die Beschädigung des anderen Schiffes oder seiner Ladung entstandenen Schaden zu ersetzen hat.

(2) Der Schaden ist im Verhältnisse des Schiffswertes zu demjenigen Werte zu ersetzen, der sich aus dem Werte des Schiffes und dem Betrage der Fracht ergibt.

§ 61.

Beschränkung der Haftung des Versicherers.

(1) Der Versicherer haftet nicht für einen Schaden, der dadurch verursacht wird, daß das Schiff nicht seetüchtig, insbesondere nicht

gehörig ausgerüstet, bemannt oder beladen, oder ohne die zum Ausweise von Schiff, Besatzung und Ladung erforderlichen Papiere in See gesandt ist. Entsteht ein Schaden, bevor das Schiff in See gesandt ist, so haftet der Versicherer nicht, wenn der Schaden dadurch verursacht wird, daß das Schiff nicht geeignet ist, die mit dem Schiffsbetriebe verbundenen Gefahren zu bestehen. Das Schiff gilt insbesondere als nicht gehörig beladen:

1. wenn es, auf die Nettoregistertonne berechnet, mit mehr als 750 Kilogramm lose verladenen Feldfrüchten oder sonstigem lose verladenen Schüttgut beladen und nicht mit gehörigen Längsschotten versehen ist;
2. wenn es, auf die Nettoregistertonne berechnet, mit mehr als 500 Kilogramm Eisenbahnschienen oder Eisen- oder Stahlstangen beladen ist und die Güter nicht gehörig mit Holz im Raume verstaut sind.

(2) Das Gleiche gilt von einem Schaden, der nur eine Folge der Abnutzung des Schiffes im gewöhnlichen Gebrauch ist oder nur durch Alter, Fäulnis, Rost oder Wurmfraß verursacht wird. Als Folge der Abnutzung im gewöhnlichen Gebrauche gilt es, wenn Segel, sei es auch infolge Prangens, wegwehen oder zerreißen oder in anderer Weise beschädigt werden, oder wenn Anker, Taue, Ketten oder laufendes Tauwerk beschädigt werden oder wenn infolge eines solchen Schadens Taue oder Segel weggeschnitten oder Anker, Ankertaue oder Ankerketten geschlippt oder gekappt werden müssen. Als Folge der Abnutzung gilt es jedoch nicht, wenn Segel durch Sturzseen oder dadurch, daß Rundhölzer brechen, beschädigt werden.

(3) Das Gleiche gilt auch von einem Schaden, der dadurch verursacht wird, daß Sachen verladen werden, die nach den zur Zeit der Schließung des Vertrages geltenden Verordnungen der deutschen Seeuferstaaten über die Beförderung gefährlicher Güter in Kauffahrteischiffen explosiv, ätzend oder feuergefährlich sind. Die Haftung des Versicherers bleibt jedoch bestehen, wenn der Versicherungsnehmer die Verladung weder kannte noch kennen mußte. Bleibt die Haftung bestehen, so gebührt dem Versicherer eine Zuschlagsprämie.

(4) Das Gleiche gilt auch von einem Schaden, der dadurch verursacht wird, daß das Schiff zu einem größeren als dem dritten Teile seiner Tragfähigkeit mit Dungstoffen, Eisen, insbesondere Eisenschienen und Eisenträgern, Erde, Erz, Gestein, insbesondere Fliesen, Marmor, Schiefer und Steinen, Heu, Holz, Kalk, Knochen, Knochenasche, Knochenschwärze, Kohlen, Kreide, lose verladenen Feldfrüchten oder

sonstigem lose verladenen Schüttgut, Salz, Tonrückständen, Torf, Zement beladen ist. Die Bestimmungen des Abs. 3 Satz 2 und 3 finden entsprechende Anwendung.

(5) Ein Schaden, der durch einen der in den Abs. 1, 3 und 4 bezeichneten Umstände verursacht sein kann, gilt als durch ihn verursacht.

§ 62.

Aufopferung von Decksgütern.

Der Versicherer haftet nicht für Beiträge zur großen Haverei, soweit auf Deck verladene Güter aufgeopfert sind.

§ 63.

Anrechnung von Leichter-, Schlepp-, Hülfslohn.

Der Versicherer haftet für einen Schaden, der bei Gelegenheit der Verwendung des Schiffes zum Leichtern oder Schleppen anderer Fahrzeuge oder zu einer Hülfeleistung entsteht, insoweit nicht, als die für die Verwendung zu entrichtende Vergütung zur Ausgleichung des Schadens dient.

§ 64.

Haftung für Kajüts- und Maschinenschaden.

Der Versicherer haftet für eine Beschädigung der Kajütseinrichtungen nur im Falle einer Strandung. Das Gleiche gilt von der Haftung des Versicherers für eine Beschädigung der Maschinen, der Kessel oder der mit ihnen zusammenhängenden Einrichtungen, insbesondere des Ruders oder der Schraube. Die Bestimmungen des § 113 Abs. 1 und 2 über die Haftung des Versicherers im Strandungsfalle finden entsprechende Anwendung; jedoch ist es als eine Strandung auch anzusehen, wenn das Schiff mit anderen Fahrzeugen zusammenstößt.

§ 65.

Dauer der Versicherung.

(1) Die Versicherung beginnt, wenn sie für eine Reise genommen ist, mit dem Zeitpunkt, in dem mit der Einnahme der Ladung oder des Ballastes angefangen wird, oder wenn Ladung oder Ballast nicht einzunehmen ist, mit der Abfahrt. Sie endigt mit dem Zeitpunkt, in dem die Löschung der Ladung oder des Ballastes am Bestimmungsorte bendigt ist, oder wenn Ladung oder Ballast nicht zu löschen ist, mit dem Zeitpunkt, in dem das Schiff am gehörigen Orte die Anker hat fallen lassen oder befestigt ist. Wird die Löschung von dem Versicherungsnehmer erheblich verzögert, so endigt die Versicherung mit

dem Zeitpunkt, in dem die Löschung beendigt sein würde, falls die Verzögerung nicht stattgefunden hätte.

(2) Wird vor der Beendigung der Löschung für eine neue Reise Ladung oder Ballast eingenommen, so endigt die Versicherung mit dem Zeitpunkt, in dem mit der Einnahme angefangen wird.

(3) Wird nach dem Beginne der Versicherung die versicherte Reise aufgegeben, so tritt in Ansehung der Beendigung der Versicherung der Ort, wo die Reise aufhört, an die Stelle des Bestimmungsorts.

§ 66.

Verlängerung der Versicherung.

(1) Trifft das Schiff am Bestimmungsorte mit einer Beschädigung, für die der Versicherer haftet, ein, so gilt das Versicherungsverhältnis als verlängert bis zu dem Zeitpunkt, in dem die Ausbesserung des Schiffes beendigt ist; wird die Ausbesserung von dem Versicherungsnehmer erheblich verzögert, so tritt an die Stelle dieses Zeitpunkts der Zeitpunkt, in dem die Ausbesserung beendigt sein würde, falls die Verzögerung nicht stattgefunden hätte. Der Versicherungsnehmer kann die Verlängerung durch eine gegenüber dem Versicherer abzugebende Erklärung ausschließen; die Erklärung muß jedoch unverzüglich abgegeben werden, sobald der Versicherungsnehmer von der Beschädigung Kenntnis erlangt. Im Falle der Verlängerung gebührt dem Versicherer eine der längeren Dauer entsprechende Prämie sowie eine Zuschlagsprämie.

(2) Die Bestimmungen des Abs. 1 finden keine Anwendung, wenn die Ausbesserung an einem anderen Orte als dem Bestimmungsort erfolgen muß und nicht durch das gemäß § 73 erstattete Gutachten festgestellt ist, daß das Schiff die Reise nach dem anderen Orte machen kann.

§ 67.

Verlängerung der Zeitversicherung.

Ist ein auf Zeit versichertes Schiff bei dem Ablaufe der vereinbarten Versicherungszeit unterwegs, so gilt das Versicherungsverhältnis als verlängert bis zu dem Zeitpunkt, in dem nach den §§ 65 und 66 die Versicherung am nächsten Bestimmungsort endigen würde. Der Versicherungsnehmer kann die Verlängerung, solange das Schiff noch nicht unterwegs ist, durch eine gegenüber dem Versicherer abzugebende Erklärung ausschließen. Im Falle der Verlängerung gebührt dem Versicherer eine der längeren Dauer entsprechende Prämie; ist das Schiff verschollen, so gebührt ihm die Prämie bis zum Ablaufe der Verschollenheitsfrist.

§ 68.

Versicherung für mehrere Reisen.

Ist die Versicherung für mehrere auf einander folgende Reisen genommen, so erstreckt sie sich auf die zwischen den Reisen liegende Zeit.

§ 69.

Versicherungswert.

(1) Als Versicherungswert gilt der Wert, den das Schiff bei dem Beginne der Versicherung hat. Der Wert umfaßt nicht die Ausrüstungskosten, die Heuer und die Versicherungskosten.

(2) Dieser Wert gilt auch bei dem Eintritte des Versicherungsfalls als Versicherungswert.

§ 70.

Totalverlust.

(1) Im Falle des Totalverlustes kann der Versicherungsnehmer die Versicherungssumme verlangen. Er muß sich jedoch den Wert der vor Zahlung der Versicherungssumme geretteten Sachen und desjenigen anrechnen lassen, was er anderweit zur Ausgleichung des Schadens erlangt hat. Der Wert der geretteten Sachen ist auf Verlangen des Versicherers durch öffentliche Versteigerung festzustellen.

(2) Als total verloren gilt das Schiff auch, wenn es dem Versicherungsnehmer ohne Aussicht auf Wiedererlangung entzogen, insbesondere unrettbar gesunken, oder wenn es in seiner ursprünglichen Beschaffenheit zerstört ist.

(3) Hat der Versicherer den Versicherungsnehmer befriedigt, so gehen die Rechte des Versicherungsnehmers an dem Schiffe auf den Versicherer über. Der Versicherungsnehmer ist verpflichtet, dem Versicherer die zur Geltendmachung der Rechte erforderliche Auskunft zu erteilen und ihm die zum Beweise der Rechte dienenden Urkunden, soweit sie sich in seinem Besitze befinden, auszuliefern, ihm auch auf Verlangen eine öffentlich beglaubigte Urkunde über den Übergang der Rechte auszustellen; die Kosten hat der Versicherer zu tragen.

(4) Der Versicherungsnehmer bleibt auch nach dem Übergange der Rechte verpflichtet, für die Minderung des Schadens zu sorgen. Er hat, sobald er eine für die Geltendmachung der Rechte erhebliche Nachricht erhält, dem Versicherer unverzüglich Anzeige zu machen und ihm auf Verlangen die zur Erlangung und Verwertung des Schiffes erforderliche Hülfe zu leisten. Die Kosten hat der Versicherer zu tragen und auf Verlangen vorzuschießen.

§ 71.

Verschollenheit.

(1) Der Versicherungsnehmer kann auch dann die Versicherungssumme verlangen, wenn das Schiff verschollen ist. Das Schiff ist verschollen, wenn innerhalb der Verschollenheitsfrist keine Nachricht von dem Schiffe eingegangen ist. Die Verschollenheitsfrist beträgt das Dreifache der Zeit, die das Schiff von dem Orte aus, von dem die letzte Nachricht eingegangen ist, unter gewöhnlichen Verhältnissen zur Beendigung der Reise gebraucht haben würde, jedoch bei Dampfschiffen mindestens drei, bei Segelschiffen mindestens fünf Monate.

(2) Das Verlangen kann nicht unter einer Bedingung oder einer Zeitbestimmung erklärt werden.

(3) Durch die Erklärung gehen die Rechte des Versicherungsnehmers an dem Schiffe auf den Versicherer über (Abandon). Die Bestimmungen des § 70 Abs. 3 Satz 2 und Abs. 4 über die Unterstützung des Versicherers bei Geltendmachung der Rechte finden entsprechende Anwendung. Dem Versicherer gebührt von der Bruttofracht der Reise, auf der das Schiff verschollen ist, ein nach den Vorschriften des Handelsgesetzbuches über die Berechnung der Distanzfracht zu ermittelnder Teil.

§ 72.

Verfügung von hoher Hand. Nehmung durch Seeräuber.

Die Bestimmungen des § 71 über die Verschollenheit des Schiffes finden entsprechende Anwendung, wenn das Schiff durch Verfügung von hoher Hand angehalten oder durch Seeräuber genommen wird. Jedoch tritt an die Stelle der Verschollenheitsfrist eine Frist von vier Monaten.

§ 73.

Teilschaden.

(1) Ein Teilschaden ist durch Sachverständige festzustellen.

(2) Der Versicherer und der Versicherungsnehmer oder für diesen der Kapitän haben unverzüglich je einen Sachverständigen zu ernennen.

(3) Können die Sachverständigen sich über die Feststellung nicht einigen, so ernennen sie einen dritten Sachverständigen als Obmann. Können sie sich auch über die Person des Obmanns nicht einigen, so ersucht der Versicherungsnehmer oder für ihn der Kapitän den Konsul des Staates, in dessen Gebiet der Heimatshafen des Schiffes liegt, oder wenn ein solcher Konsul nicht vorhanden oder der vorhandene nicht bereit ist, einen anderen Konsul, oder wenn auch ein solcher nicht

vorhanden oder bereit ist, einen für die Ernennung zuständigen Beamten des Staates, in dessen Gebiet sich das Schiff befindet, oder wenn auch ein solcher Beamter nicht vorhanden oder bereit ist, eine andere geeignete und bereite Person um die Ernennung.

(4) Wenn der Versicherer trotz Aufforderung einen Sachverständigen nicht ernennt, so kann der Versicherungsnehmer oder für ihn der Kapitän die Ernennung auf dem im Abs. 3 bezeichneten Wege herbeiführen.

(5) Die Sachverständigen besichtigen den Schaden, stellen ihn fest und erstatten hierüber ein Gutachten. Zu der Besichtigung sind soweit tunlich die Beteiligten hinzuzuziehen. Das Gutachten muß enthalten:

1. die Bezeichnung der Sachverständigen und der zu der Besichtigung hinzugezogenen Beteiligten;
2. die Bezeichnung derjenigen, welche die Sachverständigen ernannt haben;
3. die Bezeichnung des Ortes und der Zeit der Besichtigung und der Feststellung;
4. die Bezeichnung der einzelnen Schäden und soweit tunlich ihrer Ursache, insbesondere die Angabe, ob die Schäden durch Seeunfälle während der letzten Reise oder durch andere Umstände verursacht sind;
5. die Schätzung der Kosten, die zur Beseitigung jedes einzelnen, während der letzten Reise durch Seeunfälle entstandenen Schadens aufzuwenden sind.

(6) Die Erstattung des Gutachtens erfolgt nach Stimmenmehrheit. Bestehen über Summen mehr als zwei Meinungen, deren keine die Mehrheit für sich hat, so ist die für die größte Summe abgegebene Stimme der für die zunächst geringere abgegebenen hinzuzurechnen.

(7) Das Gutachten ist von den Sachverständigen und, wenn ein Beauftragter des Versicherers an der Besichtigung teilgenommen hat, zur Anerkennung der Beteiligung auch von diesem zu unterschreiben.

(8) Die von den Sachverständigen getroffene Feststellung ist nicht verbindlich, wenn sie offenbar von der wirklichen Sachlage erheblich abweicht. Die Feststellung erfolgt in diesem Falle durch Urteil. Wenn die Sachverständigen die Feststellung nicht treffen können oder wollen oder sie verzögern, so ist die Ernennung anderer Sachverständiger gemäß den Bestimmungen der Abs. 2 bis 4 herbeizuführen.

(9) Der Versicherer kann die Zahlung verweigern, bis der Schaden gemäß den vorstehenden Bestimmungen festgestellt ist. Ist die gehörige Feststellung infolge eines Umstandes unterblieben, den der

Versicherungsnehmer nicht zu vertreten hat, so kann der Versicherer die Zahlung verweigern, bis der Schaden in anderer geeigneter Weise festgestellt ist.

(10) Der für den Bezirk des Havereiorts bestellte Havariekommissar des Versicherers gilt als bevollmächtigt, Erklärungen des Versicherungsnehmers, welche die Feststellung des Teilschadens betreffen, entgegenzunehmen und Geschäfte und Rechtshandlungen solcher Art für den Versicherer vorzunehmen.

§ 74.

Ausbesserung.

(1) Nach Feststellung eines Teilschadens ist das Schiff unverzüglich auszubessern. Der Versicherungsnehmer hat in Ansehung der Ausbesserung auch das Interesse des Versicherers wahrzunehmen. Vor dem Abschlusse des Ausbesserungsvertrags ist der Versicherer unter Vorlegung eines Vertragsentwurfs wenn tunlich zu hören.

(2) Der Versicherer kann die Ausbesserung beaufsichtigen. Der Versicherungsnehmer hat dem Versicherer auf Verlangen über den Stand der Ausbesserung Auskunft zu erteilen und nach der Ausbesserung über die durch sie erforderten Aufwendungen Belege vorzulegen, insbesondere auch mitzuteilen, welche Abzüge oder Nachlässe von den in den Belegen angegebenen Beträgen ihm bewilligt sind.

(3) Die Ersatzpflicht des Versicherers wird durch die Ausbesserungskosten bestimmt. Übersteigt der Gesamtbetrag dieser Kosten den von den Sachverständigen geschätzten Betrag, so wird die Ersatzpflicht durch den geschätzten Betrag bestimmt. Von diesen Beträgen werden abgezogen:

1. zunächst ein Betrag, der dem aus dem Unterschiede zwischen neu und alt sich ergebenden Minderwert entspricht;
2. demnächst ein Betrag, der dem Werte der durch neue ersetzten Sachen entspricht. Der Wert dieser Sachen ist auf Verlangen des Versicherers durch öffentliche Versteigerung festzustellen.

(4) Dem Versicherer fallen auch die Aufwendungen zur Last, die erforderlich sind, um das Schiff an den Ort, an dem es ausgebessert werden soll, zu bringen. Das Gleiche gilt von den Aufwendungen, die der Versicherungsnehmer zur Beschaffung der für die Ausbesserung erforderlichen Gelder macht.

(5) Der Versicherungsnehmer kann, wenn ein wichtiger Grund, der in seinen besonderen Verhältnissen liegt und von ihm nicht zu vertreten ist, vorliegt, unter Angabe dieses Grundes unverzüglich nach

Erstattung des Gutachtens der Sachverständigen dem Versicherer erklären, daß er das Schiff nicht ausbessern werde. Die Ersatzpflicht des Versicherers wird in diesem Falle durch den von den Sachverständigen geschätzten Betrag bestimmt. Von diesem Betrag ist der im Abs. 3 Nr. 1 bezeichnete Betrag und ein Betrag, der dem im Abs. 3 Nr. 2 bezeichneten Werte entspricht, abzuziehen.

(6) Streitigkeiten darüber, ob ein wichtiger Grund im Sinne des Abs. 5 vorliegt, werden durch ein Schiedsgericht entschieden. Jede Partei hat einen Schiedsrichter zu ernennen. Können die Schiedsrichter sich nicht einigen, so erwählen sie einen Obmann. Können sie sich auch über die Person des Obmanns nicht einigen, so wird der Obmann von dem zur Vertretung des Handelsstandes berufenen Organ ernannt, in dessen Bezirk sich die gewerbliche Niederlassung des Versicherers oder seines Vertreters befindet, von der aus der Vertrag geschlossen ist; sind mehrere Versicherer beteiligt, so ist die Versicherung maßgebend, die in der Police an erster Stelle beurkundet ist.

§ 75.

Unterschied zwischen neu und alt.

(1) Bei der Berücksichtigung des aus dem Unterschiede zwischen neu und alt sich ergebenden Minderwerts ist nach den Bestimmungen der Abs. 2 bis 7 zu verfahren.

(2) Soweit nicht ein anderes bestimmt ist, wird ein Dritteil abgezogen.

(3) Bei eisernen Schiffen wird in Ansehung der Eisen- oder Zementteile nichts abgezogen, wenn der Schaden während der ersten zehn Jahre seit der ersten Eintragung des Schiffes in das Schiffsregister entsteht. Entsteht der Schaden während der nächsten fünf Jahre, so wird ein Sechsteil, entsteht er später, so wird ein Dritteil abgezogen. Können die beschädigten Teile gelascht oder gerichtet werden, so muß die Ausbesserung auf diese Weise erfolgen, es sei denn, daß die Erneuerung der Teile zum Zwecke der Erhaltung der Schiffsklasse erforderlich ist. Werden Teile gelascht oder gerichtet, so wird nichts abgezogen. Muß der Boden geschrapt oder gestrichen werden, so wird ein Dritteil abgezogen; entsteht der Schaden nach Ablauf von sechs Monaten seit Vornahme dieser Arbeiten, so wird nichts vergütet. In Ansehung der hölzernen Teile finden die für hölzerne Schiffe geltenden Bestimmungen Anwendung.

(4) Bei hölzernen und kompositen Schiffen wird in Ansehung der Metallhaut und der Kalfaterung nichts abgezogen, wenn der Schaden

während des ersten Jahres seit der Umlegung oder Kalfaterung entsteht. Entsteht der Schaden während des zweiten Jahres, so wird ein Dritteil, entsteht er im dritten Jahre, so werden zwei Dritteile abgezogen, entsteht er später, so wird nichts vergütet. In Ansehung des Schiffskörpers und der Masten des Schiffes wird nichts abgezogen, wenn der Schaden während des ersten Jahres seit dem Zeitpunkt, in dem das Schiff zu Wasser gelassen ist, entsteht; das Gleiche gilt in Ansehung einzelner Teile des Schiffskörpers, der Masten oder einzelner Zubehörstücke, wenn der Schaden auf einer Reise entsteht, vor deren Beginn die Sachen neu waren.

(5) Bei Maschinenschäden wird, wenn der Schaden während der ersten drei Jahre seit der Ingebrauchnahme entsteht, nichts, wenn er während der nächsten drei Jahre entsteht, ein Sechsteil, wenn er später entsteht, ein Dritteil abgezogen. Bei Schäden an der Schraube oder an der Welle beginnen die Fristen mit der Ingebrauchnahme des beschädigten oder verloren gegangenen Teiles.

(6) Bei Kesselschäden wird, wenn der Schaden während des ersten Jahres seit der Ingebrauchnahme entsteht, nichts, wenn er später entsteht, für jedes Jahr, in dem der Kessel gebraucht ist, je ein Achtteil abgezogen. Ist der Kessel während acht Jahre gebraucht, so wird nichts vergütet.

(7) Bei Schäden an Ankern wird nichts abgezogen. Bei Schäden an Ankerketten wird, wenn der Schaden auf der ersten Reise entsteht, auf der die Ketten verwendet sind, nichts, im übrigen ein Sechsteil abgezogen.

(8) Kosten, die durch Maler- oder Glaserarbeiten entstehen, werden soweit nicht ein anderes bestimmt ist, nicht vergütet.

§ 76.

Reparaturunfähigkeit. Reparaturunwürdigkeit.

(1) Der Versicherungsnehmer kann das Schiff öffentlich versteigern lassen und den Unterschied zwischen der Versicherungssumme und dem Erlös verlangen, wenn das Schiff infolge des Versicherungsfalls reparaturunfähig und die Reparaturunfähigkeit durch das gemäß § 73 erstattete Gutachten sowie gemäß § 530 des Handelsgesetzbuchs festgestellt ist. Das Schiff gilt als reparaturunfähig, wenn die Ausbesserung des Schadens überhaupt nicht möglich ist oder an dem Orte, an dem das Schiff sich befindet, nicht bewerkstelligt, das Schiff auch nicht nach dem Orte, an dem die Ausbesserung möglich ist, gebracht werden kann. Der Versicherungsnehmer muß sich den Wert desjenigen

anrechnen lassen, was er anderweit zur Ausgleichung des Schadens erlangt hat und was infolge eines dem Versicherer nicht zur Last fallenden Umstandes verloren gegangen oder beschädigt ist. Die Versicherung endigt erst mit der Versteigerung; dem Versicherer gebührt eine Zuschlagsprämie, im Falle einer Zeitversicherung auch eine der längeren Dauer der Versicherung entsprechende Prämie.

(2) Das Gleiche gilt, wenn das Schiff infolge des Versicherungsfalls reparaturunwürdig und die Reparaturunwürdigkeit durch das gemäß § 73 erstattete Gutachten sowie gemäß § 530 des Handelsgesetzbuchs festgestellt ist. Das Schiff gilt als reparaturunwürdig, wenn die gemäß § 73 Abs. 5 geschätzten Ausbesserungskosten ohne Berücksichtigung des aus dem Unterschiede zwischen neu und alt sich ergebenden Minderwerts mehr betragen als der Versicherungswert. Ist eine Taxe vereinbart, so kann der Versicherer zum Zwecke der Feststellung des Verhältnisses zwischen dem Versicherungswert und den Ausbesserungskosten eine Heraufsetzung der Taxe verlangen, wenn der Versicherungswert die Taxe erheblich übersteigt.

(3) Das Gleiche gilt auch, wenn sich die Reparaturunfähigkeit oder die Reparaturunwürdigkeit erst später, insbesondere bei der Ausbesserung, ergibt und gemäß § 73 sowie gemäß § 530 des Handelsgesetzbuchs unverzüglich festgestellt wird. Der Versicherer hat in diesem Falle die durch die Ausbesserung entstandenen Kosten insoweit zu ersetzen, als infolge der Ausbesserung ein höherer Erlös erzielt worden ist. Die Bestimmung des Abs. 1 Satz 4 findet keine Anwendung.

(4) Die in den Abs. 1 bis 3 bezeichneten Rechte erlöschen, wenn der Versicherungsnehmer sie, sobald ihre Voraussetzungen vorliegen und der Versicherungsnehmer hiervon Kenntnis erlangt, nicht unverzüglich ausübt.

Zweiter Titel.

Güterversicherung.

§ 77.

Gegenstand der Versicherung.

Ist die Versicherung auf Güter aller Art genommen, so bezieht sie sich nicht auf:

1. Kostbarkeiten, Kunstgegenstände, Geld und Wertpapiere;
2. Güter, die nach den zur Zeit der Schließung des Vertrags geltenden Verordnungen der deutschen Seeuferstaaten über die Beförderung gefährlicher Güter in Kauffahrteischiffen explosiv, ätzend oder feuergefährlich sind;

3. Güter der im § 61 Abs. 4 bezeichneten Art, wenn das Schiff damit zu mehr als einem Drittteil seiner Tragfähigkeit beladen ist.

§ 78.

Haftung des Versicherers bei Verfügung über die Güter zur Fortsetzung der Reise.

Der Versicherer haftet auch dafür, daß über die Güter durch Verbodmung oder in anderer Weise zum Zwecke der Fortsetzung der Reise verfügt wird.

§ 79.

Haftung für Beschädigung. Haftung für den Tod von Tieren.

(1) Der Versicherer haftet für eine Beschädigung nur im Falle einer Strandung. Das Gleiche gilt von der Haftung des Versicherers für den Tod lebender Tiere. Die Bestimmungen des § 113 über die Haftung des Versicherers im Strandungsfalle finden entsprechende Anwendung.

(2) Der Versicherer haftet auch in anderen als in Strandungsfällen:

1. wenn die Versicherung genommen ist auf Arsenik, Asbestwaren, Asphalt, Bandwaren, Baumwolle, Baumwollwaren, Bernstein, Borax in Fässern, rohen Camphor, Elastiks, Elefantenzähne (Elfenbein), Filzwaren, Garn mit Einschluß von Türkisch Rotgarn und Spulgarn, echte Goldwaren, Gummi elastikum, Gummi Kopal, Gummiwaren, Halbwollenwaren, Harz in Fässern, Hörner, Hornspitzen, natürlichen Indigo, Jutewaren mit Ausnahme von Säcken und Sackleinen (Hessians), Kaffee in Fässern, Kaneel, Kardamom in Kisten, Kautschukwaren, fertige Kleidungsstücke, Knopfwaren, Konfektionswaren, umsponnene Kupferdrähte, Lackdye, Leinen, Leinenwaren, zugerichtetes Leder mit Ausnahme von Lackleder, fertige Lederwaren, Linoleum, Litzen, Macisblüte in Fässern oder Kisten, Manufakturwaren, soweit sie nicht besonders aufgeführt sind, Metalle in Blöcken oder Barren mit Ausnahme von Eisen und Stahl, Moschus, Muskatnüsse, Nickel, Opium, Pech, Posamentierwaren, soweit sie nicht besonders aufgeführt sind, Quecksilber in metallenen Gefäßen, Satteldecken, Schellack, Schildpatt, Schirme, rohen Schwefel, Seide, Seidenwaren, echten Silberdraht, echte Silberwaren, Spitzen, Stearin, Stickereien, Stickwolle, Stramei, Strumpfwaren, geteertes Tauwerk, Teppichwaren, Tuchwaren, Wachs mit Ausnahme von Rohwachs und Wachswaben, Walrat, Walroßzähne, Wäsche, Wolle, Wollenwaren, Zelluloidwaren, Zink in Platten, Zinnober, Zwirn;

2. wenn die Versicherung genommen ist auf Kaffee in Säcken oder Vanille, sowie wenn die Versicherung genommen ist auf Nelken in Gonjes, Piment oder Reis in Fässern, falls diese Güter vom Produktionslande versendet werden;
3. wenn besonders vereinbart ist, daß der Versicherer nicht haftet, falls der Schaden bestimmte Prozente des Versicherungswerts nicht erreicht oder nicht übersteigt, oder daß er nur insoweit haftet, als der Schaden bestimmte Prozente des Versicherungswerts erreicht oder übersteigt.

Der Versicherer haftet jedoch in den Fällen der Nr. 2 nicht, wenn der durch die Beschädigung entstandene Schaden 10 % des Versicherungswerts nicht erreicht. Auf die Berechnung des Schadens finden die Bestimmungen der §§ 37 und 112 entsprechende Anwendung. Im übrigen bewendet es bei der Bestimmung des § 37 über die Haftung des Versicherers im Falle eines 3 % des Versicherungswerts nicht errreichenden Schadens; jedoch finden auch in den Fällen der Nr. 1 auf die Berechnung des Schadens die Bestimmungen des § 112 entsprechende Anwendung.

§ 80.

Deckladung.

(1) Soweit die Güter auf Deck verladen sind, haftet der Versicherer nur für Beiträge zur großen Haverei, die der Versicherungsnehmer zu entrichten hat, sowie dafür, daß die Güter infolge eines Totalverlustes oder der Verschollenheit des Schiffes oder infolge eines der im § 72 bezeichneten Ereignisse verloren gehen.

(2) Die Bestimmung des Abs. 1 findet keine Anwendung, wenn die Güter ohne Zustimmung des Versicherungsnehmers auf Deck verladen sind. Dem Versicherer gebührt in diesem Falle eine Zuschlagsprämie

§ 81.

Natürliche Beschaffenheit der Güter.

(1) Der Versicherer haftet nicht für einen Schaden, der durch die natürliche Beschaffenheit der Güter, namentlich durch inneren Verderb, Schwinden, Rost, Schimmel, gewöhnliche Leckage, sowie durch mangelhafte Verpackung der Güter oder durch Schiffsdunst, Ratten oder Mäuse verursacht wird. Als gewöhnliche Leckage gilt bei flüssigen Gütern in Metallflaschen ein Verlust von 3 %, bei Öl in Fässern mit eisernen Reifen ein Verlust von 5 %, bei anderen flüssigen Gütern ein Verlust von 10 % oder ein geringerer Verlust.

(2) Für einen Schaden, der durch außergewöhnliche Leckage der Güter verursacht wird, haftet der Versicherer nur im Falle einer Strandung. Das Gleiche gilt von einer Beschädigung flüssiger Güter sowie von einer Beschädigung der Ausstattung oder Verpackung solcher Güter. Die Bestimmungen des § 113 über die Haftung des Versicherers im Strandungsfalle finden entsprechende Anwendung; jedoch haftet der Versicherer auch für einen durch außergewöhnliche Leckage entstandenen Schaden, wenn der Schaden bei der Ausladung oder Wiedereinladung der Güter in einem Nothafen entsteht und die Güter infolge eines dem Versicherer zur Last fallenden Unfalls ausgeladen sind.

§ 82.

Frachtklauseln.

Der Versicherer haftet nicht, soweit der Versicherungsnehmer von einem Dritten den Ersatz des Schadens deshalb nicht verlangen kann, weil die gesetzliche Haftung des Verfrachters für ein Verschulden in Ansehung der Übernahme, Stauung, Verwahrung oder Ablieferung der Güter durch Vertrag ausgeschlossen ist.

§ 83.

Dauer der Versicherung.

(1) Die Versicherung erstreckt sich auf die ganze Dauer der versicherten Reise.

(2) Die Versicherung beginnt mit dem Zeitpunkt, in dem die Güter von dem Verfrachter zur Beförderung oder, wenn die Beförderung nicht sofort erfolgen kann, zur einstweiligen Verwahrung angenommen werden.

(3) Die Versicherung endigt mit dem Zeitpunkt, in dem die Güter dem Empfänger am Ablieferungsort abgeliefert oder, wenn sich ein Ablieferungshindernis ergibt, rechtmäßig hinterlegt oder verkauft werden, jedoch spätestens mit dem Ablaufe des zehnten Tages nach dem Tage der Löschung. Wird die Löschung von dem Versicherungsnehmer, dem Absender oder dem Empfänger erheblich verzögert, so endigt die Versicherung spätestens mit dem Ablaufe des zehnten Tages nach dem Zeitpunkt, in dem die Löschung beendigt sein würde, falls die Verzögerung nicht stattgefunden hätte.

(4) In Ansehung der Haftung des Versicherers für einen durch Brand, Explosion, Blitzschlag oder Erdbeben entstehenden Schaden beginnt die Versicherung mit dem Zeitpunkt, in dem die Güter zum

Zwecke der Verladung in das Schiff oder in die Leichterfahrzeuge vom Lande scheiden. Sie endigt mit der Löschung oder, wenn die Löschung erheblich verzögert wird, mit dem Zeitpunkt, in dem die Löschung beendigt sein würde, falls die Verzögerung nicht stattgefunden hätte.

§ 84.

Leichtergefahr.

Der Versicherer trägt die Gefahr der Benutzung von Leichterfahrzeugen bei der Verladung oder der Ausladung, wenn die Benutzung ortsüblich ist. Werden die Leichterfahrzeuge bei der Umladung benutzt, so trägt nur der Versicherer der Vorreise die Gefahr der Benutzung.

§ 85.

Weisungen des Versicherers bei Änderung der Beförderung.

Werden die Güter in anderer als in der im Vertrage bestimmten Art befördert, ohne daß der Versicherer von der Verpflichtung zur Leistung frei wird, so hat der Versicherungsnehmer in Ansehung der Beförderung nach Möglichkeit die Weisungen des Versicherers zu befolgen und, wenn die Umstände es gestatten, solche Weisungen einzuholen. Die Bestimmungen des § 44 Abs. 1 Satz 2 und Abs. 2 über entgegenstehende Weisungen mehrerer Versicherer und über die Befolgung von Weisungen, wenn ein Teil des Versicherungswerts nicht versichert ist, finden entsprechende Anwendung.

§ 86.

Versicherungswert.

(1) Als Versicherungswert gilt der gemeine Handelswert und in dessen Ermangelung der gemeine Wert, den die Güter am Orte der Abladung in dem Zeitpunkte haben, der nach den §§ 83 und 84 für den Beginn der Versicherung maßgebend ist, unter Hinzurechnung der Versicherungskosten sowie derjenigen Kosten, welche bis zur Annahme der Güter durch den Verfrachter entstehen.

(2) Dieser Wert gilt auch bei dem Eintritte des Versicherungsfalls als Versicherungswert.

§ 87.

Totalverlust. Abandon.

(1) Im Falle eines Totalverlustes finden die Bestimmungen des § 70 über den Totalverlust des Schiffes entsprechende Anwendung. Daß

die Güter in ihrer ursprünglichen Beschaffenheit zerstört sind, kann jedoch der Versicherungsnehmer nur geltend machen, wenn dieser Umstand durch Sachverständige festgestellt ist; auf die Feststellung finden die Bestimmungen des § 73 Abs. 2 bis 8 und Abs. 10 entsprechende Anwendung.

(2) Ist das Schiff verschollen oder werden die Güter durch Verfügung von hoher Hand angehalten oder durch Seeräuber genommen, so finden die Bestimmungen der §§ 71 und 72 entsprechende Anwendung.

§ 88.

Teilverlust.

Im Falle eines Teilverlustes finden die für den Totalverlust geltenden Bestimmungen entsprechende Anwendung.

§ 89.

Beschädigung.

(1) Im Falle einer Beschädigung ist zu ermitteln, in welchem Verhältnisse der gemeine Handelswert und in dessen Ermangelung der gemeine Wert, den die Güter im unbeschädigten Zustand am Ablieferungsorte haben würden (Gesundwert), zu dem Werte steht, den sie dort im beschädigten Zustande haben. Ein diesem Verhältnis entsprechender Bruchteil des Versicherungswerts gilt als Betrag des Schadens. Ist der Gesundwert kleiner als der Versicherungswert, so gilt der Unterschied zwischen dem Gesundwert und dem Werte der beschädigten Güter als Betrag des Schadens.

(2) Die Beschädigung sowie der Gesundwert und der Wert der beschädigten Güter sind durch Sachverständige festzustellen. Auf die Feststellung finden die Bestimmungen des § 73 Abs. 2 bis 10 entsprechende Anwendung. Die Werte müssen die von den Gütern zu entrichtenden öffentlichen Abgaben, insbesondere die Zollabgaben, umfassen. Sind von den Gütern nur einzelne beschädigt oder sind von einem Gute nur einzelne Teile verloren oder beschädigt, so sind soweit tunlich die beschädigten Sachen von den unbeschädigten zu trennen; dies gilt insbesondere auch bei zusammen verpackten Gütern.

(3) Der Versicherer kann verlangen, daß der Wert der beschädigten Güter durch öffentliche Versteigerung festgestellt wird; das Recht erlischt, wenn es nicht binnen einer Woche nach der Erstattung des Gutachtens der Sachverständigen ausgeübt wird. Wird der Wert durch öffentliche Versteigerung festgestellt, so tritt der Bruttoerlös an die Stelle des Wertes der beschädigten Güter.

(4) Bis zur Feststellung der Beschädigung darf der Versicherungsnehmer ohne Einwilligung des Versicherers Änderungen, insbesondere die Öffnung der Verpackung, nur insoweit vornehmen, als es zur Abwendung oder Minderung des Schadens oder im öffentlichen Interesse geboten ist.

§ 90.

Teilbeschädigung.

Sind von einem Gute nur einzelne Bestandteile oder Zubehörstücke verloren gegangen oder beschädigt, so kann der Versicherungsnehmer nur in Ansehung dieser Teile oder Zubehörstücke Entschädigung verlangen.

§ 91.

Verkauf der Güter.

(1) Wird nach dem Beginne der Versicherung die Reise des Schiffes aufgegeben oder aus einem anderen Grunde nicht vollendet, ohne daß der Versicherer von der Verpflichtung zur Leistung frei wird, so kann der Versicherer verlangen, daß unter seiner Mitwirkung der Versicherungsnehmer die Güter aus freier Hand oder im Wege öffentlicher Versteigerung verkauft, wenn die Güter ohne unverhältnismäßig hohe Kosten oder innerhalb angemessener Frist nicht weiterbefördert werden können. Verlangt der Versicherer den Verkauf, so muß dieser unverzüglich erfolgen. Die Versicherung endigt mit dem Verkaufe der Güter und, wenn die Güter nicht unverzüglich verkauft werden, mit dem Zeitpunkt, in dem sie verkauft sein würden, wenn die Verzögerung nicht stattgefunden hätte.

(2) Der Versicherungsnehmer kann im Falle des Verkaufs den Unterschied zwischen der Versicherungssumme und dem Erlös verlangen; er muß sich jedoch den Wert desjenigen anrechnen lassen, was er anderweit zur Ausgleichung des Schadens erlangt hat. Das Gleiche gilt, wenn die Güter unterwegs infolge eines dem Versicherer zur Last fallenden Unfalls verkauft werden.

§ 92.

Laufende Versicherung.

(1) Ist die Versicherung in der Weise genommen, daß die Güter bei der Schließung des Vertrags nur allgemein oder nur ihrer Art nach bezeichnet und erst nach Entstehung des Versicherungsinteresses dem Versicherer einzeln aufgegeben werden, so bezieht sich die Versicherung auf alle Güter oder auf alle Güter der im Vertrage bestimmten Art,

für die der Versicherungsnehmer, sei es für eigene, sei es für fremde Rechnung, nach kaufmännischen Grundsätzen Versicherung zu nehmen hat. Sie bezieht sich insbesondere nicht auf solche Güter, für die der Versicherungsnehmer nur deshalb Versicherung zu nehmen hat, weil er sich hierzu einem Dritten gegenüber, sei es auch gegen Entgelt, verpflichtet hat.

(2) Der Versicherer ist verpflichtet, eine von ihm unterzeichnete Urkunde über die laufende Versicherung (laufende Police) dem Versicherungsnehmer auszuhändigen. Die laufende Police gilt nicht als Police im Sinne des Gesetzes und dieser Bedingungen; jedoch finden die Bestimmungen des § 14 Abs. 2 Satz 1 und 3 und des § 16 über die Ausstellung einer Ersatzurkunde und über die Genehmigung des Inhalts der Police auf sie entsprechende Anwendung.

(3) Der Versicherer hat dem Versicherungsnehmer auf Verlangen eine von ihm unterzeichnete Urkunde über die einzelne Aufgabe (Einzelpolice) auszuhändigen. Die Einzelpolice gilt als Police im Sinne des Gesetzes und dieser Bedingungen; jedoch findet die Bestimmung des § 16 über die Genehmigung des Inhalts der Police auf sie keine Anwendung.

(4) In Ansehung der Fälligkeit der Versicherungskosten tritt an die Stelle des Vertragsabschlusses die Aufgabe.

(5) Der Versicherungsnehmer hat die Güter sobald wie möglich, insbesondere unverzüglich nachdem er von dem Beginne der Versicherung Kenntnis erlangt hat, dem Versicherer aufzugeben und dabei den Versicherungswert sowie das zur Beförderung bestimmte oder dienende Schiff zu bezeichnen; dies gilt insbesondere auch dann, wenn die Güter unbeschädigt abgeliefert sind und der Versicherungsnehmer erst nach der Ablieferung von der Versicherung Kenntnis erlangt. Der Versicherer ist von der Verpflichtung zur Leistung frei, wenn nicht die Aufgabe rechtzeitig bewirkt ist; zur Erhaltung der Rechte des Versicherungsnehmers genügt die rechtzeitige Absendung der Aufgabe. Hat der Versicherungsnehmer die Güter vorsätzlich nicht oder nicht rechtzeitig aufgegeben oder hat er die Güter oder ihren Versicherungswert vorsätzlich unrichtig aufgegeben, so endigt die laufende Versicherung; dem Versicherer gebühren gleichwohl die Prämien, die ihm im Falle gehöriger Erfüllung des Vertrags zu zahlen gewesen wären.

(6) Ist vereinbart, daß die Güter nur bis zu einem bestimmten Gesamtversicherungswerte mit einem Schiffe befördert werden dürfen, so ist der Versicherer in Ansehung eines höheren Wertes von der Ver-

pflichtung zur Leistung frei. Die Verpflichtung bleibt bestehen, wenn die der Vereinbarung widersprechende Beförderung die Folge eines Umstandes ist, den der Versicherungsnehmer nicht zu vertreten hat.

(7) Werden die Güter in Schiffen minderwertiger als der im Vertrage bestimmten Art befördert, so ist der Versicherer von der Verpflichtung zur Leistung frei.

(8) Die laufende Versicherung kann von jedem Teile ohne Einhaltung einer Kündigungsfrist gekündigt werden, wenn ein wichtiger Grund vorliegt.

(9) Der Versicherer kann die laufende Versicherung, auch wenn sie für eine bestimmte Zeit genommen ist, nach dem Eintritt eines ihm zur Last fallenden Unfalls unter Einhaltung einer Kündigungsfrist von vier Wochen kündigen. Das Recht erlischt, wenn der Versicherer es nicht, sobald er von dem Unfall und seinen Folgen Kenntnis erlangt, unverzüglich ausübt.

(10) Ist vereinbart, daß der Versicherer für den aus einer Kriegsgefahr entstehenden Schaden haften soll, so kann jeder Teil die laufende Versicherung, auch wenn sie für eine bestimmte Zeit genommen ist, insoweit, als sie sich auf die Kriegsgefahr bezieht, unter Einhaltung einer Kündigungsfrist von zwei Wochen kündigen. Im Falle der Kündigung vermindert sich die Prämie um den für die Versicherung gegen Kriegsgefahr bestimmten Betrag.

§ 93.

Abschreibeversicherung.

Ist die laufende Versicherung für eine bestimmte Zeit und in der Weise genommen, daß von einer im Vertrage bestimmten Höchstversicherungssumme die einzelnen Versicherungssummen abgeschrieben werden (Abschreibeversicherung), so kann der Versicherer in Ansehung des nach dem Ablaufe der Zeit nicht abgeschriebenen Betrags die Ristornogebühr verlangen. Ist eine Zeit nicht bestimmt, so gilt die Abschreibeversicherung als für die Dauer eines Jahres genommen. Ist die Abschreibeversicherung für eine längere Zeit als für die Dauer eines Jahres genommen, so vermindert sich die Höchstversicherungssumme mit dem Ablauf eines jeden Jahres mindestens um den Betrag, der dem Verhältnis eines Jahres zu der ganzen Dauer der Abschreibeversicherung entspricht; in Ansehung des hiervon nicht abgeschriebenen Betrags kann der Versicherer die Ristornogebühr verlangen.

Dritter Titel.
Versicherung von imaginärem Gewinn oder Provision.

§ 94.
Anwendung der Bestimmungen über die Güterversicherung.

Auf die Versicherung von imanigärem Gewinn finden die für die Güterversicherung geltenden Bestimmungen des zweiten Titels entsprechende Anwendung, soweit nicht in diesem Titel ein anderes bestimmt ist.

§ 95.
Taxe.

(1) Ist der Gewinn nicht besonders taxiert, so gilt die Versicherungssumme als Taxe.

(2) Der Versicherer kann eine Herabsetzung der Taxe verlangen, wenn die Taxe den Gewinn übersteigt, der bei der Schließung des Vertrags nach kaufmännischer Berechnung möglicherweise zu erwarten war.

§ 96.
Gemeinschaftliche Güter- und Gewinnversicherung.

Im Falle einer gemeinschaftlichen Versicherung der Güter und des Gewinns gelten 10 % des Versicherungswerts der Güter als Versicherungswert des Gewinns. Ist der Versicherungswert taxiert, so gelten 10 % der Taxe als Taxe des Gewinns.

§ 97.
Laufende Versicherung.

Ist eine laufende Versicherung genommen, so kann der Versicherungsnehmer auch einen Gewinn aufgeben, der den im Vertrage bestimmten Gewinn übersteigt. Der Versicherer ist jedoch von der Verpflichtung zur Leistung des übersteigenden Betrags frei, wenn der Versicherungsnehmer bei der Aufgabe wußte oder wissen mußte, daß der Versicherungsfall bevorstand oder schon eingetreten war. Wird der Vertrag von einem Vertreter oder für fremde Rechnung geschlossen, so finden die Bestimmungen der §§ 24 und 59 entsprechende Anwendung.

§ 98.
Verlust der Güter. Anrechnung auf die Versicherungssumme. Beschädigung der Güter.

(1) Als total verloren gelten die Güter auch, wenn sie aus einem anderen Grunde als infolge eines Totalverlustes den Bestimmungsort nicht erreichen.

(2) Werden die Güter während der Reise verkauft und beträgt der Erlös mehr als der Versicherungswert der Güter, so muß der Versicherungsnehmer sich den Mehrbetrag auf die Versicherungssumme anrechnen lassen. Das Gleiche gilt, wenn im Falle der großen Haverei oder gemäß den §§ 611 und 612 des Handelsgesetzbuchs Ersatz geleistet wird und der Betrag des Ersatzes den Versicherungswert übersteigt.

(3) Im Falle einer Beschädigung der Güter kann der Versicherungsnehmer den Teil der Versicherungssumme verlangen, der dem im § 89 Abs. 1 bezeichneten Wertverhältnis entspricht.

§ 99.

Provision.

Auf die Versicherung der von der Ankunft der Güter am Bestimmungsort erwarteten Provision finden die Bestimmungen dieses Titels entsprechende Anwendung. Jedoch gelten in den Fällen des § 96 nur 2 % als versichert.

Vierter Titel.

Frachtversicherung. Versicherung von Schiffsmiete.

§ 100.

Umfang der Haftung des Versicherers.

(1) Auf den Umfang der Haftung des Versicherers finden die für die Kaskoversicherung geltenden Bestimmungen des ersten Titels sowie die Bestimmungen des § 80 Abs. 1 und des § 81 über die Haftung des Versicherers im Falle einer Deckladung und eines durch die natürliche Beschaffenheit der Güter oder ähnliche Umstände entstandenen Schadens entsprechende Anwendung, soweit nicht in diesem Titel ein anderes bestimmt ist.

(2) Unfälle, von denen das Schiff betroffen wird, fallen dem Versicherer nur insoweit zur Last, als zur Zeit des Unfalls der Frachtvertrag abgeschlossen ist oder die Güter, falls sie für Rechnung des Reeders verschifft werden sollen, sich an Bord befinden.

(3) Haben die Güter die Eigenschaft, im Wasser zu schmelzen, so ist anzunehmen, daß das Maß, das Gewicht oder die Menge der abgelieferten Güter für den Betrag der Fracht maßgebend sein soll.

(4) Im Falle einer Zeitversicherung trägt der Versicherer nicht die Gefahren, denen die Fracht während einer Zureise ausgesetzt ist.

(5) Bei der Versicherung von Zeitfracht haftet der Versicherer nicht für einen Frachtverlust, der durch eine Verzögerung des Antritts oder der Vollendung einer Reise verursacht wird.

§ 101.

Dauer der Versicherung.

Die Versicherung beginnt und endigt in Ansehung der Gefahren, denen das Schiff ausgesetzt ist, gemäß den für die Kaskoversicherung geltenden Bestimmungen des ersten Titels. In Ansehung der Gefahren, denen die Güter ausgesetzt sind, beginnt die Versicherung mit der Aufnahme der Güter an Bord; sie endigt gemäß den für die Güterversicherung geltenden Bestimmungen des zweiten Titels.

§ 102.

Versicherungswert.

(1) Als Versicherungswert der Fracht gilt der Betrag der im Frachtvertrage vereinbarten Fracht und in Ermangelung einer Vereinbarung über die Höhe der Fracht oder, soweit Güter für Rechnung des Reeders verschifft sind, der Betrag der Fracht, die am Orte und zur Zeit der Abladung üblich ist.

(2) Ist die Nettofracht versichert, so beträgt der Versicherungswert zwei Dritteile der Bruttofracht.

(3) Sind die Fracht der Hinreise und diejenige der Rückreise in einer Summe versichert, so gilt ein Dritteil der Summe als Fracht der Hinreise.

(4) Eine Taxe gilt nur als Versicherungssumme.

§ 103.

Verlust der Fracht.

Im Falle eines Verlustes der Fracht finden die für die Kaskoversicherung geltenden Bestimmungen des ersten Titels über den Totalverlust, die Verschollenheit, die Reparaturunfähigkeit und die Reparaturunwürdigkeit des Schiffes sowie über die im § 72 bezeichneten Fälle entsprechende Anwendung.

§ 104.

Endgültig bezahlte Fracht.

(1) Auf die Versicherung endgültig bezahlter Fracht finden die für die Güterversicherung geltenden Bestimmungen des zweiten Titels entsprechende Anwendung.

(2) Eine Taxe gilt nur als Versicherungssumme.

§ 105.

Schiffsmiete.

(1) Bei der Versicherung von Schiffsmiete haftet der Versicherer nicht für einen Verlust, der durch eine Verzögerung des Antritts oder der Vollendung einer Reise verursacht wird.

(2) Als Versicherungswert gilt der Betrag der in dem Schiffsmietevertrage vereinbarten Vergütung und in Ermangelung einer Vereinbarung über die Höhe der Vergütung der Betrag der üblichen Vergütung.

(3) Eine Taxe gilt nur als Versicherungssumme.

(4) Im übrigen finden die für die Kaskoversicherung geltenden Bestimmungen des ersten Titels entsprechende Anwendung.

Fünfter Titel.

Versicherung von Überfahrtsgeldern.

§ 106.

Anwendung der Bestimmungen über die Frachtversicherung.

Auf die Versicherung von Überfahrtsgeldern finden die für die Frachtversicherung geltenden Bestimmungen des vierten Titels entsprechende Anwendung, soweit nicht in diesem Titel ein anderes bestimmt ist.

§ 107.

Umfang der Haftung des Versicherers.

Der Versicherer haftet auch für einen Schaden, der dadurch verursacht wird, daß infolge eines dem Versicherer zur Last fallenden Unfalls der Versicherungsnehmer die Reisenden in einem Zwischenhafen landen, gemäß den für den Überfahrtsvertrag geltenden gesetzlichen Vorschriften den Reisenden dort Unterhalt gewähren, sie in anderer als der im Vertrage bestimmten Weise weiterbefördern oder ihnen für den am Reisegut entstandenen Schaden Ersatz leisten muß.

§ 108.

Dauer der Versicherung.

Die Versicherung beginnt und endigt gemäß den für die Kaskoversicherung geltenden Bestimmungen des ersten Titels.

Sechster Titel.

Versicherung von Bodmerei-, Havarei- und ähnlichen Geldern.

§ 109.

Versicherungswert. Verlust. Übergang von Rechten.

(1) Als Versicherungswert einer Forderung, zu deren Deckung ein den Gefahren der See ausgesetzter Gegenstand dient, gilt der Betrag der Forderung unter Hinzurechnung der gesetzlichen oder vereinbarten Zinsen, bei der Versicherung von Bodmereigeldern unter Hinzurechnung der Bodmereiprämie. Hat der Gegenstand einen geringeren Versicherungswert, so ist dieser maßgebend.

(2) Der Versicherer hat die Versicherungssumme zu zahlen, soweit der zur Deckung der Forderung dienende Gegenstand zur Deckung nicht ausreicht. Im Falle der Verschollenheit, der Reparaturunfähigkeit und der Reparaturunwürdigkeit des Schiffes sowie in den Fällen des § 72 finden die für diese Fälle geltenden Bestimmungen entsprechende Anwendung.

(3) Soweit der Versicherer dem Versicherungsnehmer einen Schaden ersetzt, geht die Forderung auf den Versicherer über. Auf den Übergang finden die Bestimmungen des § 49 entsprechende Anwendung. Der Übergang kann nicht zum Nachteile des Versicherungsnehmers geltend gemacht werden

§ 110

Umfang der Haftung des Versicherers.

Bei der Versicherung von Bodmereigeldern ist anzunehmen, daß Schiff, Fracht und Ladung verbodmet sind, und bei der Versicherung von Havereigeldern, daß Schiff und Fracht zur Deckung dienen.

§ 111.

Dauer der Versicherung.

Bei der Versicherung von Bodmerei- oder Havereigeldern beginnt die Versicherung mit dem Zeitpunkt, in dem die Gelder gezahlt sind; hat der Versicherungsnehmer selbst die Havereigelder aufgewendet, so ist der Zeitpunkt der Aufwendung maßgebend Die Versicherung endigt gemäß den Bestimmungen, die für die Versicherung des zur Deckung dienenden Gegenstandes gelten

Dritter Abschnitt.

Besondere Vereinbarungen (Klauseln).

§ 112.

„Frei von Beschädigung".

(1) Der Versicherer haftet nicht für eine Beschädigung und steht nicht für die Entrichtung solcher Beiträge ein, die dem Versicherungsnehmer für eine zur großen Haverei gehörende Beschädigung gebühren.

(2) Bei einer Versicherung, die sich auf die Güter bezieht, haftet der Versicherer auch nicht dafür, daß die Güter infolge der Beschädigung total verloren gehen, insbesondere in ihrer natürlichen Beschaffenheit zerstört werden.

§ 113.

„Frei von Beschädigung außer im Strandungsfall".

(1) Der Versicherer haftet für eine Beschädigung nur im Falle einer Strandung. Eine Beschädigung, die durch die Strandung entstanden sein kann, gilt im Zweifel als durch sie verursacht. Im übrigen finden die Bestimmungen des § 112 entsprechende Anwendung.

(2) Eine Strandung liegt vor, wenn das Schiff auf Grund gerät und nur durch außergewöhnliche Maßregeln abgebracht werden kann; als außergewöhnliche Maßregel gilt es insbesondere, wenn die Masten gekappt werden, dagegen nicht, wenn das Schiff auf seinen Ankern windet, die Segel backgestellt werden, die Schraube rückwärtsschlägt oder hohe Flut abgewartet wird. Als eine Strandung ist es auch anzusehen, wenn das Schiff kentert, sinkt, scheitert oder beschossen wird oder wenn auf dem Schiffe ein Brand oder eine Explosion stattfindet.

(3) Bei einer Versicherung, die sich auf die Güter bezieht, ist es als eine Strandung anzusehen, wenn das Schiff auf Grund stößt oder auf Grund festgerät oder mit anderen Sachen zusammenstößt oder durch Eis beschädigt wird oder wenn einer der im Abs. 2 Satz 2 bezeichneten Fälle vorliegt. Der Versicherer haftet jedoch nur, wenn der Rumpf des Schiffes infolge des Unfalls so erheblichen Schaden gelitten hat, daß die Beschädigung der Güter durch den Unfall verursacht sein kann. Auch haftet der Versicherer nicht für einen Schaden, der durch Selbstentzündung der Güter verursacht wird; ist streitig, ob der Schaden hierdurch verursacht ist, so trifft die Beweislast den Versicherungsnehmer.

§ 114.

„Frei von Bruch".

Der Versicherer haftet nicht für eine Beschädigung infolge Zerbrechens. Im übrigen finden die Bestimmungen des § 112 entsprechende Anwendung.

§ 115.

„Frei von Bruch außer im Strandungsfall".

Der Versicherer haftet für eine Beschädigung infolge Zerbrechens nur im Falle einer Strandung. Im übrigen finden die Bestimmungen der §§ 113 und 114 entsprechende Anwendung.

§ 116.

„Frei von gewissen Prozenten".

Die Bestimmungen des § 37 über die Haftung des Versicherers im Falle eines 3 % des Versicherungswerts nicht erreichenden Schadens finden entsprechende Anwendung.

§ 117.

„Frei von gewissen ersten Prozenten".

Der Versicherer haftet für einen Schaden nur insoweit, als der Schaden die im Vertrage bestimmten Prozente des Versicherungswerts übersteigt. Im übrigen finden die Bestimmungen des § 37 über die Haftung des Versicherers im Falle eines 3 % des Versicherungswerts nicht erreichenden Schadens mit Ausnahme des Abs. 2 Satz 3 entsprechende Anwendung.

§ 118.

„Frei von Kriegsmolest".

(1) Der Versicherer ist von der Verpflichtung zur Leistung frei, wenn die Gefahr eines Krieges Einfluß auf die Reise zu üben beginnt insbesondere wenn der Antritt oder die Fortsetzung der Reise durch Kriegsschiffe, Kaper, Minen oder Blockade behindert oder infolge der Kriegsgefahr aufgeschoben wird oder wenn infolge der Kriegsgefahr das Schiff vom Wege abweicht oder der Kapitän die freie Führung des Schiffes verliert.

(2) Der Kriegsgefahr steht die Gefahr der auf die gewaltsame Änderung von Staatseinrichtungen gerichteten Bewegungen gleich.

§ 119.
„Für behaltene Ankunft". „Für behaltene Fahrt".

(1) Die Versicherung endigt mit dem Zeitpunkt, in dem das Schiff am gehörigen Orte im Bestimmungshafen den Anker hat fallen lassen oder befestigt ist.

(2) Bei einer Versicherung, die sich auf das Schiff bezieht, haftet der Versicherer nur, wenn das Schiff vor dem im Abs. 1 bestimmten Zeitpunkte total verloren geht oder gemäß § 71 oder § 72 abandonniert oder gemäß § 76 versteigert wird.

(3) Bei einer Versicherung, die sich auf die Güter bezieht, haftet der Versicherer nur, soweit die Güter den Bestimmungsort nicht erreichen.

(4) Der Versicherer haftet nicht für Beiträge zur großen Haverei sowie für die im § 26 Abs. 3 und im § 35 bezeichneten Aufwendungen und Kosten.

§ 120.
„Auch für Kriegsgefahr".

(1) Der Versicherer haftet auch für den im § 38 Abs. 1 und 4 bezeichneten Schaden. Er haftet jedoch nicht für die im § 26 Abs. 3 bezeichneten Kosten, wenn die Kosten infolge der Kriegsgefahr aufgewendet sind, und zwar auch nicht insoweit, als sie zur großen Haverei gehören.

(2) Die Bestimmungen des § 38 Abs. 2 und 3 finden keine Anwendung.

(3) Bei einer Versicherung, die sich auf das Schiff bezieht, haftet der Versicherer nicht für einen Schaden, der dadurch verursacht wird, daß Sachen, die Konterbande sind, sich an Bord befinden. Ein Schaden, der durch diesen Umstand verursacht sein kann, gilt als durch ihn verursacht.

(4) Als total verloren gilt das Schiff gemäß § 70 Abs. 2 insbesondere, wenn es für gute Prise erklärt ist. Die Bestimmungen des § 71 über die Verschollenheit des Schiffes finden gemäß § 72 insbesondere dann Anwendung, wenn das Schiff mit Embargo belegt oder von einer kriegführenden Macht aufgebracht ist.

(5) Ist eine Versicherung auf Güter aller Art genommen, so bezieht sie sich nicht auf Sachen, die Konterbande sind.

§ 121.
„Nur für Kriegsgefahr".

Der Versicherer haftet nur für den im § 38 Abs. 1 und 4 bezeichneten Schaden. Im übrigen finden die Bestimmungen des § 120 sowie die im Falle einer Versicherung nur für Seegefahr geltenden Bestimmungen entsprechende Anwendung.

§ 122.

„Nur für Totalverlust".

Der Versicherer haftet nur dafür, daß die Sache, auf die sich die Versicherung bezieht, total verloren geht, verschollen ist oder durch Verfügung von hoher Hand angehalten oder durch Seeräuber genommen wird, bei einer Versicherung, die sich auf das Schiff bezieht, auch in den Fällen der Reparaturunfähigkeit oder Reparaturunwürdigkeit des Schiffes. Er haftet nicht für Beiträge zur großen Haverei sowie für die im § 26 Abs. 3 und im § 35 bezeichneten Aufwendungen und Kosten.

Vierter Abschnitt.

Schlußbestimmungen.

§ 123.

See- und Binnenreise.

Ist die Versicherung für eine Reise genommen, die teils zur See, teils auf Binnengewässern oder zu Lande ausgeführt wird, so finden diese Bedingungen auf die Versicherung, soweit sie die Reise auf Binnengewässern oder zu Lande betrifft, entsprechende Anwendung. Bei der Beförderung zu Lande oder auf Binnengewässern gelten als Strandungsfall insbesondere auch der Zusammenbruch von Beförderungsmitteln und Gebäuden sowie Lawinenstürze; Überschwemmungen gelten als Strandungsfall nur dann, wenn sie nicht die unmittelbare Folge von Regen- oder Schneefällen sind.

§ 124.

Anwendbarkeit des deutschen Rechtes und der Vorschriften über die Transportversicherung.

Für das Versicherungsverhältnis ist das deutsche Recht maßgebend. Jedoch finden die Vorschriften über die Transportversicherung insoweit, als sie durch Vertrag abgeändert werden können, keine Anwendung.

Allgemeine Deutsche Seeversicherungs-Bedingungen.

Herausgegeben von den deutschen Seeversicherern.

Entwurf vom Juli 1914.

★

Inhaltsübersicht.

Inhalt der Paragraphen.

Erster Abschnitt. **Allgemeine Bestimmungen.**

Zweiter Titel: Güterversicherung.

Dritter Titel: Versicherung von imaginärem Gewinn und Provision.

Erster Abschnitt.

Allgemeine Bestimmungen.

I. Interesse.

§ 1.

Versicherbares Interesse.

(1) Jedes in Geld schätzbare Interesse, welches jemand daran hat, daß Schiff oder Ladung die Gefahren der Seeschiffahrt besteht, kann versichert werden.

(2) Insbesondere können versichert werden:

das Schiff;

die Güter;

von der Ankunft der Güter am Bestimmungsort erwarteter Gewinn (imaginärer Gewinn);

im Falle der Ankunft des Schiffes oder der Güter am Bestimmungsorte zu verdienende Provision;

Fracht;

Schiffsmiete;

Überfahrtsgelder;

Bodmereigelder;

Havereigelder;

sonstige Forderungen, zu deren Deckung der Seegefahr ausgesetzte Gegenstände dienen;

die vom Versicherer übernommene Gefahr (Rückversicherung).

In der einen dieser Versicherungen ist die andere nicht enthalten; insbesondere gilt eine Versicherung nur dann als Rückversicherung, wenn sie bei der Schließung des Vertrags ausdrücklich als solche bezeichnet wird.

(3) Soweit das Interesse unrichtig bezeichnet wird, ist die Versicherung für den Versicherer nicht verbindlich. Der Versicherer kann sich jedoch nicht darauf berufen, daß Schiffsmiete als für bestimmte Zeit geschlossene Fracht oder daß solche Fracht als Schiffsmiete bezeichnet ist.

§ 2.

Fehlendes Interesse.

(1) Ein Vertrag, dem ein versicherbares Interesse nicht zugrunde liegt, ist unwirksam. Dies gilt insbesondere von Wettversicherungen.

(2) Dem Versicherer gebührt gleichwohl die Prämie, es sei denn, daß er bei der Schließung des Vertrags den Grund der Unwirksamkeit kannte.

§ 3.

Prämienzahlung bei fehlendem Interesse.

(1) Der Versicherungsnehmer ist im Falle des § 2 Abs 1 von der Verpflichtung zur Zahlung der Prämie frei, wenn er bei der Schließung des Vertrags den Grund der Unwirksamkeit weder kannte noch kennen mußte. Wird der Vertrag von einem Vertreter geschlossen, so kommt in bezug auf die Kenntnis und das Kennenmüssen nicht nur die Person des Vertreters, sondern auch diejenige des Versicherungsnehmers in Betracht.

(2) Die Verpflichtung des Versicherungsnehmers zur Zahlung der Prämie bleibt bestehen, wenn der Versicherungsnehmer nicht, sobald er von dem Grunde der Unwirksamkeit Kenntnis erlangt, dies dem Versicherer unverzüglich mitteilt. Das Gleiche gilt, wenn seit dem Abschlusse des Vertrags ein Jahr verstrichen ist und der Versicherungsnehmer den Grund der Unwirksamkeit dem Versicherer nicht innerhalb eines Jahres mitgeteilt hat

(3) Ist der Versicherungsnehmer von der Verpflichtung zur Zahlung der Prämie frei, so kann der Versicherer die Ristornogebühr verlangen

§ 4

Wegfall des Interesses. Künftiges Interesse.

(1) Fällt das Interesse, für das die Versicherung genommen ist, vor dem Beginne der Versicherung weg oder gelangt, falls die Versicherung für ein künftiges Interesse genommen ist, das Interesse nicht zur Entstehung, so ist der Versicherungsnehmer von der Verpflichtung zur Zahlung der Prämie frei. Die Verpflichtung bleibt bestehen, wenn seit dem Abschlusse des Vertrags ein Jahr verstrichen ist und der Versicherungsnehmer dem Versicherer nicht unverzüglich nach dem Ablaufe des Jahres mitteilt, daß das Interesse weggefallen oder nicht entstanden ist Ist der Versicherungsnehmer von der Verpflichtung zur Zahlung der Prämie frei, so kann der Versicherer die Ristornogebühr verlangen.

(2) Die Verpflichtung des Versicherungsnehmers zur Zahlung der Prämie wird dadurch, daß das Interesse, für das die Versicherung genommen ist, nach dem Beginne der Versicherung wegfällt, nicht berührt.

§ 5.

Versicherungsbeginn vor Vertragsschließung.

(1) Die Versicherung kann auch so genommen werden, daß sie in einem vor der Schließung des Vertrags liegenden Zeitpunkte beginnt. Dem Versicherer steht in diesem Falle ein Anspruch auf die Prämie nicht zu, wenn er bei der Schließung des Vertrags wußte, daß die Möglichkeit des Eintritts des Versicherungsfalls schon ausgeschlossen war. Der Versicherer ist von der Verpflichtung zur Leistung frei, wenn der Versicherungsnehmer bei der Schließung des Vertrags wußte oder wissen mußte, daß der Versicherungsfall schon eingetreten war; dem Versicherer gebührt die Prämie, sofern er nicht bei der Schließung von dem Eintritte des Versicherungsfalls Kenntnis hatte

(2) Wird der Vertrag von einem Vertreter geschlossen, so kommt in bezug auf die Kenntnis und das Kennenmüssen nicht nur die Person des Vertreters, sondern auch diejenige des Vertretenen in Betracht

II. Versicherungswert. Unter-, Über-, Doppelversicherung.

§ 6

Versicherungswert.

(1) Als Wert des versicherten Interesses (Versicherungswert) gilt dessen voller Wert

(2) Ist durch Vereinbarung der Versicherungswert auf einen bestimmten Betrag (Taxe) festgesetzt, so ist die Taxe für den Versicherungswert maßgebend Der Versicherer kann jedoch eine Herabsetzung der Taxe verlangen, wenn die Taxe den wirklichen Versicherungswert erheblich übersteigt Ist die Versicherungssumme niedriger als die Taxe, so haftet der Versicherer, auch wenn die Taxe herabgesetzt ist, für den Schaden nur nach dem Verhältnisse der Versicherungssumme zu der durch die Vereinbarung festgesetzten Taxe

(3) Ist der Versicherungswert als „vorläufig taxiert" bezeichnet, so gilt er nicht als taxiert

§ 7

Besondere Taxe.

(1) Wenn bei der Versicherung mehrerer Gegenstände im Vertrage nur eine Versicherungssumme bestimmt ist, aber einzelne Gegenstände be-

sonders taxiert sind, so gelten diese Gegenstände zugunsten des Versicherungsnehmers als besonders versichert. Dies gilt insbesondere dann, wenn einzelne Teile eines gleichartigen Gutes besonders taxiert sind (Serien).

(2) Die Bestimmung des Abs. 1 findet keine Anwendung, wenn nicht festzustellen ist, welche Güter zu einer Serie gehören.

(3) Die Bestimmung des Abs. 1 findet auch dann keine Anwendung, wenn die Serien durch die bei ordnungsmäßiger Löschung der Güter sich ergebende Reihenfolge bestimmt werden sollen, die Reihenfolge jedoch nicht bei oder sofort nach der Löschung durch Bezeichnung der Güter mit Landungsnummern oder in ähnlicher Weise festgestellt wird. Die Serien sind durch die bei der Löschung sich ergebende Reihenfolge nur dann zu bestimmen, wenn es besonders vereinbart ist.

§ 8.

Unterversicherung.

Ist die Versicherungssumme niedriger als der Versicherungswert, so gilt für den nicht gedeckten Teil des Versicherungswerts der Versicherungsnehmer als Selbstversicherer. Insbesondere hat der Versicherer den Schaden und die Aufwendungen nur nach dem Verhältnisse der Versicherungssumme zum Versicherungswerte zu ersetzen.

§ 9.

Überversicherung.

(1) Soweit die Versicherungssumme den Versicherungswert übersteigt, ist der Vertrag unwirksam. Auf die Verpflichtung des Versicherungsnehmers zur Zahlung der Prämie und der Ristornogebühr finden die Bestimmungen des § 2 Abs. 2 und des § 3 entsprechende Anwendung.

(2) Schließt der Versicherungsnehmer den Vertrag in der Absicht, sich aus der Überversicherung einen rechtswidrigen Vermögensvorteil zu verschaffen, so ist der ganze Vertrag unwirksam. Dem Versicherer gebührt gleichwohl die Prämie, es sei denn, daß er bei der Schließung des Vertrags den Grund der Unwirksamkeit kannte.

§ 10.

Haftung der Versicherer bei Doppelversicherung.

(1) Ist ein Interesse gegen dieselbe Gefahr bei mehreren Versicherern versichert und übersteigen die Versicherungssummen zusammen den Versicherungswert, so sind die Versicherer in der Weise als Gesamtschuldner verpflichtet, daß dem Versicherungsnehmer jeder Versicherer für den Betrag haftet, dessen Zahlung ihm nach seinem Vertrag obliegt.

der Versicherungsnehmer aber im ganzen nicht mehr als den Betrag des Schadens verlangen kann.

(2) Die Versicherer sind im Verhältnisse zueinander zu Anteilen nach Maßgabe der Beträge verpflichtet, deren Zahlung ihnen dem Versicherungsnehmer gegenüber vertragsmäßig obliegt. Findet auf eine der Versicherungen ausländisches Recht Anwendung, so kann der Versicherer, für den das ausländische Recht gilt, gegen den anderen Versicherer einen Anspruch auf Ausgleichung nur geltend machen, wenn er selbst nach dem für ihn maßgebenden Rechte zur Ausgleichung verpflichtet ist.

(3) Hat der Versicherungsnehmer eine Doppelversicherung in der Absicht genommen, sich dadurch einen rechtswidrigen Vermögensvorteil zu verschaffen, so ist der in dieser Absicht geschlossene Vertrag unwirksam; der Versicherer kann die ganze Prämie verlangen, es sei denn, daß er bei der Schließung des Vertrags den Grund der Unwirksamkeit kannte.

§ 11.

Beseitigung der Doppelversicherung.

(1) Hat der Versicherungsnehmer den Vertrag, durch den die Doppelversicherung entstanden ist, ohne Kenntnis von der anderen Versicherung geschlossen, so kann er, sofern die Versicherung noch nicht begonnen hat, von jedem Versicherer verlangen, daß die Versicherungssumme, unter verhältnismäßiger Minderung der Prämie, auf den Betrag des Anteils herabgesetzt wird, den der Versicherer im Verhältnisse zu dem anderen Versicherer zu tragen hat. Das Recht erlischt, wenn der Versicherungsnehmer es nicht unverzüglich geltend macht, nachdem er von der Doppelversicherung Kenntnis erlangt hat.

(2) Der Versicherer kann im Falle einer Herabsetzung der Prämie die Ristornogebühr verlangen.

§ 12.

Mitteilung von Doppelversicherungen.

Der Versicherungsnehmer hat, sobald er von der Doppelversicherung Kenntnis erlangt, dem Versicherer unverzüglich Mitteilung zu machen.

III. Versicherungstreue.

§ 13.

Alle Beteiligten haben Treu und Glauben im höchsten Maße zu betätigen.

IV. Police. Prämie. Ristornogebühr.

§ 14.
Police.

(1) Der Versicherer hat dem Versicherungsnehmer auf Verlangen eine von ihm unterzeichnete Urkunde über den Versicherungsvertrag (Police) auszuhändigen.

(2) Ist eine Police ausgestellt, so ist der Versicherer nur gegen Vorlegung der Police zur Zahlung verpflichtet. Durch die Zahlung an den Inhaber der Police wird er befreit.

(3) Ist die Police abhanden gekommen oder vernichtet, so ist der Versicherer zur Zahlung verpflichtet, wenn die Police für kraftlos erklärt oder Sicherheit geleistet ist; die Sicherheitsleistung durch Bürgen ist ausgeschlossen. Das Gleiche gilt von der Verpflichtung des Versicherers zur Ausstellung einer Ersatzurkunde; die Kosten der Ersatzurkunde hat der Versicherungsnehmer zu tragen.

§ 15.
Inhalt der Police.

Der Inhalt der Police gilt als von dem Versicherungsnehmer genehmigt, wenn dieser nicht unverzüglich nach der Aushändigung widerspricht. Das Recht des Versicherungsnehmers, die Genehmigung wegen Irrtums anzufechten, bleibt unberührt.

§ 16.
Fälligkeit der Prämie und der Nebenkosten. Sicherheitsleistung.

(1) Der Versicherungsnehmer hat die Prämie und die Nebenkosten sofort nach dem Abschlusse des Vertrags zu zahlen. Die Prämie und die Nebenkosten sind insbesondere auch dann sofort fällig, wenn sie nach der Verkehrssitte oder nach der im Verkehre zwischen dem Versicherer und dem Versicherungsnehmer bestehenden Übung erst später gezahlt werden.

(2) Ist im Vertrage für die Zahlung der Prämie eine Zeit bestimmt oder die Zahlung der Prämie gestundet, so kann der Versicherer die Zahlung sofort verlangen, wenn die Versicherung endigt. Der Versicherungsnehmer kann jedoch, wenn er aus demselben Versicherungsverhältnis, auf dem seine Verpflichtung zur Zahlung der Prämie beruht, eine Entschädigungsforderung gegen den Versicherer hat, diese Forderung, auch wenn sie noch nicht fällig ist, gegen die Forderung des Versicherers aufrechnen.

(3) Ist im Vertrage für die Zahlung der Prämie eine Zeit bestimmt oder die Zahlung der Prämie gestundet, so kann der Versicherer

Sicherheitsleistung verlangen, wenn in den Vermögensverhältnissen des Versicherungsnehmers eine wesentliche Verschlechterung eintritt, durch die der Anspruch auf die Prämie gefährdet wird.

§ 17.

Nichtzahlung der Prämie. Nichtleistung der Sicherheit.

(1) Wird auf eine nach dem Eintritte der Fälligkeit erfolgende Mahnung des Versicherers nicht binnen einer bei der Mahnung zu bestimmenden, angemessenen Frist die Prämie gezahlt oder die Sicherheit geleistet, so ist der Versicherer von der Verpflichtung zur Leistung frei, wenn der Versicherungsfall vor der Zahlung oder der Sicherheitsleistung eintritt. Der Versicherer kann auch in diesem Falle, wenn der Versicherungsnehmer mit der Zahlung oder mit der Sicherheitsleistung im Verzug ist, das Versicherungsverhältnis ohne Einhaltung einer Kündigungsfrist kündigen; wird das Versicherungsverhältnis gekündigt, so gebührt dem Versicherer bei Reiseversicherungen gleichwohl die Prämie, bei Zeitversicherungen die Ristornogebühr.

§ 18.

Ristornogebühr.

Die Ristornogebühr beträgt die Hälfte der Prämie, jedoch höchstens $^1/_8$ % der Versicherungssumme.

V. Anzeigepflicht. Gefahränderung.

§ 19.

Anzeigepflicht.

(1) Der Versicherungsnehmer hat bei der Schließung des Vertrags alle ihm bekannten Umstände, die für die Übernahme der Gefahr erheblich sind, dem Versicherer anzuzeigen, es sei denn, daß die Umstände allgemein bekannt sind. Er hat insbesondere Nachrichten, die ihm zugegangen und für die Übernahme der Gefahr erheblich sind, dem Versicherer mitzuteilen, und zwar auch dann, wenn er die Nachricht für unbegründet oder unzuverlässig hält.

(2) Umstände, von denen der Versicherungsnehmer vor der Annahme eines auf die Schließung des Vertrags gerichteten Antrags Kenntnis erlangt, sind so schnell, wie dies im ordnungsmäßigen Geschäftsgange tunlich ist, jedenfalls aber in derselben oder in ähnlicher Weise anzuzeigen, in welcher der Antrag übermittelt ist.

§ 20.

Verletzung der Anzeigepflicht.

(1) Ist den Bestimmungen des § 19 zuwider die Anzeige eines erheblichen Umstandes unterblieben oder ist über einen erheblichen Umstand eine unrichtige Anzeige gemacht worden, so ist der Versicherer, soweit nicht ein anderes bestimmt ist, von der Verpflichtung zur Leistung frei. Das Gleiche gilt, wenn die Anzeige eines erheblichen Umstandes deshalb unterblieben ist, weil der Versicherungsnehmer den Umstand infolge von grober Fahrlässigkeit nicht kannte.

(2) Die Verpflichtung des Versicherers bleibt bestehen, wenn der Versicherer den nicht angezeigten Umstand oder die Unrichtigkeit kannte. Das Gleiche gilt, wenn die Anzeige ohne Verschulden des Versicherungsnehmers unterblieben ist.

(3) Bleibt die Verpflichtung des Versicherers gemäß Abs. 2 Satz 2 bestehen, so gebührt dem Versicherer eine der höheren Gefahr entsprechende höhere Prämie (Zuschlagsprämie).

§ 21.

Gefahrerhebliche Umstände.

Als erheblich gelten insbesondere Umstände, die der Versicherungsnehmer unrichtig angegeben hat, wenn er die Richtigkeit der Anzeige zugesichert hat, und Umstände, die der Versicherungsnehmer absichtlich verschwiegen oder absichtlich unrichtig angegeben hat, sowie im Zweifel auch Umstände, nach denen der Versicherer ausdrücklich gefragt hat.

§ 22.

Anzeigepflicht bei Vertragsschließung durch Vertreter.

Wird der Vertrag von einem Verfreter des Versicherungsnehmers geschlossen, so kommt für die Befreiung des Versicherers von der Verpflichtung zur Leistung nicht nur die Kenntnis und das Kennenmüssen des Vertreters, sondern auch die Kenntnis und das Kennenmüssen des Versicherungsnehmers in Betracht.

§ 23.

Gefahränderung.

(1) Nach dem Abschlusse des Vertrags darf der Versicherungsnehmer nicht ohne Einwilligung des Versicherers die Gefahr ändern, insbesondere erhöhen, oder die Änderung durch einen Dritten gestatten.

(2) Als eine Gefahränderung ist es insbesondere anzusehen:

1. wenn der Antritt oder die Vollendung der versicherten Reise erheblich verzögert wird;

2. wenn von dem angegebenen oder üblichen Reisewege abgewichen wird, jedoch kommt eine nur unerhebliche Abweichung nicht in Betracht;

3. wenn das Schiff andere als die angegebenen Zwischenhäfen oder wenn es die angegebenen Häfen in anderer als der angegebenen oder üblichen Reihenfolge anläuft; die Angehung von Zwischenhäfen kommt jedoch nicht in Betracht, wenn sie zur Ordereinholung erfolgt und zu diesem Zwecke üblich ist.

(3) Als eine Gefahränderung ist es auch anzusehen, wenn die Reise nach einem anderen als dem angegebenen Bestimmungsorte gerichtet wird.

§ 24.

Rechtsfolgen der Gefahränderung.

(1) Verletzt der Versicherungsnehmer die Bestimmungen des § 23, so ist der Versicherer, wenn später der Versicherungsfall eintritt, von der Verpflichtung zur Leistung frei. Das Gleiche gilt, wenn vor dem Abschlusse des Vertrags die Versicherung beginnt und der Versicherungsnehmer nach dem Beginne die Gefahr geändert oder die Änderung durch einen Dritten gestattet hat; die Anzeigepflicht des Versicherungsnehmers wird hierdurch nicht berührt.

(2) Die Verpflichtung des Versicherers bleibt bestehen, wenn die Gefahränderung durch das Interesse des Versicherers veranlaßt oder durch ein Ereignis, für das der Versicherer haftet, geboten oder durch ein Gebot der Menschlichkeit veranlaßt war oder wenn sie auf den Eintritt des Versicherungsfalls oder auf den Umfang der Leistung des Versicherers keinen Einfluß hat üben können.

§ 25.

Zuschlagsprämie bei Gefahränderungen.

Dem Versicherer gebührt eine Zuschlagsprämie, wenn die Gefahr durch ein Ereignis, für das er nicht haftet, geändert und er durch die Änderung von der Verpflichtung zur Leistung nicht befreit wird.

§ 26.

Anzeige von Gefahrerhöhungen.

Der Versicherungsnehmer hat, sobald er von einer Gefahrerhöhung Kenntnis erlangt, dem Versicherer unverzüglich Anzeige zu machen, wenn der Versicherer nicht durch die Erhöhung von der Verpflichtung zur Leistung befreit wird.

§ 27.

Anzeigepflichtverletzung und Gefahränderung hinsichtlich eines Teiles der versicherten Gegenstände.

Liegen die Voraussetzungen, unter denen der Versicherer wegen einer Verletzung der Anzeigepflicht oder wegen einer Gefahränderung von der Verpflichtung zur Leistung frei ist, in Ansehung eines Teiles der Gegenstände vor, auf die sich die Versicherung bezieht, so ist der Versicherer in Ansehung des übrigen Teiles nur frei, wenn anzunehmen ist, daß er für diesen allein den Vertrag unter den gleichen Bestimmungen nicht geschlossen haben würde. Der Versicherungsnehmer ist in diesem Falle von der Verpflichtung zur Zahlung eines entsprechenden Teiles der Prämie frei; der Versicherer kann jedoch insoweit die Ristornogebühr verlangen.

VI. Umfang und Dauer der Haftung des Versicherers.

§ 28.

Umfang der Haftung im allgemeinen.

Der Versicherer trägt, soweit nicht ein anderes bestimmt ist, alle Gefahren, denen das Schiff oder die Güter während der Dauer der Versicherung ausgesetzt sind. Er haftet insbesondere für einen Schaden, der durch Eindringen von Seewasser, Schiffszusammenstoß, Strandung, Schiffbruch, Brand, Explosion, Blitzschlag, Erdbeben, Eis oder durch Diebstahl, Seeraub, Plünderung oder andere Gewalttätigkeiten verursacht wird. Er haftet jedoch für einen Schaden nur in dem durch diese Bedingungen bestimmten Umfange, insbesondere nicht für die Belastung des versicherten Gegenstandes mit Schiffsgläubigerrechten oder für den Schaden, der durch eine Verzögerung der Reise verursacht wird.

§ 29.

Große oder gemeinschaftliche Haverei.

(1) Die Versicherung umfaßt die von dem Versicherungsnehmer zu entrichtenden Beiträge zur großen Haverei und die zur großen Haverei gehörenden Aufopferungen des versicherten Gegenstandes; auch kann der Versicherungsnehmer verlangen, daß der Versicherer für die Entrichtung der Beiträge durch Übernahme der Bürgschaft Sicherheit leistet. Der Versicherer haftet jedoch nur insoweit, als ein ihm zur Last fallender Schaden durch die Havereimaßregel abgewendet werden sollte.

(2) Sind ausschließlich Güter des Reeders verladen, so gelten auch die Aufopferungen, die zur großen Haverei gehören würden, wenn das Eigentum an den Gütern einem anderen zustände, im Sinne dieser Bedingungen als große Haverei.

§ 30.

Beiträge.

(1) Der Umfang der Haftung des Versicherers für die Beiträge wird durch die Dispache bestimmt. Dies gilt jedoch nicht im Falle des § 29 Abs. 2; in diesem Falle finden auf die Schadensberechnung die York-Antwerp-Rules mit Ausnahme der Regel 18 Anwendung.
(2) Die Dispache ist von einer nach dem Gesetze oder nach dem Ortsgebrauche dazu berufenen Person aufzumachen.
(3) Die Dispache ist am Bestimmungsort oder, wenn dieser nicht erreicht wird, an dem Orte, wo die Reise endigt, aufzumachen. An die Stelle dieses Ortes tritt, wenn an ihm eine nach Abs. 2 geeignete Person nicht ansässig ist, der nächstliegende Ort, an dem eine solche Person ansässig ist. Haben die Beteiligten im voraus vereinbart, daß die Dispache an einem anderen Orte aufzumachen ist, so ist dieser Ort maßgebend.
(4) Die Dispache ist nach den Vorschriften aufzumachen, die an dem Orte, an dem die Dispache aufgemacht wird, für die Aufmachung einer Dispache im Falle einer großen Haverei gelten. An die Stelle dieser Vorschriften treten die Vorschriften, die an dem Orte des Heimathafens des Schiffes für die Aufmachung einer Dispache im Falle einer großen Haverei gelten, oder die York-Antwerp-Rules, wenn nach den zwischen den Beteiligten im voraus getroffenen Vereinbarungen die Dispache gemäß diesen Bestimmungen aufzumachen ist. Kosten, die dadurch entstanden sind, daß die in einem Nothafen ausgeladenen Güter für Rechnung der an der großen Haverei Beteiligten gegen Feuersgefahr versichert worden sind, fallen dem Versicherer auch dann zur Last, wenn sie nach den für die Aufmachung der Dispache maßgebenden Vorschriften nicht zu berücksichtigen sind.
(5) Der Versicherungsnehmer hat bei der Aufmachung der Dispache das Interesse des Versicherers wahrzunehmen. Insbesondere hat der Versicherer Kosten, die dem Versicherungsnehmer durch die Auseinandersetzung der an der großen Haverei Beteiligten entstanden sind, nur insoweit zu ersetzen, als sie erforderlich waren.
(6) Die Dispache ist auch dann maßgebend, wenn die für ihre Aufmachung geltenden Vorschriften unrichtig angewendet oder wenn tat-

sächliche Unrichtigkeiten in ihr enthalten sind, es sei denn, daß der Versicherungsnehmer die Unrichtigkeit zu vertreten hat.

(7) Steht dem Versicherungsnehmer wegen der Unrichtigkeit der Dispache ein Anspruch gegen einen an der großen Haverei Beteiligten zu, so geht der Anspruch auf den Versicherer über, soweit dieser den Versicherungsnehmer entschädigt. Auf den Übergang finden die Bestimmungen des § 45 entsprechende Anwendung.

(8) Übersteigt der Beitragswert den Versicherungswert, so haftet der Versicherer für die Beiträge nur im Verhältnisse des Versicherungswerts zum Beitragswert.

§ 31.

Aufopferungen.

(1) Der Versicherer haftet für Aufopferungen des versicherten Gegenstandes nach den für seine Haftung im Falle einer besonderen Haverei geltenden Bestimmungen.

(2) Der Anspruch auf die dem Versicherungsnehmer zustehende Vergütung geht mit seiner Entstehung auf den Versicherer über. Der Versicherer hat jedoch, wenn die Vergütung die Entschädigung mit Einschluß der zur Geltendmachung des Vergütungsanspruchs gemachten Aufwendungen übersteigt, den Überschuß dem Versicherungsnehmer herauszugeben. Im übrigen finden auf den Übergang die Bestimmungen des § 45 entsprechende Anwendung.

§ 32.

Aufwendungen.

(1) Dem Versicherer fallen zur Last:

1. die Aufwendungen, die der Versicherungsnehmer bei dem Eintritte des Versicherungsfalls zur Abwendung oder Minderung des Schadens macht und den Umständen nach für geboten halten durfte;
2. die Aufwendungen, die der Versicherungsnehmer bei dem Eintritte des Versicherungsfalls gemäß den Weisungen des Versicherers macht;
3. die Kosten, die durch die Ermittlung und Feststellung des dem Versicherer zur Last fallenden Schadens entstehen, soweit ihre Aufwendung den Umständen nach geboten war. Jedoch hat der Versicherer die Kosten nicht zu erstatten, die dem Versicherungsnehmer durch die Zuziehung eines Sachverständigen, eines Bei-

standes oder eines sonstigen Beauftragten entstehen, es sei denn, daß der Versicherungsnehmer nach dem Vertrage zu der Zuziehung verpflichtet war oder der Versicherer die Zuziehung verlangt hatte.

(2) Die im Abs. 1 Nr. 1 und 2 bezeichneten Aufwendungen fallen dem Versicherer auch dann zur Last, wenn sie erfolglos bleiben; der Versicherer hat den für die Aufwendungen erforderlichen Betrag auf Verlangen des Versicherungsnehmers vorzuschießen. Ist ein Teil des Versicherungswerts nicht versichert und ist streitig, ob die Befolgung der Weisungen des Versicherers zur Abwendung oder Minderung des Schadens geboten erscheint, so hat der Versicherer den Betrag der durch die Befolgung entstehenden Aufwendungen auch insoweit vorzuschießen, als die Aufwendungen dem Versicherungsnehmer zur Last fallen; der Versicherer ist verpflichtet, die ganzen gemäß seinen Weisungen gemachten Aufwendungen zu ersetzen, wenn er die Befolgung der Weisungen den Umständen nach nicht für geboten halten durfte und die Aufwendungen erfolglos geblieben sind.

§ 33.

Verschulden des Versicherungsnehmers.

(1) Der Versicherer ist von der Verpflichtung zur Leistung frei, wenn der Versicherungsnehmer den Versicherungsfall vorsätzlich oder fahrlässig herbeiführt. Er hat jedoch den von dem Versicherungsnehmer durch eine fehlerhafte Führung des Schiffes (nautisches Verschulden) verursachten Schaden zu ersetzen, es sei denn, daß dem Versicherungsnehmer eine vorsätzliche oder grobfahrlässige Handlungsweise zur Last fällt; als nautisches Verschulden gilt jedoch nicht ein Verschulden in Ansehung der Übernahme, Stauung, Verwahrung oder Ablieferung der Güter.

(2) Bei einer Versicherung, die sich auf die Güter bezieht, haftet der Versicherer auch nicht für einen Schaden, der von dem Ablader oder dem Empfänger in dieser Eigenschaft vorsätzlich oder fahrlässig verursacht wird.

§ 34.

Schaden von weniger als 3 %.

(1) Der Versicherer haftet nicht für einen Schaden, wenn dieser 3 % des Versicherungswerts nicht erreicht.

(2) Der Versicherer haftet für Beiträge zur großen Haverei und Aufopferungen auch dann, wenn diese 3 % des Versicherungswerts nicht

erreichen. Das Gleiche gilt von der Haftung für den durch einen Schiffszusammenstoß entstandenen mittelbaren Schaden und für die im § 32 Abs. 1 Nr. 1 und 2 und im § 95 Abs. 3 bezeichneten Aufwendungen. Schäden und Aufwendungen, für die der Versicherer hiernach unbeschränkt haftet, sowie die im § 32 Abs. 1 Nr. 3 bezeichneten Kosten kommen für die Berechnung der nach Abs. 1 maßgebenden Haftungsgrenze nicht in Betracht.

(3) Bei einer Versicherung, die sich auf das Schiff bezieht, ist für jede Reise besonders zu ermitteln, ob der Schaden in dem im Abs. 1 bezeichneten Verhältnisse zum Versicherungswerte steht. Als Reise im Sinne dieser Bestimmung gilt jede Fahrt, zu der das Schiff von neuem ausgerüstet oder die auf Grund eines neuen Frachtvertrages oder nach vollständiger Löschung der Ladung angetreten wird, sowie jede Zureise in Ballast. Die zwischen zwei Reisen liegende Zwischenzeit wird der vorhergehenden Reise zugerechnet.

§ 35.

Frei von Kriegsgefahr.

(1) Der Versicherer trägt nicht die Gefahr eines Krieges. Er haftet insbesondere nicht dafür, daß infolge von Maßregeln einer, sei es anerkannten, sei es nicht anerkannten, kriegführenden Macht die versicherte Sache angehalten, aufgebracht, genommen, reklamiert, beschädigt oder vernichtet wird.

(2) Bei einer Versicherung, die sich auf das Schiff bezieht, ist der Versicherer von der Verpflichtung zur Leistung frei, wenn infolge der Kriegsgefahr das Schiff einen Hafen anläuft oder aufgebracht wird, es sei denn, daß der Versicherungsnehmer, sobald er hiervon Kenntnis erlangt, unverzüglich dem Versicherer erklärt, daß die Verpflichtung bestehen bleiben soll. Bleibt die Verpflichtung bestehen, so gebührt dem Versicherer eine Zuschlagsprämie.

(3) Bei einer Versicherung, die sich auf die Güter bezieht, ist der Versicherer von der Verpflichtung zur Leistung frei, wenn die Güter infolge der Kriegsgefahr ausgeladen werden, es sei denn, daß der Versicherungsnehmer, sobald er von der bevorstehenden oder bewirkten Ausladung Kenntnis erlangt, unverzüglich dem Versicherer erklärt, daß die Verpflichtung bestehen bleiben soll. Bleibt die Verpflichtung bestehen, so gebührt dem Versicherer eine Zuschlagsprämie. Dauert in diesem Falle der Aufenthalt länger als zwei Monate, so haftet der Versicherer für eine später entstehende Beschädigung oder Leckage nur

im Falle einer Strandung, auch wenn er sonst noch in anderen Fällen haftet; die Bestimmungen des § 114 Abs. 1 und 3 über die Haftung des Versicherers im Strandungsfalle finden entsprechende Anwendung.

§ 36.

Haftung für Arrestgefahr.

Der Versicherer haftet für den durch gerichtliche Verfügungen oder ihre Vollstreckung entstehenden Schaden nur, wenn er dem Versicherungsnehmer zu ersetzen hat, was dieser zur Befriedigung des der Verfügung zugrunde liegenden Anspruchs leisten muß.

§ 37.

Grenzen der Haftung.

(1) Der Versicherer haftet für den während der versicherten Reise entstehenden Schaden nur bis zur Höhe der Versicherungssumme. Bei einer Versicherung, die sich auf das Schiff bezieht, finden die Bestimmungen des § 34 Abs. 3 entsprechende Anwendung.

(2) Aufwendungen, die der Versicherer gemäß § 32 zu ersetzen hat, fallen ihm ohne Rücksicht darauf zur Last, ob sie zusammen mit der übrigen Entschädigung die Versicherungssumme übersteigen.

(3) Sind Aufwendungen zur Abwendung oder Minderung oder zur Ermittlung oder Feststellung eines Schadens oder zur Wiederherstellung oder Ausbesserung der durch einen Versicherungsfall beschädigten Sache gemacht oder Beiträge zur großen Haverei geleistet oder ist eine persönliche Verpflichtung des Versicherungsnehmers zur Entrichtung solcher Beiträge entstanden, so haftet der Versicherer für einen Schaden, der durch einen späteren Versicherungsfall verursacht wird, ohne Rücksicht auf die ihm zur Last fallenden früheren Aufwendungen und Beiträge.

(4) Soweit die Entschädigung und die Aufwendungen oder Beiträge die Versicherungssumme mit Rücksicht darauf übersteigen, daß der Versicherungsnehmer den einem Dritten durch einen Schiffszusammenstoß zugefügten Schaden ersetzen muß, finden die Bestimmungen der Abs. 2 und 3 keine Anwendung.

§ 38.

Befreiung von der Haftung nach dem Versicherungsfall.

(1) Der Versicherer ist nach dem Eintritte des Versicherungsfalls berechtigt, sich durch Zahlung der Versicherungssumme von allen weiteren Verbindlichkeiten zu befreien. Der Versicherer bleibt jedoch zum

Ersatze der Kosten verpflichtet, welche zur Abwendung oder Minderung des Schadens oder zur Wiederherstellung oder Ausbesserung der versicherten Sache verwendet worden sind, bevor seine Erklärung, daß er sich durch Zahlung der Versicherungssumme befreien wolle, dem Versicherungsnehmer zugegangen ist; die Bestimmung des § 37 Abs. 1 findet entsprechende Anwendung.

(2) Das Recht, sich durch Zahlung der Versicherungssumme zu befreien, erlischt, wenn die im Abs. 1 Satz 2 bezeichnete Erklärung dem Versicherungsnehmer nicht binnen fünf Werktagen nach dem Zeitpunkt, in dem der Versicherer von dem Versicherungsfall und seinen Folgen Kenntnis erlangt hat, zugeht.

(3) Der Versicherer erwirbt durch die Zahlung keine Rechte an den versicherten Gegenständen.

§ 39.

Zeitversicherung.

Ist die Dauer der Versicherung nach Tagen, Wochen, Monaten oder nach einem mehrere Monate umfassenden Zeitraum bestimmt, so beginnt die Versicherung am Mittage des Tages, an dem der Vertrag geschlossen wird. Sie endigt am Mittage des letzten Tages der Frist. Für die Zeitberechnung ist der Ort, an dem das Schiff sich befindet, maßgebend.

VII. Unfallsanzeige. Schadensabwendung.

§ 40.

Unfallsanzeige.

Der Versicherungsnehmer hat dem Versicherer den Versicherungsfall unverzüglich anzuzeigen sowie jeden Unfall, der das Schiff oder die Ladung trifft, auch wenn dadurch ein Entschädigungsanspruch für ihn nicht begründet wird, sofern der Unfall für die von dem Versicherer zu tragende Gefahr von Erheblichkeit ist.

§ 41.

Abwendung und Minderung des Schadens.

(1) Der Versicherungsnehmer ist verpflichtet, bei dem Eintritte des Versicherungsfalls nach Möglichkeit für die Abwendung und Minderung des Schadens zu sorgen. Er hat dabei die Weisungen des Versicherers zu befolgen und, wenn die Umstände es gestatten, solche Weisungen einzuholen. Sind mehrere Versicherer beteiligt und sind von ihnen entgegenstehende Weisungen gegeben, so hat der Versicherungsnehmer nach eigenem pflichtmäßigen Ermessen zu handeln.

(2) Der Versicherungsnehmer hat die Weisungen des Versicherers auch dann zu befolgen, wenn ein Teil des Versicherungswerts nicht versichert ist. Diese Bestimmung findet keine Anwendung, wenn mehr als die Hälfte des Versicherungswerts nicht versichert ist; jedoch findet in diesem Falle auch die Bestimmung des § 32 Abs. 2 Satz 2 über Ersetzung von Aufwendungen und Vorschußleistung keine Anwendung.

(3) Der Versicherer haftet für einen Schaden insoweit nicht, als dieser durch eine Verletzung der Verpflichtung zur Abwendung oder Minderung des Schadens verursacht wird, es sei denn, daß die Verletzung nicht auf einem Verschulden beruht.

VIII. Andienung. Auskunfterteilung. Entschädigung.

§ 42.

Andienung des Schadens.

(1) Der Versicherungsnehmer hat einen Schaden, für den der Versicherer haftet, diesem innerhalb fünfzehn Monate seit der Beendigung der Versicherung und, wenn das Schiff verschollen ist, seit dem Ablaufe der Verschollenheitsfrist durch eine schriftliche Erklärung anzudienen. Durch die Absendung der Erklärung wird die Frist gewahrt.

(2) Der Entschädigungsanspruch des Versicherungsnehmers erlischt, wenn der Schaden nicht rechtzeitig angedient wird.

(3) Diese Bestimmungen finden auf die von dem Versicherungsnehmer zu entrichtenden Beiträge zur großen Haverei keine Anwendung.

§ 43.

Auskunfterteilung.

Der Versicherer kann nach dem Eintritte des Versicherungsfalls verlangen, daß der Versicherungsnehmer jede Auskunft erteilt, die zur Feststellung des Versicherungsfalls oder des Umfangs der Leistungspflicht des Versicherers erforderlich ist. Belege kann der Versicherer insoweit fordern, als die Beschaffung dem Versicherungsnehmer billigerweise zugemutet werden kann; die Herbeiführung einer Verklarung kann er verlangen, wenn er an ihr ein berechtigtes Interesse hat.

§ 44.

Schadensrechnung. Fälligkeit des Entschädigungsanspruchs.

(1) Der Versicherungsnehmer kann die Zahlung nicht eher verlangen, als er dem Versicherer eine Schadensrechnung mitgeteilt sowie die von

dem Versicherer geforderten Belege beigebracht hat und seit der Erfüllung dieser Obliegenheiten ein Monat verstrichen ist. Sind die Obliegenheiten bis zum Verlauf eines Monats seit der Andienung des Schadens infolge eines Umstandes, den der Versicherungsnehmer nicht zu vertreten hat, nicht erfüllt, so kann der Versicherungsnehmer in Anrechnung auf die Gesamtforderung die Zahlung von drei Vierteilen des Betrages verlangen, den der Versicherer nach Lage der Sache mindestens zu zahlen hat.

(2) Die Schadensrechnung muß eine geordnete Zusammenstellung der Beträge enthalten, die der Versicherer für die einzelnen Schäden und Aufwendungen zu entrichten hat. Im Falle einer besonderen Haverei ist sie auf Verlangen des Versicherers von einer nach dem Gesetze oder nach dem Ortsgebrauche dazu berufenen Person an dem Orte, wo die Entschädigung zu entrichten ist, aufzustellen.

IX. Übergang von Schadensersatzansprüchen.

§ 45.

(1) Steht dem Versicherungsnehmer ein Anspruch auf Ersatz des Schadens gegen einen Dritten zu, so geht der Anspruch auf den Versicherer über, soweit dieser dem Versicherungsnehmer den Schaden ersetzt. Der Versicherungsnehmer ist verpflichtet, dem Versicherer die zur Geltendmachung des Anspruchs erforderliche Auskunft zu erteilen und ihm die zum Beweise des Anspruchs dienenden Urkunden, soweit sie sich in seinem Besitze befinden, auszuliefern, ihm auch auf Verlangen eine öffentlich beglaubigte Urkunde über den Übergang des Anspruchs auszustellen; die Kosten hat der Versicherer zu tragen.

(2) Der Versicherungsnehmer bleibt auch nach dem Übergange des Anspruchs verpflichtet, für die Minderung des Schadens, insbesondere durch Zurückbehaltung der Fracht, zu sorgen. Er hat, sobald er eine für die Geltendmachung des Anspruchs erhebliche Nachricht erhält, dem Versicherer unverzüglich Anzeige zu machen und ihm auf Verlangen die zur Geltendmachung des Anspruchs erforderliche Hülfe zu leisten, insbesondere den Anspruch im eigenen Namen gerichtlich geltend zu machen. Die Kosten hat der Versicherer zu tragen und auf Verlangen vorzuschießen.

(3) Gibt der Versicherungsnehmer seinen Anspruch gegen den Dritten oder ein zur Sicherung des Anspruchs dienendes Recht auf, so wird der Versicherer von seiner Ersatzpflicht insoweit frei, als er aus dem Anspruch oder dem Rechte hätte Ersatz erlangen können.

X. Haftung des Versicherungsnehmers für das Verhalten Dritter.

§ 46.

Der Versicherrungsnehmer hat in Ansehung der Erfüllung seiner Obliegenheiten das Verhalten der Personen, deren er sich hierbei bedient, in gleichem Umfange zu vertreten wie eigenes Verhalten. Er hat jedoch das Verhalten der Schiffsbesatzung als solcher nicht zu vertreten.

XI. Zahlungsunfähigkeit des Versicherers.

§ 47.

Im Falle der Zahlungsunfähigkeit des Versicherers kann der Versicherungsnehmer von dem Vertrage zurücktreten oder auf Kosten des Versicherers anderweit Versicherung nehmen. Der Versicherer kann die Ausübung dieses Rechtes durch Sicherheitsleistung abwenden.

XII. Verjährung.

§ 48.

Die Ansprüche aus dem Versicherungsverhältnisse verjähren in fünf Jahren. Die Verjährung beginnt mit dem Schlusse des Jahres, in dem die Versicherung endigt oder die Verschollenheitsfrist abläuft.

XIII. Veräußerung der versicherten Sache. Verpfändung der Entschädigungsforderung.

§ 49.

Veräußerung im allgemeinen.

(1) Wird die versicherte Sache von dem Versicherungsnehmer veräußert, so tritt anstelle des Veräußerers der Erwerber in die während der Dauer seines Eigentums aus dem Versicherungsverhältnisse sich ergebenden Rechte und Pflichten des Versicherungsnehmers ein; für die Prämie haften der Veräußerer und der Erwerber als Gesamtschuldner. Im Falle der Veräußerung versicherter Güter tritt jedoch der Erwerber in die Verpflichtung zur Zahlung der Prämie und der Nebenkosten nicht ein, wenn eine Police ausgestellt ist; auch kann sich der Versicherer in diesem Falle dem Erwerber gegenüber nicht darauf berufen, daß er nach den Bestimmungen des § 17 wegen Nichtzahlung der Prämie oder Nichtleistung einer Sicherheit frei ist, es sei denn, daß der Erwerber nicht in gutem Glauben war.

(2) Der Versicherer hat in Ansehung der durch das Versicherungsverhältnis gegen ihn begründeten Forderungen die Veräußerung erst

dann gegen sich gelten zu lassen, wenn er von ihr Kenntnis erlangt; die Vorschriften der §§ 406 bis 408 des Bürgerlichen Gesetzbuchs*) finden entsprechende Anwendung. Im Falle der Veräußerung versicherter Güter kann sich der Versicherer jedoch auf diese Vorschriften nicht berufen, wenn eine Police ausgestellt ist, es sei denn, daß der Erwerber nicht in gutem Glauben war.

(3) Der Versicherer haftet nicht für die Gefahren, die nicht eingetreten sein würden, wenn die Veräußerung unterblieben wäre.

(4) Der Erwerber ist berechtigt, das Versicherungsverhältnis ohne Einhaltung einer Kündigungsfrist zu kündigen. Das Kündigungsrecht erlischt, wenn es nicht innerhalb eines Monats nach dem Erwerb ausgeübt wird; hatte der Erwerber von der Versicherung keine Kenntnis, so bleibt das Kündigungsrecht bis zum Ablauf eines Monats von dem Zeitpunkt an bestehen, in dem der Erwerber von der Versicherung Kenntnis erlangt. Kündigt der Erwerber, so haftet er für die Prämie nicht.

(5) Bei einer Zwangsversteigerung der versicherten Sache finden die Bestimmungen der Abs. 1 bis 4 entsprechende Anwendung.

§ 50.

Veräußerung versicherter Schiffe und Schiffsparten.

(1) Im Falle der Veräußerung einer Schiffspart finden die Bestimmungen des § 49 entsprechende Anwendung.

*) § 406. Der Schuldner kann eine ihm gegen den bisherigen Gläubiger zustehende Forderung auch dem neuen Gläubiger gegenüber aufrechnen, es sei denn, daß er bei dem Erwerbe der Forderung von der Abtretung Kenntnis hatte oder daß die Forderung erst nach der Erlangung der Kenntnis und später als die abgetretene Forderung fällig geworden ist.

§ 407. Der neue Gläubiger muß eine Leistung, die der Schuldner nach der Abtretung an den bisherigen Gläubiger bewirkt, sowie jedes Rechtsgeschäft, das nach der Abtretung zwischen dem Schuldner und dem bisherigen Gläubiger in Ansehung der Forderung vorgenommen wird, gegen sich gelten lassen, es sei denn, daß der Schuldner die Abtretung bei der Leistung oder der Vornahme des Rechtsgeschäfts kennt.

Ist in einem nach der Abtretung zwischen dem Schuldner und dem bisherigen Gläubiger anhängig gewordenen Rechtsstreit ein rechtskräftiges Urteil über die Forderung ergangen, so muß der neue Gläubiger das Urteil gegen sich gelten lassen, es sei denn, daß der Schuldner die Abtretung bei dem Eintritte der Rechtshängigkeit gekannt hat.

§ 408. Wird eine abgetretene Forderung von dem bisherigen Gläubiger nochmals an einen Dritten abgetreten, so finden, wenn der Schuldner an den Dritten leistet oder wenn zwischen dem Schuldner und dem Dritten ein Rechtsgeschäft vorgenommen oder ein Rechtsstreit anhängig wird, zugunsten des Schuldners die Vorschriften des § 407 dem früheren Erwerber gegenüber entsprechende Anwendung.

Das Gleiche gilt, wenn die bereits abgetretene Forderung durch gerichtlichen Beschluß einem Dritten überwiesen wird oder wenn der bisherige Gläubiger dem Dritten gegenüber anerkennt, daß die bereits abgetretene Forderung kraft Gesetzes auf den Dritten übergegangen sei.

(2) Wird ein versichertes Schiff veräußert, so endigt die Versicherung; dem Versicherer gebührt von der auf die spätere Zeit entfallenden Prämie nur der vierte Teil. Wird das Schiff veräußert, während es unterwegs ist, so endigt die Versicherung erst mit dem Zeitpunkt, in dem nach den §§ 66 bis 68 die Versicherung am nächsten Bestimmungsort endigen würde.

§ 51.

Verpfändung der Entschädigungsforderung.

Wird die Entschädigungsforderung verpfändet, so findet die Bestimmung des § 49 Abs. 1 Satz 2 Halbs. 2 zugunsten des Pfandgläubigers entsprechende Anwendung.

XIV. Versicherung für fremde Rechnung.

§ 52.

Versicherung für eigene Rechnung, für fremde Rechnung, für Rechnung wen es angeht.

(1) Ergibt sich aus den Umständen nicht, daß der Versicherungsnehmer die Versicherung im eigenen Namen für einen anderen nehmen will (Versicherung für fremde Rechnung), so gilt die Versicherung als für Rechnung des Versicherungsnehmers genommen (Versicherung für eigene Rechnung).

(2) Wird die Versicherung für einen anderen genommen, so ist, auch wenn der andere benannt wird, anzunehmen, daß der Vertragschließende nicht als Vertreter, sondern im eigenen Namen für fremde Rechnung handelt.

(3) Wird die Versicherung für Rechnung „wen es angeht" genommen oder ist sonst aus dem Vertrage zu entnehmen, daß unbestimmt gelassen werden soll, ob eigenes oder fremdes Interesse versichert ist, so finden die Bestimmungen über die Versicherung für fremde Rechnung Anwendung, wenn sich ergibt, daß fremdes Interesse versichert ist

§ 53.

Rechtsstellung des Versicherten.

(1) Die Rechte aus dem Vertrage stehen dem Versicherten zu. Die Aushändigung einer Police kann jedoch nur der Versicherungsnehmer verlangen.

(2) Der Versicherte kann ohne Zustimmung des Versicherungsnehmers über seine Rechte nur verfügen und diese Rechte nur gerichtlich geltend machen, wenn er im Besitz einer Police ist.

§ 54.

Rechtsstellung des Versicherungsnehmers.

(1) Der Versicherungsnehmer kann über die Rechte, die dem Versicherten aus dem Vertrage zustehen, im eigenen Namen verfügen.

(2) Ist eine Police ausgestellt, so ist der Versicherungsnehmer ohne Zustimmung des Versicherten zur Annahme der Zahlung sowie zur Übertragung der Rechte des Versicherten nur befugt, wenn er im Besitze der Police ist.

(3) Der Versicherer ist zur Zahlung an den Versicherungsnehmer nur verpflichtet, wenn dieser ihm gegenüber nachweist, daß der Versicherte seine Zustimmung zu der Versicherung erteilt hat.

§ 55.

Verhältnis des Versicherungsnehmers zum Versicherten.

Der Versicherungsnehmer ist nicht verpflichtet, dem Versicherten oder, falls über das Vermögen des Versicherten der Konkurs eröffnet ist, der Konkursmasse die Police auszuliefern, bevor er wegen der ihm gegen den Versicherten in bezug auf die versicherte Sache zustehenden Ansprüche befriedigt ist. Er kann sich für diese Ansprüche aus der Entschädigungsforderung gegen den Versicherer und nach der Einziehung der Forderung aus der Entschädigungssumme vor dem Versicherten und dessen Gläubigern befriedigen.

§ 56.

Aufrechnung.

Der Versicherer kann gegen die Entschädigungsforderung eine Forderung, die ihm gegen den Versicherungsnehmer zusteht, insoweit aufrechnen, als sie auf der für den Versicherten genommenen Versicherung beruht.

§ 57.

Kennen, Kennenmüssen, Verschulden.

(1) Für die im Falle der Verschweigung oder der unrichtigen Anzeige eines Gefahrumstandes eintretenden Rechtsfolgen kommt nicht nur die Kenntnis und das Kennenmüssen des Versicherungsnehmers, sondern auch die Kenntnis und das Kennenmüssen des Versicherten in Betracht; das Gleiche gilt für die Befreiung des Versicherungsnehmers von der Verpflichtung zur Prämienzahlung wegen fehlenden Interesses. Der Einwand, daß die Anzeige eines erheblichen Umstandes ohne Verschulden unterblieben ist, kann dem Versicherer nur entgegengesetzt werden, wenn weder dem Versicherungsnehmer noch dem Versicherten ein Verschulden zur Last fällt.

(2) Ist die Versicherung so genommen, daß sie in einem vor der Schließung des Vertrags liegenden Zeitpunkte beginnt, so ist der Versicherer von der Verpflichtung zur Leistung frei, wenn der Versicherungsnehmer oder der Versicherte bei der Schließung wußte oder wissen mußte, daß der Versicherungsfall schon eingetreten war.

(3) Auf die Kenntnis und das Kennenmüssen des Versicherten kommt es nicht an, wenn der Vertrag ohne sein Wissen geschlossen ist. Das Gleiche gilt, wenn eine rechtzeitige Benachrichtigung des Versicherungsnehmers nicht tunlich war; eine Benachrichtigung gilt nicht als rechtzeitig, wenn sie nicht so schnell, wie dies im ordnungsmäßigen Geschäftsgange tunlich ist, mindestens aber in derselben oder in ähnlicher Weise erfolgt wie die Übermittlung der Erklärung, welche den Auftrag zur Schließung des Vertrags enthält.

(4) Hat der Versicherungsnehmer den Vertrag ohne Auftrag des Versicherten geschlossen und bei der Schließung den Mangel des Auftrags dem Versicherer nicht angezeigt, so braucht dieser den Einwand, daß der Vertrag ohne Wissen des Versicherten geschlossen ist, nicht gegen sich gelten zu lassen.

Zweiter Abschnitt.

Besondere Bestimmungen über die Versicherung einzelner Gegenstände.

Erster Titel.

Kaskoversicherung.

§ 58.

Seetüchtigkeit.

(1) Der Versicherer haftet nicht für einen Schaden, der dadurch verursacht wird, daß das Schiff nicht seetüchtig, insbesondere nicht gehörig ausgerüstet, bemannt oder beladen oder ohne die zum Ausweise von Schiff, Besatzung und Ladung erforderlichen Papiere in See gesandt ist. Entsteht ein Schaden, bevor das Schiff in See gesandt ist, so haftet der Versicherer nicht, wenn der Schaden dadurch verursacht wird, daß das Schiff nicht geeignet ist, die mit dem Schiffsbetriebe verbundenen Gefahren zu bestehen.

(2) Ist das Schiff verlorengegangen oder beschädigt, ohne daß dabei ein äußeres Ereignis mitgewirkt hat, so gilt der Schaden im Zweifel als durch einen der im Absatz 1 bezeichneten Umstände verursacht.

§ 59.

Abnutzung, Alter usw.

Der Versicherer haftet nicht für einen Schaden, der nur eine Folge der Abnutzung des Schiffes im gewöhnlichen Gebrauch ist oder nur durch Alter, Fäulnis, Rost oder Wurmfraß verursacht wird. Als Folge der Abnutzung im gewöhnlichen Gebrauche gilt es, wenn Segel, sei es auch infolge Prangens, wegwehen oder zerreißen oder in anderer Weise beschädigt werden oder wenn Anker, Taue, Ketten oder laufendes Tauwerk beschädigt werden oder wenn infolge eines solchen Schadens die Taue oder Segel weggeschnitten oder die Anker, Ankertaue oder Ankerketten geschlippt oder gekappt werden müssen. Als Folge der Abnutzung gilt es jedoch nicht, wenn Segel durch Sturzseen oder dadurch, daß Rundhölzer brechen, oder wenn festgemachte Segel durch einen Unfall beschädigt werden.

§ 60.

Gefährliche Ladungen.

(1) Der Versicherer haftet nicht für einen Schaden, der dadurch verursacht wird, daß explosionsgefährliche oder selbstentzündliche Gegenstände verladen sind, die nach den Verordnungen der deutschen Seeuferstaaten über die Beförderung gefährlicher Gegenstände mit Kauffahrteischiffen von der Beförderung ausgeschlossen sind, sowie für einen Schaden, der dadurch verursacht wird, daß bedingungsweise zur Beförderung mit Kauffahrteischiffen zugelassene Gegenstände verladen sind und dabei gegen die Vorschriften der Verordnungen verstoßen ist; findet die Verladung in einem ausländischen Hafen statt, für den Vorschriften über die Beförderung gefährlicher Gegenstände mit Kauffahrteischiffen bestehen, so sind diese Vorschriften maßgebend. Die Haftung des Versicherers bleibt jedoch bestehen, wenn der Versicherungsnehmer die Verladung oder den Verstoß gegen die Verladungsvorschriften weder kannte noch kennen mußte. Bleibt die Haftung bestehen, so gebührt dem Versicherer eine Zuschlagsprämie.

(2) Der Versicherer haftet nicht für einen Schaden, der dadurch verursacht wird, daß das Schiff auf der versicherten Reise zu einem größeren als dem dritten Teile seiner Tragfähigkeit mit Dungstoffen, Eisen, insbesondere Eisenbahnschienen und Eisenträgern, Erde, Erz, Gestein, insbesondere Fliesen, Marmor, Schiefer und Steinen, Heu, Kalk, Knochen, Knochenasche, Knochenschwärze, Kohlen, Kreide, lose verladenen Feldfrüchten oder sonstigem lose verladenen Schüttgut,

Salz, Ton, Tonrückständen oder Zement beladen ist. Die Bestimmungen des Absatz 1 Satz 2 und 3 finden entsprechende Anwendung.

§ 61.

Durchbruch durch feststehendes Eis.

Der Versicherer haftet nicht für einen Schaden, der dadurch verursacht wird, daß das Schiff feststehendes Eis durchbricht, es sei denn, daß es zur Abwendung oder Minderung eines dem Versicherer zur Last fallenden Schadens erforderlich ist.

§ 62.

Aufopferung von Decksgütern.

Der Versicherer haftet nicht für Beiträge zur großen Haverei, soweit auf Deck verladene Güter aufgeopfert sind.

§ 63.

Aufopferung bei Ballastreisen.

Der Versicherer haftet, wenn das Schiff auf der versicherten Reise in Ballast fährt oder fahren soll und dem Versicherer hiervon nicht bei der Schließung des Vertrags Anzeige gemacht worden ist, nicht für Aufopferungen, die zur großen Haverei gehören würden, wenn Güter geladen wären.

§ 64.

Anrechnung von Leichter-, Schlepp-, Hülfslohn.

Der Versicherer haftet für einen Schaden, der bei Gelegenheit der Verwendung des Schiffes zum Leichtern oder Schleppen anderer Fahrzeuge oder zu einer Hülfeleistung entsteht, insoweit nicht, als die für die Verwendung zu entrichtende Vergütung zur Ausgleichung des Schadens dient.

§ 65.

Kajüts- und Maschinenschaden.

Der Versicherer haftet für eine Beschädigung des Kajütsinventars nur im Falle einer Strandung. Das Gleiche gilt von der Haftung des Versicherers für eine Beschädigung der maschinellen Einrichtungen. Zu diesen Einrichtungen gehören insbesondere die Hauptmaschine (einschließlich der zu ihrem Betrieb erforderlichen Hülfsmaschinen und Einrichtungen, der Kesselanlage mit Schornstein, Wellenleitung, Schraube und Rad), Decksmaschinen, Dampfsteuer mit Ruderleitung bis zum Quadranten, Pumpen für Bordzwecke, elektrische Lichtanlage, Anlage für drahtlose Telegraphie und Kühlmaschinenanlage. Die

Bestimmungen des § 114 Abs. 1 und 2 über die Haftung des Versicherers im Strandungsfalle finden entsprechende Anwendung.

§ 66.

Dauer der Versicherung.

(1) Die Versicherung beginnt, wenn sie für eine Reise genommen ist, mit dem Zeitpunkt, in dem mit der Einnahme der Ladung oder des Ballastes angefangen wird oder wenn Ladung oder Ballast nicht einzunehmen ist, mit der Abfahrt. Sie endigt mit dem Zeitpunkt, in dem die Löschung der Ladung oder des Ballastes am Bestimmungsorte beendigt ist, oder wenn Ladung oder Ballast nicht zu löschen ist, mit dem Zeitpunkt, in dem das Schiff am gehörigen Orte die Anker hat fallen lassen oder befestigt ist. Wird die Löschung von dem Versicherungsnehmer ungebührlich verzögert, so endigt die Versicherung mit dem Zeitpunkt, in dem die Löschung beendigt sein würde, falls die Verzögerung nicht stattgefunden hätte.

(2) Wird vor der Beendigung der Löschung für eine neue Reise Ladung oder Ballast eingenommen, so endigt die Versicherung mit dem Zeitpunkt, in dem mit der Einnahme angefangen wird.

(3) Wird nach dem Beginne der Versicherung die versicherte Reise aufgegeben, so tritt in Ansehung der Beendigung der Versicherung der Ort, wo die Reise aufhört, an die Stelle des Bestimmungsorts.

§ 67.

Verlängerung der Versicherung.

(1) Trifft das Schiff am Bestimmungsorte mit einer Beschädigung ein, für die der Versicherer haftet, so gilt das Versicherungsverhältnis als verlängert bis zu dem Zeitpunkt, in dem die Ausbesserung des Schiffes beendigt ist; wird die Ausbesserung von dem Versicherungsnehmer ungebührlich verzögert, so tritt an die Stelle dieses Zeitpunkts der Zeitpunkt, in dem die Ausbesserung beendigt sein würde, falls die Verzögerung nicht stattgefunden hätte. Der Versicherungsnehmer kann die Verlängerung durch eine gegenüber dem Versicherer abzugebende Erklärung ausschließen; die Erklärung muß jedoch unverzüglich abgegeben werden, sobald der Versicherungsnehmer von der Beschädigung Kenntnis erlangt. Im Falle der Verlängerung gebührt dem Versicherer eine der längeren Dauer entsprechende Prämie.

(2) Die Bestimmungen des Absatzes 1 finden keine Anwendung, wenn die Ausbesserung an einem anderen Orte als dem Bestimmungsorte erfolgen muß und nicht auf die im § 74 bestimmte Weise festgestellt ist, daß das Schiff die Reise nach dem anderen Orte machen kann.

§ 68.

Verlängerung der Zeitversicherung.

Ist ein auf Zeit versichertes Schiff bei dem Ablaufe der vereinbarten Versicherungszeit unterwegs, so gilt das Versicherungsverhältnis als verlängert bis zu dem Zeitpunkt, in dem nach den §§ 66 und 67 die Versicherung am nächsten Bestimmungsort endigen würde. Der Versicherungsnehmer kann die Verlängerung, solange das Schiff noch nicht unterwegs ist, durch eine gegenüber dem Versicherer abzugebende Erklärung ausschließen. Im Falle der Verlängerung gebührt dem Versicherer eine der längeren Dauer entsprechende Prämie; ist das Schiff verschollen, so gebührt ihm die Prämie bis zum Ablaufe der Verschollenheitsfrist.

§ 69.

Versicherung für mehrere Reisen.

Ist die Versicherung für mehrere aufeinanderfolgende Reisen genommen, so erstreckt sie sich auf die zwischen den Reisen liegende Zeit.

§ 70.

Versicherungswert.

(1) Als Versicherungswert gilt der Wert, den das Schiff bei dem Beginne der Versicherung hat. Der Wert umfaßt nicht die Ausrüstungskosten, die Heuer und die Versicherungskosten.

(2) Dieser Wert gilt auch bei dem Eintritte des Versicherungsfalls als Versicherungswert.

§ 71.

Totalverlust.

(1) Im Falle des Totalverlustes kann der Versicherungsnehmer die Versicherungssumme verlangen. Er muß sich jedoch den Wert der vor Zahlung der Versicherungssumme geretteten Sachen und desjenigen anrechnen lassen, was er anderweit zur Ausgleichung des Schadens erlangt hat. Der Wert der geretteten Sachen ist auf Verlangen des Versicherers durch öffentliche Versteigerung festzustellen.

(2) Als total verloren gilt das Schiff auch, wenn es dem Versicherungsnehmer ohne Aussicht auf Wiedererlangung entzogen, insbesondere unrettbar gesunken, oder wenn es in seiner ursprünglichen Beschaffenheit zerstört ist.

(3) Hat der Versicherer den Versicherungsnehmer befriedigt, so gehen die Rechte des Versicherungsnehmers an dem Schiffe auf den Versicherer über. Der Versicherungsnehmer ist verpflichtet dem Versicherer

die zur Geltendmachung der Rechte erforderliche Auskunft zu erteilen und ihm die zum Beweise der Rechte dienenden Urkunden, soweit sie sich in seinem Besitze befinden, auszuliefern, ihm auch auf Verlangen eine öffentlich beglaubigte Urkunde über den Übergang der Rechte auszustellen; die Kosten hat der Versicherer zu tragen.

(4) Der Versicherungsnehmer bleibt auch nach dem Übergange der Rechte verpflichtet, für die Minderung des Schadens zu sorgen, soweit der Versicherer hierzu nicht imstande ist. Er hat, sobald er eine für die Geltendmachung der Rechte erhebliche Nachricht erhält, dem Versicherer unverzüglich Anzeige zu machen und ihm auf Verlangen die zur Erlangung und Verwertung des Schiffes erforderliche Hülfe zu leisten. Die Kosten hat der Versicherer zu tragen und auf Verlangen vorzuschießen.

§ 72.

Verschollenheit.

(1) Der Versicherungsnehmer kann auch dann die Versicherungssumme verlangen, wenn das Schiff verschollen ist. Das Schiff ist verschollen, wenn innerhalb der Verschollenheitsfrist keine Nachricht von dem Schiffe eingegangen ist. Die Verschollenheitsfrist beträgt das Dreifache der Zeit, die das Schiff von dem Orte aus, von dem die letzte Nachricht eingegangen ist, unter gewöhnlichen Verhältnissen zur Beendigung der Reise gebraucht haben würde, jedoch bei Dampfschiffen mindestens zwei, bei Segelschiffen mindestens drei Monate.

(2) Das Verlangen kann nicht unter einer Bedingung oder einer Zeitbestimmung erklärt werden.

(3) Durch die Erklärung gehen die Rechte des Versicherungsnehmers an dem Schiffe auf den Versicherer über (Abandon). Die Bestimmungen des § 71 Abs. 3 Satz 2 und Abs. 4 über die Unterstützung des Versicherers bei Geltendmachung der Rechte finden entsprechende Anwendung.

(4) Das im Abs. 1 Satz 1 bezeichnete Recht erlischt, wenn vor seiner Ausübung eine Nachricht von dem Schiffe eingeht.

§ 73.

Verfügung von hoher Hand. Nehmung durch Seeräuber.

Die Bestimmungen des § 72 über die Verschollenheit des Schiffes finden entsprechende Anwendung, wenn das Schiff durch Verfügung von hoher Hand angehalten oder durch Seeräuber genommen wird. Jedoch tritt an die Stelle der Verschollenheitsfrist eine Frist von zwei Monaten.

§ 74.

Teilschaden.

(1) Ein Teilschaden ist durch Sachverständige festzustellen.

(2) Der Versicherer und der Versicherungsnehmer oder für diesen der Schiffsführer haben unverzüglich je einen Sachverständigen zu ernennen.

(3) Können die Sachverständigen sich über die Feststellung nicht einigen, so ernennen sie einen dritten Sachverständigen als Obmann; die Ernennung kann auch vor der Feststellung erfolgen. Können sie sich auch über die Person des Obmannes nicht einigen, so bezeichnet jeder von ihnen einen dritten Sachverständigen; unter den so Bezeichneten entscheidet das Los. Befindet sich das Schiff im Auslande, so ersucht der Versicherungsnehmer oder für ihn der Schiffsführer den Konsul des Staates, in dessen Gebiet der Heimatshafen des Schiffes liegt, oder wenn ein solcher Konsul nicht vorhanden oder der vorhandene nicht bereit ist, einen anderen Konsul, oder wenn auch ein solcher nicht vorhanden oder bereit ist, einen für die Ernennung zuständigen Beamten des Staates, in dessen Gebiete sich das Schiff befindet, um die Ernennung des Obmanns.

(4) Wenn der Versicherer trotz Aufforderung einen Sachverständigen nicht ernennt, so kann der Versicherungsnehmer oder für ihn der Schiffsführer die Handelskammer, in deren Bezirke sich das Schiff befindet, um die Ernennung ersuchen. Befindet sich das Schiff im Auslande, so ist die Ernennung auf dem im Abs. 3 Satz 3 bezeichneten Wege herbeizuführen oder, wenn dies nicht möglich ist, eine andere geeignete und bereite Person um die Ernennung des Obmanns zu ersuchen.

(5) Die Sachverständigen besichtigen den Schaden, stellen ihn fest und erstatten hierüber ein Gutachten. Zu der Besichtigung sind, soweit tunlich, die Beteiligten hinzuzuziehen. Das Gutachten muß enthalten:

1. die Bezeichnung der Sachverständigen und der zu der Besichtigung hinzugezogenen Beteiligten;
2. die Bezeichnung derjenigen, welche die Sachverständigen ernannt haben;
3. die Bezeichnung des Ortes und der Zeit der Besichtigung und der Feststellung;
4. die Bezeichnung der einzelnen Schäden und, soweit tunlich, ihrer Ursache, insbesondere die Angabe, ob die Schäden durch See-

unfälle während der letzten Reise oder durch andere Umstände verursacht sind;

5. die Schätzung der Kosten, die zur Beseitigung jedes einzelnen, während der letzten Reise durch Seeunfälle entstandenen Schadens aufzuwenden sind.

(6) Die Erstattung des Gutachtens erfolgt nach Stimmenmehrheit. Bestehen über Summen mehr als zwei Meinungen, deren keine die Mehrheit für sich hat, so ist die für die größte Summe abgegebene Stimme der für die zunächst geringere abgegebenen hinzuzurechnen.

(7) Das Gutachten ist von den Sachverständigen und, wenn ein Beauftragter des Versicherers an der Besichtigung teilgenommen hat, zur Anerkennung der Beteiligung auch von diesem zu unterschreiben.

(8) Die von den Sachverständigen getroffene Feststellung ist nicht verbindlich, wenn sie offenbar von der wirklichen Sachlage erheblich abweicht. Die Feststellung erfolgt in diesem Falle durch Urteil. Wenn die Sachverständigen die Feststellung nicht treffen können oder wollen oder sie ungebührlich verzögern, so ist die Ernennung anderer Sachverständiger gemäß den Bestimmungen der Abs. 2 bis 4 herbeizuführen.

(9) Der Versicherer kann die Zahlung verweigern, bis der Schaden gemäß den vorstehenden Bestimmungen festgestellt ist. Ist die gehörige Feststellung infolge eines Umstandes unterblieben, den der Versicherungsnehmer nicht zu vertreten hat, so kann der Versicherer die Zahlung verweigern, bis der Schaden in anderer geeigneter Weise festgestellt ist.

(10) Der für den Bezirk des Havereiorts bestellte Havariekommissar des Versicherers gilt als bevollmächtigt, Erklärungen des Versicherungsnehmers, welche die Feststellung des Teilschadens betreffen, entgegenzunehmen und Geschäfte und Rechtshandlungen solcher Art für den Versicherer vorzunehmen.

§ 75.

Ausbesserung.

(1) Nach Feststellung eines Teilschadens ist das Schiff unverzüglich auszubessern. Der Versicherungsnehmer hat in Ansehung der Ausbesserung auch das Interesse des Versicherers wahrzunehmen. Vor dem Abschlusse des Ausbesserungsvertrags ist der Versicherer unter Vorlegung eines Vertragsentwurfs wenn tunlich zu hören.

(2) Der Versicherer kann die Ausbesserung beaufsichtigen. Der Versicherungsnehmer hat dem Versicherer auf Verlangen über den Stand der Ausbesserung Auskunft zu erteilen und nach der Ausbesserung

über die durch sie erforderten Aufwendungen Belege vorzulegen, insbesondere auch mitzuteilen, welche Abzüge oder Nachlässe von den in den Belegen angegebenen Beträgen ihm bewilligt sind.

(3) Die Ersatzpflicht des Versicherers wird durch die für die Ausbesserung aufgewendeten Kosten bestimmt. Übersteigt der Gesamtbetrag dieser Kosten den von den Sachverständigen geschätzten Betrag, so wird die Ersatzpflicht durch den geschätzten Betrag bestimmt. Von diesen Beträgen werden abgezogen:

1. zunächst ein Betrag, der dem aus dem Unterschiede zwischen neu und alt sich ergebenden Minderwert entspricht;
2. demnächst ein Betrag, der dem Werte der durch neue ersetzten Sachen entspricht. Der Wert dieser Sachen ist auf Verlangen des Versicherers durch öffentliche Versteigerung festzustellen.

(4) Dem Versicherer fallen auch die Aufwendungen zur Last, deren es bedarf, um das Schiff an den Ort, an dem es ausgebessert werden soll, und erforderlichenfalls zurück zu bringen. Das Gleiche gilt von den Aufwendungen, die der Versicherungsnehmer zur Beschaffung der für die Ausbesserung erforderlichen Gelder macht.

(5) Der Versicherungsnehmer kann, wenn ein wichtiger Grund, der in seinen besonderen Verhältnissen liegt und von ihm nicht zu vertreten ist, vorliegt, unter Angabe dieses Grundes unverzüglich nach Feststellung des Schadens dem Versicherer erklären, daß er das Schiff nicht ausbessern werde; als ein wichtiger Grund ist es auch anzusehen, wenn der Versicherungsnehmer das Schiff vor dem Beginne der Ausbesserung veräußert, ohne daß der Erwerber in das Versicherungsverhältnis eintritt. Die Ersatzpflicht des Versicherers wird in diesem Falle durch den festgestellten Betrag des Schadens bestimmt. Von diesem Betrag ist der im Abs. 3 Nr. 1 bezeichnete Betrag und ein Betrag, der dem im Abs. 3 Nr. 2 bezeichneten Werte entspricht, abzuziehen.

(6) Streitigkeiten darüber, ob ein wichtiger Grund im Sinne des Abs. 5 vorliegt, werden durch ein Schiedsgericht entschieden. Jede Partei hat einen Schiedsrichter zu ernennen. Können die Schiedsrichter sich nicht einigen, so erwählen sie einen Obmann. Können sie sich auch über die Person des Obmanns nicht einigen, so wird der Obmann von dem zur Vertretung des Handelsstandes berufenen Organ ernannt, in dessen Bezirk sich die gewerbliche Niederlassung des Versicherers oder seines Vertreters befindet, von der aus der Vertrag geschlossen ist.

§ 76.

Unterschied zwischen neu und alt.

(1) Bei der Berücksichtigung des aus dem Unterschiede zwischen neu und alt sich ergebenden Minderwerts ist nach den Bestimmungen der Abs. 2 bis 7 zu verfahren.

(2) Soweit nicht ein anderes bestimmt ist, wird ein Dritteil abgezogen.

(3) Bei eisernen Schiffen wird in Ansehung der Eisen- oder Zementteile nichts abgezogen, wenn der Schaden während der ersten zehn Jahre seit der ersten Eintragung des Schiffes in das Schiffsregister entsteht. Entsteht der Schaden während der nächsten fünf Jahre, so wird ein Sechsteil, entsteht er später, so wird ein Dritteil abgezogen. Können die beschädigten Teile gelascht oder gerichtet werden, so muß die Ausbesserung auf diese Weise erfolgen, es sei denn, daß die Erneuerung der Teile zum Zwecke der Erhaltung der Schiffsklasse erforderlich ist. Werden Teile gelascht oder gerichtet, so wird nichts abgezogen. Muß der Boden geschrapt oder gestrichen werden, so wird ein Dritteil abgezogen; entsteht der Schaden nach Ablauf von sechs Monaten seit Vornahme dieser Arbeiten, so wird nichts vergütet. In Ansehung der hölzernen Teile finden die für hölzerne Schiffe geltenden Bestimmungen Anwendung.

(4) Bei hölzernen und kompositen Schiffen wird in Ansehung der Metallhaut und der Kalfaterung nichts abgezogen, wenn der Schaden während des ersten Jahres seit der Umlegung oder Kalfaterung entsteht. Entsteht der Schaden während des zweiten Jahres, so wird ein Dritteil, entsteht er im dritten Jahre, so werden zwei Dritteile abgezogen, entsteht er später, so wird nichts vergütet. In Ansehung des Schiffskörpers und der Masten des Schiffes wird nichts abgezogen, wenn der Schaden während des ersten Jahres seit dem Zeitpunkt, in dem das Schiff zu Wasser gelassen ist, entsteht; das Gleiche gilt in Ansehung einzelner Teile des Schiffskörpers, der Masten oder einzelner Zubehörstücke, wenn der Schaden auf einer Reise entsteht, vor deren Beginn die Sachen neu waren.

(5) Bei Maschinenschäden wird, wenn der Schaden während der ersten drei Jahre seit der Ingebrauchnahme des beschädigten oder verlorengegangenen Teiles entsteht, nichts, wenn er während der nächsten drei Jahre entsteht, ein Sechsteil, wenn er später entsteht, ein Dritteil abgezogen.

(6) Bei Kesselschäden wird, wenn der Schaden während des ersten Jahres seit der Ingebrauchnahme entsteht, nichts, wenn er später ent-

steht, für jedes Jahr, in dem der Kessel gebraucht ist, je ein Zehnteil abgezogen. Ist der Kessel während zehn Jahre gebraucht, so wird nichts vergütet.

(7) Bei Schäden an Ankern wird nichts abgezogen. Bei Schäden an Ankerketten wird, wenn der Schaden während des ersten Jahres seit der Ingebrauchnahme entsteht, nichts, im übrigen ein Sechsteil abgezogen.

(8) Kosten, die durch Maler- oder Glaserarbeiten entstehen, werden, soweit nicht ein anderes bestimmt ist, nicht vergütet.

§ 77.

Reparaturunfähigkeit. Reparaturunwürdigkeit.

(1) Der Versicherungsnehmer kann das Schiff öffentlich versteigern lassen und den Unterschied zwischen der Versicherungssumme und dem Erlöse verlangen, wenn das Schiff infolge des Versicherungsfalls reparaturunfähig und die Reparaturunfähigkeit auf die im § 74 bestimmte Weise festgestellt ist. Das Schiff gilt als reparaturunfähig, wenn die Ausbesserung des Schiffes überhaupt nicht möglich ist oder an dem Orte, an dem das Schiff sich befindet, nicht bewerkstelligt, das Schiff auch nicht nach dem Orte, an dem die Ausbesserung möglich ist, gebracht werden kann. Der Versicherungsnehmer muß sich den Wert desjenigen anrechnen lassen, was er anderweit zur Ausgleichung des Schadens erlangt hat und was infolge eines dem Versicherer nicht zur Last fallenden Umstandes verloren gegangen oder beschädigt ist. Die Versicherung endigt erst mit der Versteigerung; dem Versicherer gebührt eine der längeren Dauer der Versicherung entsprechende Prämie.

(2) Das Gleiche gilt, wenn das Schiff infolge des Versicherungsfalls reparaturunwürdig und die Reparaturunwürdigkeit auf die im § 74 bestimmte Weise festgestellt ist. Das Schiff gilt als reparaturunwürdig, wenn die gemäß § 74 geschätzten Ausbesserungskosten ohne Berücksichtigung des aus dem Unterschiede zwischen neu und alt sich ergebenden Minderwerts mehr betragen als der Versicherungswert.

(3) Das Gleiche gilt auch, wenn sich die Reparaturunfähigkeit oder die Reparaturunwürdigkeit erst später, insbesondere bei der Ausbesserung, ergibt und gemäß § 74 unverzüglich festgestellt wird. Der Versicherer hat in diesem Falle die durch die Ausbesserung entstandenen Kosten insoweit zu ersetzen, als infolge der Ausbesserung ein höherer Erlös erzielt worden ist. Die Bestimmung des Abs. 1 letzter Satz findet keine Anwendung.

(4) Die in den Abs. 1 bis 3 bezeichneten Rechte erlöschen, wenn der Versicherungsnehmer sie, sobald ihre Voraussetzungen vorliegen und er hiervon Kenntnis erlangt, nicht unverzüglich ausübt.

§ 78.

Mittelbarer Kollisionsschaden.

(1) Der Versicherer haftet auch für einen Schaden, den der Versicherungsnehmer im Falle eines Zusammenstoßes von Schiffen dadurch erleidet, daß er den einem Dritten entstandenen Schaden zu ersetzen hat.

(2) Der Schaden ist im Verhältnisse des Schiffswertes zu demjenigen Werte zu ersetzen, der sich aus dem Schiffswert und der Fracht ergibt.

§ 79.

Sonstige auf das Schiff sich beziehende Versicherungen.

Die Bestimmungen dieses Titels finden, soweit nicht ein anderes bestimmt ist, im Falle einer anderen auf das Schiff sich beziehenden Versicherung entsprechende Anwendung.

Zweiter Titel.

Güterversicherung.

§ 80.

Gegenstand der Versicherung.

Ist die Versicherung auf Güter aller Art genommen, so bezieht sie sich nicht auf:

1. Gold, Silber, Platina, Geld, Wertpapiere, Münzen, Edelsteine, Gegenstände aus Edelmetall, echte Perlen, echte Spitzen, Werke der bildenden Künste;
2. explosionsgefährliche und selbstentzündliche Gegenstände (Sprengstoffe, Munition, Zündwaren und Feuerwerkskörper, verdichtete und verflüssigte Gase, die in Berührung mit Wasser entzündliche oder die Verbrennung unterstützende Gase entwickeln) sowie Petroleum, Naphtha, Benzin und ungelöschten Kalk;
3. Güter der im § 60 Abs. 2 bezeichneten Art, wenn das Schiff damit zu mehr als einem Drittel seiner Tragfähigkeit beladen ist. Diese Bestimmung findet jedoch keine Anwendung, wenn der Versicherungsnehmer der Beladung nicht zugestimmt hat; dem Versicherer gebührt in diesem Falle eine Zuschlagsprämie.

§ 81.

Verfügung über die Güter zur Fortsetzung der Reise.

Der Versicherer haftet auch dafür, daß über die Güter durch Verbodmung oder in anderer Weise zum Zwecke der Fortsetzung der Reise verfügt wird.

§ 82.

Haftung für Beschädigung. Tod von Tieren.

(1) Der Versicherer haftet für eine Beschädigung nur im Falle einer Strandung. Das Gleiche gilt von der Haftung des Versicherers für den Tod lebender Tiere. Die Bestimmungen des § 114 Abs. 1 und 3 über die Haftung des Versicherers im Strandungsfalle finden entsprechende Anwendung.

(2) Der Versicherer haftet auch in anderen als in Strandungsfällen:

1. wenn die Versicherung genommen ist auf Arsenik, Asbestwaren, Asphalt, Bandwaren, Baumwolle, Baumwollenwaren, Borax in Fässern, rohen Camphor, Elastiks, Elefantenzähne, Filzwaren, Garn mit Einschluß von Türkisch Rotgarn und Spulgarn, echte Goldwaren, Gummi elastikum, Gummi Kopal, Gummiwaren, Halbwollenwaren, Harz in Fässern, Hörner, Hornspitzen, natürlichen Indigo, Jutewaren mit Ausnahme von Säcken und Sackleinen (Hessians), Kaffee, Kanel, Kardamon in Kisten, Kautschukwaren, fertige Kleidungsstücke, Knopfwaren, Konfektionswaren, umsponnene Kupferdrähte, Lackdye, Leinen, Leinenwaren, zugerichtetes Leder mit Ausnahme von Lackleder, fertige Lederwaren, Linoleum, Litzen, Mocisblüte in Fässern oder Kisten, Manufakturwaren, soweit sie nicht besonders aufgeführt sind, Metalle in Blöcken oder Barren mit Ausnahme von Eisen und Stahl, Moschus, Muskatnüsse, Nickel, Opium, Pech, Pfeffer, Posamentierwaren, soweit sie nicht besonders aufgeführt sind, Quecksilber in metallenen Gefäßen, Satteldecken, Schellack, Schildpatt, Schirme, rohen Schwefel, Seide, Seidenwaren, echten Silberdraht, echte Silberwaren, Spitzen, Stearin, Stickereien, Strickwolle, Stramei, Strumpfwaren, geteertes Tauwerk, Teppichwaren, Tuchwaren, Vanille, Wachs mit Ausnahme von Rohwachs und Wachswaben, Walrat, Wäsche, Wolle, Wollenwaren, Zelluloidwaren, Zink in Platten, Zinnober, Zwirn;
2. wenn besonders vereinbart ist, daß der Versicherer nicht haftet, falls der Schaden bestimmte Prozente des Versicherungswerts

nicht erreicht oder nicht übersteigt, oder daß er nur insoweit haftet, als der Schaden bestimmte Prozente des Versicherungswerts erreicht oder übersteigt.

§ 83.

Vorreisegüter. Retourwaren.

(1) Der Versicherer haftet für eine Beschädigung auch dann nur im Strandungsfalle, wenn die Güter in das zur Ausführung der versicherten Reise bestimmte Schiff im Anschluß an eine andere zur See oder auf Binnengewässern ausgeführte Reise übergeladen sind oder übergeladen werden sollen, es sei denn, daß dem Versicherer hiervon bei der Schließung des Vertrags Mitteilung gemacht worden ist oder daß die Beschädigung nur auf der versicherten Reise entstanden sein kann.

(2) Das Gleiche gilt, wenn die Güter nach ihrer Beförderung zum Bestimmungsorte ganz oder zum Teil ausgepackt, wegen ihrer Unverkäuflichkeit oder aus einem anderen Grunde wieder verpackt und auf der versicherten Reise zurück- oder weiterbefördert werden oder werden sollen, insbesondere wenn die Güter Retourwaren sind, es sei denn, daß dem Versicherer hiervon bei der Schließung des Vertrags Mitteilung gemacht worden ist oder daß die Beschädigung nur auf der versicherten Reise entstanden sein kann.

§ 84.

Beschädigte Güter.

Der Versicherer haftet nicht für eine Beschädigung, wenn die Güter die versicherte Reise in beschädigtem Zustande antreten, es sei denn, daß dem Versicherer hiervon bei der Schließung des Vertrags Mitteilung gemacht worden ist. Die Bestimmungen des § 113 über den Ausschluß der Haftung des Versicherers für Beschädigung finden entsprechende Anwendung. Auch hat der Versicherer im Falle eines Verlustes nur den wirklichen Versicherungswert zu ersetzen.

§ 85.

Decksladung.

(1) Soweit die Güter auf Deck verladen sind, haftet der Versicherer nur für Beiträge zur großen Haverei, die der Versicherungsnehmer zu entrichten hat, sowie dafür, daß die Güter infolge eines Totalverlustes oder der Verschollenheit des Schiffes oder infolge eines der im § 73 bezeichneten Ereignisse verloren gehen.

(2) Die Bestimmung des Abs. 1 findet keine Anwendung, wenn die Güter ohne Zustimmung des Versicherungsnehmers auf Deck verladen sind. Dem Versicherer gebührt in diesem Falle eine Zuschlagsprämie.

§ 86.

Natürliche Beschaffenheit der Güter.

(1) Der Versicherer haftet nicht für einen Schaden, der durch die natürliche Beschaffenheit der Güter, namentlich durch inneren Verderb, Schwinden, Rost, Schimmel, gewöhnliche Leckage, gewöhnlichen Bruch, Selbstentzündung, sowie durch mangelhafte Verpackung der Güter oder durch Schiffsdunst, Ratten oder Mäuse verursacht wird. Als gewöhnliche Leckage gilt bei flüssigen Gütern in Metallflaschen ein Verlust bis 3 %, bei anderen flüssigen Gütern ein Verlust bis 5 %.

(2) Für einen Schaden, der durch außergewöhnliche Leckage der Güter verursacht wird, haftet der Versicherer nur im Falle einer Strandung. Das Gleiche gilt von einer Beschädigung flüssiger Güter sowie von einer Beschädigung der Ausstattung oder Verpackung solcher Güter. Die Bestimmungen des § 114 Abs. 1 und 3 über die Haftung des Versicherers im Strandungsfalle finden entsprechende Anwendung; jedoch ist es als eine Strandung auch anzusehen, wenn infolge eines dem Versicherer zur Last fallenden Unfalls das Schiff einen Nothafen anläuft oder die Güter ausgeladen werden.

§ 87.

Frachtklauseln.

Der Versicherer haftet nicht, soweit der Versicherungsnehmer von einem Dritten den Ersatz des Schadens deshalb nicht verlangen kann, weil die gesetzliche Haftung des Verfrachters über das verkehrsübliche Maß hinaus beschränkt oder ausgeschlossen ist.

§ 88.

Dauer der Versicherung.

(1) Die Versicherung erstreckt sich auf die ganze Dauer der versicherten Reise.

(2) Die Versicherung beginnt mit dem Zeitpunkt, in dem die Güter von dem Verfrachter zur Beförderung oder, wenn die Beförderung nicht sofort erfolgen kann, zur einstweiligen Verwahrung angenommen werden. Bedient sich der Versicherungsnehmer zur Ablieferung der Güter an den Verfrachter einer Kaianstalt oder einer ähnlichen Anstalt, so gilt diese in Ansehung der Güterannahme als Vertreter des Verfrachters. Als einstweilige Verwahrung im Sinne dieser Bestim-

mungen gilt nur eine Verwahrung auf kurze, den Verkehrsverhältnissen entsprechende Zeit.

(3) Die Versicherung endigt mit dem Zeitpunkt, in dem die Güter dem Empfänger am Ablieferungsort abgeliefert oder, wenn sich ein Ablieferungshindernis ergibt, rechtmäßig hinterlegt oder verkauft werden, jedoch spätestens mit dem Ablaufe des zehnten Tages nach dem Tage der Löschung. Wird die Löschung von dem Versicherungsnehmer, dem Absender oder dem Empfänger ungebührlich verzögert, so endigt die Versicherung spätestens mit dem Ablaufe des zehnten Tages nach dem Zeitpunkt, in dem die Löschung beendigt sein würde, falls die Verzögerung nicht stattgefunden hätte.

§ 89.

Leichtergefahr.

Der Versicherer trägt die Gefahr der Benutzung von Leichterfahrzeugen bei der Verladung oder der Ausladung, wenn die Benutzung ortsüblich ist.

§ 90.

Versicherungswert.

(1) Als Versicherungswert gilt der gemeine Handelswert und in dessen Ermangelung der gemeine Wert, den die Güter am Orte der Abladung in dem Zeitpunkte haben, der nach den §§ 88 und 89 für den Beginn der Versicherung maßgebend ist, unter Hinzurechnung der Versicherungskosten, der Kosten, welche bis zur Annahme der Güter durch den Verfrachter entstehen, und der endgültig bezahlten Fracht.

(2) Dieser Wert gilt auch bei dem Eintritte des Versicherungsfalls als Versicherungswert.

§ 91.

Totalverlust. Abandon.

(1) Im Falle eines Totalverlustes finden die Bestimmungen des § 71 über den Totalverlust des Schiffes entsprechende Anwendung. Daß die Güter in ihrer ursprünglichen Beschaffenheit zerstört sind, kann jedoch der Versicherungsnehmer nur geltend machen, wenn dieser Umstand durch Sachverständige festgestellt ist; auf die Feststellung finden die Bestimmungen des § 74 Abs. 2 bis 10 entsprechende Anwendung.

(2) Ist das Schiff verschollen oder werden die Güter durch Verfügung von hoher Hand angehalten oder durch Seeräuber genommen,

so finden die Bestimmungen der §§ 72 und 73 entsprechende Anwendung.

§ 92.

Teilverlust.

Im Falle eines Teilverlustes finden die für den Totalverlust geltenden Bestimmungen entsprechende Anwendung.

§ 93.

Beschädigung.

(1) Im Falle einer Beschädigung ist der gemeine Handelswert und in dessen Ermangelung der gemeine Wert zu ermitteln, den die Güter im unbeschädigten Zustand am Ablieferungsorte haben würden (Gesundwert), sowie der Wert, den sie dort im beschädigten Zustande haben. Ein dem Verhältnisse des Wertunterschiedes zum Gesundwert entsprechender Bruchteil des Versicherungswerts gilt als Betrag des Schadens.

(2) Die Beschädigung sowie der Gesundwert und der Wert der beschädigten Güter sind durch Sachverständige festzustellen. Auf die Feststellung finden die Bestimmungen des § 74 Abs. 2 bis 10 entsprechende Anwendung. Die Werte müssen die von den Gütern zu entrichtenden öffentlichen Abgaben, insbesondere die Zollabgaben, umfassen. Sind von den Gütern nur einzelne beschädigt oder sind von einem Gute nur einzelne Teile verloren oder beschädigt, so sind, soweit tunlich, die beschädigten Sachen von den unbeschädigten zu trennen; dies gilt insbesondere bei zusammen verpackten Gütern.

(3) Der Versicherer kann verlangen, daß der Wert der beschädigten Güter durch öffentliche Versteigerung festgestellt wird, es sei denn, daß der Betrag der für die beschädigten Güter am Ablieferungsorte zu entrichtenden öffentlichen Abgaben den von den Sachverständigen festgestellten Wert der beschädigten Güter mit Ausschluß der öffentlichen Abgaben übersteigt; das Recht, die Feststellung des Wertes durch Versteigerung zu verlangen, erlischt, wenn es nicht binnen einer Woche nach Erstattung des Gutachtens der Sachverständigen ausgeübt wird. Wird der Wert durch öffentliche Versteigerung festgestellt, so tritt der Bruttoerlös an die Stelle des Wertes der beschädigten Güter. Hat nach den Versteigerungsbedingungen der Verkäufer vorzuleisten, so steht der Versicherer für die Zahlung des Kaufpreises ein, falls er den Versteigerungsbedingungen zugestimmt hat.

(4) Bis zur Feststellung der Beschädigung darf der Versicherungsnehmer ohne Einwilligung des Versicherers Änderungen, insbesondere

die Öffnung der Verpackung, nur insoweit vornehmen, als es zur Abwendung oder Minderung des Schadens oder im öffentlichen Interesse geboten ist.

§ 94.

Teilbeschädigung.

(1) Sind von einem Gute nur einzelne Bestandteile oder Zubehörstücke verlorengegangen oder beschädigt, so kann der Versicherungsnehmer nur in Ansehung dieser Teile oder Zubehörstücke Entschädigung verlangen.

(2) Die Bestimmung des Absatz 1 findet keine Anwendung, wenn durch Sachverständige festgestellt ist, daß infolge des Versicherungsfalls die Ausbesserung des Gutes unmöglich ist oder einen den Versicherungswert des Gutes übersteigenden Aufwand erfordern würde. In diesem Falle finden auf die Feststellung die Bestimmungen des § 74 Abs. 2 bis 10, auf die Ermittlung des Schadens die Bestimmungen des § 93 entsprechende Anwendung.

§ 95.

Änderung der Beförderung.

(1) Werden die versicherten Güter in anderer Art als mit dem Schiffe befördert, mit welchem sie nach dem Versicherungsvertrage befördert werden sollen, so haftet der Versicherer nicht.

(2) Werden jedoch die Güter nach dem Beginne der Versicherung infolge eines Unfalls, für den der Versicherer haftet, mit einem anderen als dem im Versicherungsvertrage bestimmten Schiffe oder zu Lande befördert, so fällt die Beförderung unter die Versicherung; der Versicherungsnehmer hat in Ansehung der Beförderung nach Möglichkeit die Weisungen des Versicherers zu befolgen und, wenn die Umstände es gestatten, solche Weisungen einzuholen. Das Gleiche gilt, wenn nach dem Beginne der Versicherung ohne Zustimmung des Versicherungsnehmers die Beförderung geändert oder die Reise des Schiffes aufgegeben wird.

(3) Die Versicherung umfaßt in den Fällen des Abs. 2 die Kosten der Umladung und der einstweiligen Lagerung sowie die Mehrkosten der Weiterbeförderung.

§ 96.

Verkauf der Güter.

(1) Wird nach dem Beginne der Versicherung die Reise des Schiffes aufgegeben oder aus einem anderen Grunde nicht vollendet, ohne daß

der Versicherer von der Verpflichtung zur Leistung frei wird, so kann der Versicherer verlangen, daß unter seiner Mitwirkung der Versicherungsnehmer die Güter aus freier Hand oder im Wege öffentlicher Versteigerung verkauft, wenn die Güter ohne unverhältnismäßig hohe Kosten oder innerhalb angemessener Frist nicht weiterbefördert werden können. Verlangt der Versicherer den Verkauf, so muß dieser unverzüglich erfolgen. Die Versicherung endigt mit dem Verkaufe der Güter.

(2) Der Versicherungsnehmer kann im Falle des Verkaufs den Unterschied zwischen der Versicherungssumme und dem Erlös verlangen; er muß sich jedoch den Wert desjenigen anrechnen lassen, was er anderweit zur Ausgleichung des Schadens erlangt hat. Das Gleiche gilt, wenn die Güter unterwegs infolge eines dem Versicherer zur Last fallenden Unfalls verkauft werden müssen. Die Versicherung endigt auch in diesem Falle mit dem Verkauf.

(3) Hat nach den Verkaufsbedingungen der Verkäufer vorzuleisten, so steht der Versicherer für die Zahlung des Kaufpreises ein, falls er den Verkaufsbedingungen zugestimmt hat.

§ 97.

Laufende Versicherung.

(1) Ist die Versicherung in der Weise genommen, daß die Güter bei der Schließung des Vertrags nur allgemein oder nur ihrer Art nach bezeichnet und erst nach Entstehung des Versicherungsinteresses dem Versicherer einzeln aufgegeben werden, so bezieht sich die Versicherung auf alle Güter oder auf alle Güter der im Vertrage bestimmten Art, für die der Versicherungsnehmer, sei es für eigene, sei es für fremde Rechnung, nach kaufmännischen Grundsätzen Versicherung zu nehmen hat. Sie bezieht sich insbesondere nicht auf solche Güter, für die der Versicherungsnehmer nur deshalb Versicherung zu nehmen hat, weil er sich hierzu einem Dritten gegenüber, sei es auch gegen Entgelt, verpflichtet hat.

(2) Die Versicherung bezieht sich auch auf die im § 80 Nr. 3 bezeichneten Güter. Dem Versicherer gebührt jedoch für die Versicherung dieser Güter eine Zuschlagsprämie.

(3) Der Versicherer ist verpflichtet, eine von ihm unterzeichnete Urkunde über die laufende Versicherung (laufende Police) dem Versicherungsnehmer auszuhändigen. Die laufende Police gilt nicht als

Police im Sinne des Gesetzes und dieser Bedingungen; jedoch findet die Bestimmung des § 15 über die Genehmigung des Inhalts der Police auf sie entsprechende Anwendung. Ist die laufende Police abhanden gekommen oder vernichtet, so kann der Versicherungsnehmer von dem Versicherer die Ausstellung einer Ersatzurkunde verlangen; die Kosten hat der Versicherungsnehmer zu tragen.

(4) Der Versicherer hat dem Versicherungsnehmer auf Verlangen eine von ihm unterzeichnete Urkunde über die einzelne Aufgabe (Einzelpolice) auszuhändigen. Die Einzelpolice gilt als Police im Sinne des Gesetzes und dieser Bedingungen; jedoch findet die Bestimmung des § 15 über die Genehmigung des Inhalts der Police auf sie keine Anwendung.

(5) In Ansehung der Fälligkeit der Versicherungskosten tritt an die Stelle des Vertragsabschlusses der Beginn der Versicherung.

(6) Der Versicherungsnehmer hat die Güter so bald wie möglich, insbesondere unverzüglich nachdem er von dem Beginne der Versicherung Kenntnis erlangt hat, dem Versicherer aufzugeben und dabei den Versicherungswert sowie das zur Beförderung bestimmte oder dienende Schiff zu bezeichnen; dies gilt insbesondere auch dann, wenn die Güter unbeschädigt abgeliefert sind und der Versicherungsnehmer erst nach der Ablieferung von der Versicherung Kenntnis erlangt. Der Versicherer ist von der Verpflichtung zur Leistung frei, wenn nicht die Aufgabe rechtzeitig bewirkt ist; zur Erhaltung der Rechte des Versicherungsnehmers genügt die rechtzeitige Absendung der Aufgabe. Hat der Versicherungsnehmer die Güter vorsätzlich nicht oder nicht rechtzeitig aufgegeben oder hat er die Güter oder ihren Versicherungswert vorsätzlich unrichtig aufgegeben, so endigt die laufende Versicherung; dem Versicherer gebühren gleichwohl die Prämien, die ihm im Falle gehöriger Erfüllung des Vertrags zu zahlen gewesen wären.

(7) Ist vereinbart, daß die Güter nur bis zu einem bestimmten Gesamtversicherungswerte mit einem Schiffe befördert werden dürfen, so bezieht sich die Versicherung nicht auf den höheren Wert. Diese Bestimmung findet keine Anwendung, wenn die der Vereinbarung widersprechende Beförderung dadurch verursacht ist, daß an einem Umschlagsplatze Güter zugeladen sind und der Versicherungsnehmer diesen Umstand nicht zu vertreten hat.

(8) Werden die Güter in Schiffen minderwertiger als der im Vertrage bestimmten Art befördert, so ist der Versicherer von der Verpflichtung zur Leistung frei.

(9) Der Versicherer kann die laufende Versicherung, auch wenn sie für eine bestimmte Zeit genommen ist, nach dem Eintritte eines ihm zur Last fallenden Unfalls unter Einhaltung einer Kündigungsfrist von vier Wochen kündigen. Das Recht erlischt, wenn der Versicherer es nicht, sobald er von dem Unfall und seinen Folgen Kenntnis erlangt, unverzüglich ausübt.

(10). Ist vereinbart, daß der Versicherer für den aus einer Kriegsgefahr entstehenden Schaden haften soll, so kann jeder Teil die laufende Versicherung, auch wenn sie für eine bestimmte Zeit genommen ist, unter Einhaltung einer Kündigungsfrist von einer Woche kündigen. Ist die laufende Versicherung auch gegen andere Gefahren genommen, so kann sie nur insoweit, als sie sich auf die Kriegsgefahr bezieht, gekündigt werden; im Falle der Kündigung vermindert sich die Prämie um den für die Versicherung gegen Kriegsgefahr bestimmten Betrag.

§ 98.

Abschreibeversicherung.

Ist die laufende Versicherung für eine bestimmte Zeit und in der Weise genommen, daß von einer im Vertrage bestimmten Höchstversicherungssumme die einzelnen Versicherungssummen abgeschrieben werden (Abschreibeversicherung), so kann der Versicherer in Ansehung des nach dem Ablaufe der Zeit nicht abgeschriebenen Betrags die Ristornogebühr verlangen. Ist eine Zeit nicht bestimmt, so gilt die Abschreibeversicherung als für die Dauer eines Jahres genommen. Ist die Abschreibeversicherung für eine längere Zeit als für die Dauer eines Jahres genommen, so vermindert sich die Höchstversicherungssumme mit dem Ablauf eines jeden Jahres mindestens um den Betrag, der dem Verhältnis eines Jahres zu der ganzen Dauer der Abschreibeversicherung entspricht; in Ansehung des hiervon nicht abgeschriebenen Betrags kann der Versicherer die Ristornogebühr verlangen.

§ 99.

Sonstige auf die Güter sich beziehende Versicherungen.

Die Bestimmungen dieses Titels finden, soweit nicht ein anderes bestimmt ist, im Falle einer anderen auf die Güter sich beziehenden Versicherung entsprechende Anwendung. Dies gilt insbesondere im Falle einer Versicherung von imaginärem Gewinn oder Provision sowie im Falle einer besonderen Versicherung endgültig bezahlter Fracht.

Dritter Titel.

Versicherung von imaginärem Gewinn und Provision.

§ 100.

Taxe.

(1) Ist imaginärer Gewinn versichert und der Gewinn nicht besonders taxiert, so gilt die Versicherungssumme als Taxe.

(2) Der Versicherer kann eine Herabsetzung der Taxe verlangen, wenn die Taxe den Gewinn übersteigt, der bei der Schließung des Vertrags nach kaufmännischer Berechnung möglicherweise zu erwarten war.

§ 101.

Gemeinschaftliche Güter- und Gewinnversicherung.

Im Falle einer gemeinschaftlichen Versicherung der Güter und des Gewinns gelten 10 % des Versicherungswerts der Güter als Versicherungswert des Gewinns. Ist der Versicherungswert taxiert, so gelten 10 % der Taxe als Taxe des Gewinns.

§ 102.

Laufende Versicherung.

Ist eine laufende Versicherung genommen, so kann der Versicherungsnehmer auch einen Gewinn aufgeben, der den im Vertrage bestimmten Gewinn übersteigt. Der Versicherer ist jedoch von der Verpflichtung zur Leistung des übersteigenden Betrags frei, wenn der Versicherungsnehmer bei der Aufgabe wußte oder wissen mußte, daß die Reise einen ungünstigen Verlauf genommen hatte. Erfolgt die Aufgabe durch einen Vertreter oder für fremde Rechnung, so finden die Bestimmungen der §§ 22 und 57 entsprechende Anwendung.

§ 103.

Verlust der Güter. Anrechnung auf die Versicherungssumme. Beschädigung der Güter.

(1) Als total verloren gelten die Güter auch, wenn sie aus einem anderen Grunde als infolge eines Totalverlustes den Bestimmungsort nicht erreichen.

(2) Werden die Güter während der Reise verkauft und beträgt der Erlös mehr als der Versicherungswert der Güter, so muß der Versicherungsnehmer sich den Mehrbetrag auf die Versicherungssumme anrechnen lassen. Das Gleiche gilt, wenn gemäß den §§ 611 und 612

des Handelsgesetzbuches Ersatzleistung im Falle des Verlustes von Gütern oder der Verfügung darüber durch den Verfrachter oder Reeder Ersatz geleistet wird und der Betrag des Ersatzes den Versicherungswert übersteigt.

(3) Im Falle einer Beschädigung der Güter kann der Versicherungsnehmer den Teil der Versicherungssumme verlangen, der dem im § 93 Abs. 1 bezeichneten Wertverhältnis entspricht.

§ 104.

Provision.

Auf die Versicherung der im Falle der Ankunft der Güter am Bestimmungsorte zu verdienenden Provision finden die Bestimmungen dieses Titels entsprechende Anwendung. Jedoch gelten in den Fällen des § 101 nur 2 % als versichert.

Vierter Titel.

Versicherung von Fracht, Schiffsmiete und Überfahrtsgeld.

§ 105.

Umfang der Haftung des Frachtversicherers.

(1) Im Falle einer Frachtversicherung finden auf den Umfang der Haftung des Versicherers die für die Kaskoversicherung geltenden Bestimmungen des ersten Titels sowie die Bestimmungen des § 85 Abs. 1 und des § 86 über die Haftung des Versicherers im Falle einer Deckladung und eines durch die natürliche Beschaffenheit der Güter oder ähnliche Umstände entstandenen Schadens entsprechende Anwendung, soweit nicht in diesem Titel ein anderes bestimmt ist.

(2) Unfälle, von denen das Schiff betroffen wird, fallen dem Versicherer nur insoweit zur Last, als zur Zeit des Unfalls der Frachtvertrag abgeschlossen ist oder die Güter, falls sie für Rechnung des Reeders verschifft werden sollen, sich an Bord befinden.

(3) Haben die Güter die Eigenschaft, im Wasser zu schmelzen, so ist anzunehmen, daß das Maß, das Gewicht oder die Menge der abgelieferten Güter für den Betrag der Fracht maßgebend sein soll.

(4) Im Falle einer Zeitversicherung trägt der Versicherer nicht die Gefahren, denen die Fracht während der Zureise ausgesetzt ist.

(5) Bei der Versicherung von Zeitfracht haftet der Versicherer nicht für einen Frachtverlust, der durch eine Verzögerung des Antritts oder der Vollendung einer Reise verursacht wird.

§ 106.

Dauer der Frachtversicherung.

Die Frachtversicherung beginnt und endigt in Ansehung der Gefahren, denen das Schiff ausgesetzt ist, gemäß den für die Kaskoversicherung geltenden Bestimmungen des ersten Titels. In Ansehung der Gefahren, denen die Güter ausgesetzt sind, beginnt die Versicherung mit der Aufnahme der Güter an Bord; sie endigt gemäß den für die Güterversicherung geltenden Bestimmungen des zweiten Titels.

§ 107.

Versicherungswert der Fracht.

(1) Als Versicherungswert der Fracht gilt der Betrag der im Frachtvertrage vereinbarten Fracht und in Ermangelung einer Vereinbarung über die Höhe der Fracht oder, soweit Güter für Rechnung des Reeders verschifft sind, der Betrag der am Orte und zur Zeit der Abladung üblichen Fracht.

(2) Ist die Nettofracht versichert, so beträgt der Versicherungswert zwei Dritteile der Bruttofracht.

(3) Eine Taxe gilt nur als Versicherungssumme.

§ 108.

Schiffsmiete.

(1) Bei der Versicherung von Schiffsmiete haftet der Versicherer nicht für einen Verlust, der durch eine Verzögerung des Antritts oder der Vollendung einer Reise verursacht wird.

(2) Als Versicherungswert gilt der Betrag der in dem Schiffsmietevertrage vereinbarten Vergütung und in Ermangelung einer Vereinbarung über die Höhe der Vergütung der Betrag der üblichen Vergütung.

(3) Eine Taxe gilt nur als Versicherungssumme.

§ 109.

Überfahrtsgeld.

(1) Auf die Versicherung von Überfahrtsgeld finden die für die Frachtversicherung geltenden Bestimmungen der §§ 105 bis 107 entsprechende Anwendung, soweit nicht in den Absätzen 2 und 3 ein anderes bestimmt ist.

(2) Die Versicherung beginnt und endigt gemäß den für die Kaskoversicherung geltenden Bestimmungen des ersten Titels.

(3) Der Versicherer haftet auch für einen Schaden, der dadurch verursacht wird, daß infolge eines dem Versicherer zur Last fallenden

Unfalls der Versicherungsnehmer die Reisenden in einem Zwischenhafen landen, gemäß den für den Überfahrtsvertrag geltenden gesetzlichen Vorschriften den Reisenden dort Unterhalt gewähren, sie in anderer als der im Vertrage bestimmten Weise weiterbefördern oder ihnen für den am Reisegut entstandenen Schaden Ersatz leisten muß.

Fünfter Titel.

Versicherung von Bodmerei-, Haverei- und ähnlichen Geldern.

§ 110.

Versicherungswert. Verlust. Übergang von Rechten.

(1) Als Versicherungswert einer Forderung, zu deren Deckung ein den Gefahren der See ausgesetzter Gegenstand dient, gilt der Betrag der Forderung unter Hinzurechnung der gesetzlichen oder vereinbarten Zinsen, bei der Versicherung von Bodmereigeldern unter Hinzurechnung der Bodmereiprämie. Hat der Gegenstand bei dem Beginne der Versicherung einen geringeren Wert, so ist dieser maßgebend.

(2) Der Versicherer hat die Versicherungssumme zu zahlen, soweit der zur Deckung der Forderung dienende Gegenstand infolge eines dem Versicherer zur Last fallenden Unfalls zur Deckung nicht ausreicht.

(3) Soweit der Versicherer dem Versicherungsnehmer einen Schaden ersetzt, geht die Forderung auf den Versicherer über. Auf den Übergang finden die Bestimmungen des § 45 entsprechende Anwendung.

§ 111.

Umfang der Haftung des Versicherers.

Bei der Versicherung von Bodmereigeldern ist anzunehmen, daß Schiff, Fracht und Ladung verbodmet sind, und bei der Versicherung von Havereigeldern, daß Schiff und Fracht zur Deckung dienen.

§ 112.

Dauer der Versicherung.

Bei der Versicherung von Bodmerei- oder Havereigeldern beginnt die Versicherung mit dem Zeitpunkt, in dem der Versicherungsnehmer sich zur Gewährung der Gelder verpflichtet. Hat der Versicherungsnehmer selbst die Havereigelder aufgewendet, so ist der Zeitpunkt der Aufwendung maßgebend.

Dritter Abschnitt.

Besondere Vereinbarungen (Klauseln).

§ 113.

„Frei von Beschädigung".

Der Versicherer haftet nicht für eine Beschädigung, und bei einer Versicherung, die sich auf die Güter bezieht, auch nicht dafür, daß die Güter infolge der Beschädigung verlorengehen, insbesondere in ihrer ursprünglichen Beschaffenheit zerstört werden. Er haftet jedoch für Aufopferungen, die in einer Beschädigung bestehen.

§ 114.

„Frei von Beschädigung außer im Strandungsfall".

(1) Der Versicherer haftet für eine Beschädigung nur im Falle einer Strandung. Eine Beschädigung, die durch die Strandung entstanden sein kann, gilt im Zweifel als durch sie verursacht. Im übrigen finden die Bestimmungen des § 113 entsprechende Anwendung.

(2) Eine Strandung liegt vor, wenn das Schiff auf Grund gerät und nur durch außergewöhnliche Maßregeln abgebracht werden kann; als außergewöhnliche Maßregel gilt es insbesondere, wenn die Masten gekoppt oder Güter gelöscht oder geworfen werden oder ungewöhnlich hohe Flut abgewartet wird, dagegen nicht, wenn das Schiff auf seinen Ankern windet, die Segel backgestellt werden oder die Schraube rückwärts schlägt. Als eine Strandung ist es auch anzusehen, wenn das Schiff kentert, sinkt, scheitert, mit anderen Fahrzeugen zusammenstößt oder beschossen wird oder wenn auf dem Schiffe ein Brand oder eine Explosion stattfindet.

(3) Bei einer Versicherung, die sich auf die Güter bezieht, ist es als eine Strandung anzusehen, wenn das Schiff auf Grund stößt oder auf Grund festgerät oder mit anderen Sachen zusammenstößt oder durch Eis beschädigt wird oder wenn einer der im Absatz 2 Satz 2 bezeichneten Fälle vorliegt. Der Versicherer haftet jedoch nur, wenn der Schiffskörper infolge des Unfalls so erheblichen Schaden gelitten hat, daß die Beschädigung der Güter durch den Unfall verursacht sein kann. Ist streitig, ob ein Brandschaden durch Selbstentzündung der Güter verursacht ist, so trifft die Beweislast den Versicherungsnehmer.

§ 115.

„Frei von Bruch".

Der Versicherer haftet nicht für eine Beschädigung infolge Zerbrechens. Im übrigen finden die Bestimmungen des § 113 entsprechende Anwendung.

§ 116.

„Frei von Bruch außer im Strandungsfall".

Der Versicherer haftet für eine Beschädigung infolge Zerbrechens nur im Falle einer Strandung. Im übrigen finden die Bestimmungen des § 114 entsprechende Anwendung.

§ 117.

„Frei von gewissen Prozenten".

Die Bestimmungen des § 34 über die Haftung des Versicherers im Falle einer 3 % des Versicherungswerts nicht erreichenden Schadens finden entsprechende Anwendung.

§ 118.

„Frei von gewissen ersten Prozenten".

Der Versicherer haftet für einen Schaden nur insoweit, als der Schaden die im Vertrage bestimmten Prozente des Versicherungswerts übersteigt. Im übrigen finden die Bestimmungen des § 34 über die Haftung des Versicherers im Falle eines 3 % des Versicherungswerts nicht erreichenden Schadens mit Ausnahme des Absatzes 2 Satz 3 entsprechende Anwendung.

§ 119.

„Frei von Kriegsmolest".

Der Versicherer ist von der Verpflichtung zur Leistung frei, wenn die Gefahr eines Krieges Einfluß auf die Reise zu üben beginnt, insbesondere wenn der Antritt oder die Fortsetzung der Reise durch Kriegsschiffe, Kaper, Minen oder Blockade behindert oder infolge der Kriegsgefahr aufgeschoben wird oder wenn infolge der Kriegsgefahr das Schiff vom Wege abweicht oder der Kapitän die freie Führung des Schiffes verliert.

§ 120.

„Für behaltene Ankunft". „Für behaltene Fahrt".

(1) Die Versicherung endigt mit dem Zeitpunkt, in dem das Schiff im Bestimmungshafen am gehörigen Orte den Anker hat fallen lassen oder befestigt ist.

(2) Bei einer Versicherung, die sich auf das Schiff bezieht, haftet der Versicherer nur, wenn das Schiff vor dem im Absatz 1 bestimmten Zeitpunkte total verloren geht oder gemäß § 72 oder § 73 abandonniert oder gemäß § 77 versteigert wird.

(3) Bei einer Versicherung, die sich auf die Güter bezieht, haftet der Versicherer nur, soweit die Güter den Bestimmungsort nicht erreichen.

(4) Der Versicherer haftet nicht für Beiträge zur großen Haverei und Aufopferungen sowie für die im § 32 und im § 95 Abs. 3 bezeichneten Aufwendungen und Kosten.

§ 121.

„Auch für Kriegsgefahr".

(1) Der Versicherer trägt auch die Gefahr eines Krieges Er haftet jedoch nicht für Kosten, die dadurch entstehen, daß infolge der Kriegsgefahr das Schiff einen Hafen anläuft oder die Güter ausgeladen, gelagert und anderweit weiterbefördert werden, und zwar auch nicht insoweit, als sie zur großen Haverei gehören.

(2) Die Bestimmungen des § 35 Abs 2 und 3 finden keine Anwendung

(3) Bei einer Versicherung, die sich auf das Schiff bezieht, haftet der Versicherer nicht für einen Schaden, der dadurch verursacht wird, daß Sachen, die Konterbande sind, sich an Bord befinden. Die Haftung des Versicherers bleibt jedoch bestehen, wenn der Versicherungsnehmer weder wußte noch wissen mußte, daß die Sachen sich an Bord befanden. Bleibt die Haftung bestehen, so gebührt dem Versicherer eine Zuschlagsprämie

(4) Als total verloren gilt das Schiff gemäß § 71 Abs 2 insbesondere, wenn es für gute Prise erklärt ist Die Bestimmungen des § 72 über die Verschollenheit des Schiffes finden gemäß § 73 insbesondere dann Anwendung, wenn das Schiff von einer kriegführenden Macht aufgebracht ist

(5) Ist die Versicherung auf Güter aller Art genommen, so bezieht sie sich nicht auf Sachen, die Konterbande sind Dies gilt insbesondere im Falle der laufenden Versicherung.

(6) Liegen die Voraussetzungen, unter denen der Versicherer wegen einer Verletzung der Anzeigepflicht oder wegen einer Gefahränderung von der Verpflichtung zur Leistung frei ist, nur in Ansehung der Kriegsgefahr vor, so trägt der Versicherer die übrigen Gefahren (§ 35), liegen sie nur in Ansehung dieser vor, so trägt er die Kriegsgefahr (§ 122), wenn nicht anzunehmen ist, daß er diese Gefahren allein unter den gleichen Bestimmungen nicht übernommen haben würde.

§ 122.

„Nur für Kriegsgefahr".

Der Versicherer trägt die Gefahr eines Krieges. Im übrigen finden die Bestimmungen des § 121 Abs. 1 bis 5 sowie die Bestimmungen entsprechende Anwendung, die im Falle einer die Kriegsgefahr nicht ausschließenden Versicherung gelten.

§ 123.

„Nur für Totalverlust".

Der Versicherer haftet nur dafür, daß die Sache, auf die sich die Versicherung bezieht, total verloren geht, verschollen ist oder durch Verfügung von hoher Hand angehalten oder durch Seeräuber genommen wird, und bei einer Versicherung, die sich auf das Schiff bezieht, auch in den Fällen der Reparaturunfähigkeit oder Reparaturunwürdigkeit des Schiffes. Er haftet nicht für Beiträge zur großen Haverei und Aufopferungen sowie für die im § 32 und im § 95 Abs. 3 bezeichneten Aufwendungen und Kosten. Bei einer Versicherung, die sich auf die Güter bezieht, haftet er auch nicht dafür, daß die Güter in Folge einer Beschädigung verlorengehen, insbesondere in ihrer ursprünglichen Beschaffenheit zerstört werden.

§ 124

„Von Haus zu Haus".

(1) Die Versicherung beginnt mit dem Zeitpunkt, in dem die Güter am Abladungsorte zum Zwecke der Beförderung auf der versicherten Reise von der Stelle, an der sie bisher aufbewahrt wurden, entfernt werden

(2) Die Versicherung endigt mit dem Zeitpunkt, in dem die Güter am Ablieferungsort an die Stelle gebracht werden, die der Empfänger zu ihrer Aufbewahrung bestimmt hat Sie endigt jedoch in Ansehung eines durch Brand, Explosion, Blitzschlag oder Erdbeben entstehenden Schadens spätestens mit dem Ablaufe des zehnten Tages nach dem Tage der Löschung; das Gleiche gilt in Ansehung eines anderen Schadens, es sei denn, daß die Beförderung der Güter an die für sie bestimmte Stelle nicht verzögert wird.

(3) Im übrigen finden, soweit die Beförderung der Güter auf Binnengewässern oder zu Lande ausgeführt wird, diese Bedingungen entsprechende Anwendung

Vierter Abschnitt.

Schlußbestimmungen.

§ 125.

See- und Binnenreise.

Ist die Versicherung für eine Reise genommen, die teils zur See, teils auf Binnengewässern oder zu Lande ausgeführt wird, so finden diese Bedingungen auf die Versicherung, soweit sie die Reise auf Binnengewässern oder zu Lande betrifft, entsprechende Anwendung.

§ 126.

Anwendbarkeit des deutschen Rechtes und der Vorschriften über die Transportversicherung.

Für das Versicherungsverhältnis ist das deutsche Recht maßgebend. Jedoch finden die Vorschriften über die Transportversicherung insoweit, als sie durch Vertrag abgeändert werden können, keine Anwendung.

§ 127.

Gerichtsstand.

Für die Entscheidung von Streitigkeiten, die aus dem Versicherungsverhältnis entstehen, ist ausschließlich das Gericht zuständig, bei dem der Versicherer seinen allgemeinen Gerichtsstand hat. Ist jedoch der Vertrag durch einen Vertreter des Versicherers von einer gewerblichen Niederlassung aus geschlossen, die der Versicherer oder der Vertreter an einem zum Bezirke des bezeichneten Gerichts nicht gehörenden Orte hatte, so ist auch das Gericht dieses Ortes zuständig.

Verlag von L. Friederichsen & Co., Hamburg.

Ahlers, Jac., York-Antwerp Rules 1890 im engl. Originaltext und in deutscher Übersetzung nebst erläuternden Anmerkungen. 3. unveränderte Auflage. 1902. M. 2.25.

Andersen, Th., Die Seeversicherung nach den in den hauptsächlichsten Staaten Europas geltenden gesetzlichen Bestimmungen. Ein praktisches Handbuch für Versicherer, Dispacheure, Behörden, Juristen, Experten, Reeder, Kapitäne, Kaufleute usw. 1888. M. 16.80.

Baasch, Dr. Ernst, Hamburger Convoyschiffahrt und Convoywesen. Ein Beitrag zur Geschichte der Schiffahrt und Schiffahrtseinrichtungen im 17. und 18. Jahrh. 1896. M. 12.–.

Brüders, Dr. P., Seeversicherungs-Jahrbuch. 1914. Geb. M. 14.–.

" " " Verzeichnis der deutschen Handelsdampfer von 50 Brutto-Registertonnen und mehr (Dampferhandbuch) 1914. Mit Angabe der Reederei, des Tonnengehalts, des Kapitäns, der Zahl der Besatzung, des Baujahres, des Baumaterials, des Erbauers, der Reisen im Jahre 1913, der Havarien seit 1902 und der Ergebnisse amtlicher Untersuchungen bei diesen Seeunfällen. 1914. M. 28.–.

Entscheidungen des Ober-Seeamts und der Seeämter des Deutschen Reiches. Herausgegeben im Reichsamt des Innern. Bände à 5 Hefte nebst Registerband I–XX M. 384.60, Band XXI Heft 1 M. 4.50.

Greve, Dr. Wilhelm, Seeschiffahrts-Subventionen der Gegenwart. 1911. M. 4.20.

Guckenmuß, Dr. F., Die Unterstützung der französischen Handelsmarine durch Prämien. 1914. M. 8.40.

Gütschow, D. C., Die Reform und Vereinheitlichung des Seerechts durch Rückkehr zum allgemeinen Frachtrecht. 1911. M. 8.40.

Junge, Aug., Schiffs-Kollisionen auf See und auf den mit der See in Verbindung stehenden Gewässern. Instruktion der Reeder an die Kapitäne betreffs Verhalten der Schiffsführer vor und nach erfolgter Kollision. 4. verb. Aufl. 1906. M. 12.–.

Martin, Dr. Rudolph, Die Haftung des Versicherers für Güter aus deutschen Schiffen in italienischen und portugiesischen Häfen. 1918. M. 8.40.

Meltzing, Dr. Otto, Kommentar zum Versicherungsstempelgesetz vom 3. 7. 1913 nebst Ausführungsbestimmungen vom 15. 9. 1913. In Verbindung mit Dr. Gen.-Sekr. Paul Brüders und Dr. Simon Wertheimer. 1913. Geb. M. 5.05.

Plaß, General-Direktor F., Geschichte der Assekuranz und der hanseatischen Seeversicherungsbörsen Hamburg, Bremen, Lübeck. 1902. M. 28.–.

In den Preisen der Bücher ist der Verlegerteuerungszuschlag eingerechnet, der Teuerungszuschlag des Sortiments nicht.

FSC
www.fsc.org
MIX
Papier | Fördert
gute Waldnutzung
FSC® C083411

Kolibri 360 GmbH
Ferdinand-Jühlke-Straße 7
99095 Erfurt, Deutschland
produktsicherheit@kolibri360.de